과식의
심리학

과식의 심리학

현대인은 왜 과식과 씨름하는가

03300

9791188296378

키마 카길 지음 · **강경이** 옮김

루아크
RUACH

내 요리의 뮤즈이자

검소하고 절제할 줄 아는 삶, 즐거운 삶으로

내게 믿음을 주는 카스텐을 위해

한국에서 생활할 때처럼 텔레비전 프로
그램을 많이 접할 기회는 없지만, 꾸준히 즐겨 보는 한국 프로그램들
은 있다. 그 프로그램들을 보면 이른바 '쿡방' '먹방'이 요즘 한국에
서 '대세'라 할 만하다는 생각이 든다. 이것과 맥락을 같이하는 것인
지 근래 한국을 방문할 때면 이전에는 한국에서 흔히 볼 수 없었던
세계 각국의 식재료를 식료품점에서 쉽게 찾을 수 있고, 또 세련된
분위기에서 고품격 음식을 제공하는 식당들이 빠르게 늘어나고 있다
는 걸 체감한다. 가족이나 친구들은 삶의 질을 중시하는 분위기를 반
영한다는 면에서 이런 현상을 긍정적으로 바라보는 듯하다. 하지만
나는 심리학자로서 쿡방, 먹방의 전성시대가 좀 불편하다. 혹자는 내
가 한국에서 살지 않아서 쿡방, 먹방에서 선보이는 음식을 접할 기회
가 별로 없어 질투하는 것 아니냐고 생각할지도 모른다. 맞는 얘기
다. 그런데 한국에 사는 사람들 중에 텔레비전에서 선보이거나 고급
식당에서 홍보하는 음식들을 자기가 원할 때, 원하는 만큼 접할 기회
를 가진 사람이 얼마나 될까? 아마도 많지는 않을 것이다. 어쩌면 이
런 현상이 기존의 사회계층을 더 공고히 하거나 새로운 사회계층을
양산해내는 전조는 아닐까 하는 생각도 들었다. 더 중요한 점은 미각

을 반응케 하는 수많은 시각적 자극이 사람들의 욕구나 욕망을 건드려 소비 지향적 식생활을 조장할 가능성이 크다는 것이다.

이 글을 읽는 많은 사람이 쿡방, 먹방이 개인과 사회에 미치는 영향에 대한 내 해석이 지나치다고 생각할지도 모르겠다. 하지만《과식의 심리학》에서 키마 카길 교수는 미국의 기업과 사회가 개인의 섭식행동 그리고 이와 관련된 높은 비율의 비만이나 과체중, 건강 문제, 심리적 질환을 어떤 식으로 조장해왔는지 심리학 연구와 임상·상담 경험을 통해 보여준다. 나는 키마 카길 교수와 같은 학교에서 건강심리학 및 약물중독 관련 과목을 가르치고 있다. 학기 말에 내가 학생들에게 기대하는 것 하나는 섭식행동을 비롯한 흡연, 음주, 운동, 마약 복용 같은 행동이 의지와 관련된 개인의 선택이나 유전적 요인에 따라 온전히 설명될 수 없다는 점을 인식했으면 하는 것이다. 심리학을 전공하거나 관련 과목을 수강하지 않아도 개인이 사회의 영향을 받는다는 것은 모든 사람이 명백히 아는 사실이다. 그러나 막상 "어떻게 기업이나 사회가 높은 비율의 비만이나 섭식장애에 기여할까요?"라는 질문을 하면 학생들은 대부분 "마른 체형이나 근육질 체형의 모델을 이상화하는 광고나 드라마, 영화" 정도를 언급하는데 그칠 뿐이다.《과식의 심리학》은 이 질문에 대한 보다 깊고 포괄적인 통찰을 소비주의나 물질주의의 조장이라는 다소 독특하고 새로운 관점에서 제공한다.

《과식의 심리학》은 미국 사회를 기반으로 한 심리학 연구와 임상·상담 경험에 기초해 쓰였지만, 한국과 미국의 사회구조가 별반 다르지 않기에 한국인에게도 시사하는 바가 많을 것이다. 오히려 이상적인 외모나 체형에 대한 사회적 압박은 한국이 훨씬 직접적이고 심하다. 예를 들어, 과체중인 사람은 원하는 사이즈의 옷을 찾기가 쉽지 않고, 일자리를 찾거나 사람들을 만날 때는 게으르고 자기관리를 하지 않는다는 편견에 고통받는다. 따라서 많은 사람이 칼로리 섭취나 몸매 유지에 주의를 기울인다. 그런데도 비만 인구는 매년 증가하고 있다. 이는 결코 무시할 수 없는 현상이다. 《과식의 심리학》은 이 모순이 왜 일어나는지 설명하기 위해 다양한 관점을 제시한다. 이 책은 단순히 섭식행동만 다룬 책이 아니다. 이 책을 읽고 기업과 사회 그리고 개인 간 상호작용에 대한 통찰을 갖게 되면 흡연과 음주 같은 한국 사회에서 특히 이슈가 되는 행동이 단순히 개인의 기호 문제가 아니라는 사실을 알게 될 것이다. 내가 《과식의 심리학》을 읽으면서 특히 좋았던 것은 건강과 관련한 많은 행동이 중독 혹은 행동성 중독 behavioral addiction 관점에서 공통점을 갖고 있으며, 그 안에서 포괄적으로 이해될 수 있다는 점이 강조된 부분이다.

키마 카길 교수와 내가 근무하는 학교는 학제 간 프로그램이 매우 강조되는 분위기다. 심리학이 하나의 학과로 독립되어 있지 않고 다전공인문학interdisciplinary arts and sciences이라는 학과의 한 부분으로 편성되어 있다. 이런 분위기는 강의와 연구에서 심리학 외에 사회학, 역사학, 정치학, 대중매체학, 자연과학과 같은 다양한 분야 전문가들과 교류가 가능하도록 만든다. 나는 이런 독특한 학과 분위기가 《과식의 심리학》과 같이 섭식행동을 다양하고 포괄적인 관점에서 기술할 수 있는 토대가 되었다고 믿는다.

키마 카길 교수는 내가 워싱턴대학교 타코마캠퍼스에 온 이후 좋은 동료이자 멘토 역할을 해주었다. 멘토로서 키마 카길 교수는 내가 어떻게 행동해야 하는지 알려주기보다는 여러 행동을 시도해보면서 나만의 해답을 찾을 수 있도록 편안한 분위기를 만들어주었다. 이 책에서도 마찬가지다. 키마 카길 교수는 섭식행동을 이해할 수 있는 여러 관점을 제시하지만 그래서 우리가 어떻게 행동해야 하는지 알려주지는 않는다. 개인의 섭식행동에 대한 깊은 통찰을 바탕으로 더 건강한 삶을 영위하기 위해 어떤 행동을 하고 어떤 생각을 가져야 하는지 고민해보면서 이 책을 읽는다면 아마도 읽는 재미가 배가될 것이다.

이형석(워싱턴대학교 타코마캠퍼스 심리학전공 교수)

미국 남부에서 성장한 나는 음식을 무척 달게, 먹고 싶은 대로 마음껏 먹으면서 자랐다. 아버지는 오클라호마에 있는 한 카페에서 월요일부터 금요일까지 아침 식사로 달걀과 베이컨, 핫케이크, 메이플시럽, 해시브라운 포테이토(잘게 다진 감자를 갈색이 될 때까지 기름에 튀긴 요리-옮긴이)를 50년간 드셨다. 어렸을 때는 여느 미국 아이들처럼 토요일 아침마다 시리얼을 먹으며 만화영화를 시청했는데, 그때마다 아버지는 엄청 큰 그릇에 하프앤하프크림(전지유와 크림을 1대 1 비율로 섞은 것으로 유지방 함량이 우유보다 높고 크림보다는 낮다-옮긴이)과 프루티페블(1971년 포스트푸드사에서 출시한 알록달록한 색깔에 과일 향이 나는 어린이용 시리얼-옮긴이)을 부어주셨다. 얼마 전 나는 어릴 때 먹던 토요일 아침 식사의 열량을 재미삼아 계산해봤다. 프루티페블은 큰 그릇으로 두 개에 550칼로리였고, 하프앤하프크림은 한 컵에 315칼로리였다(애초 우유처럼 마시라고 나온 음식이 아니므로 영양정보가 테이블스푼 기준으로 표시돼 있었다). 우리가 토요일 아침마다 먹던 시리얼은 어림잡아 900칼로리였는데, 그 안에는 설탕 45그램, 지방 28그램이 들어 있었다. 그때 우리는 열 살도 되지 않은 아이들이었다.

내가 자라던 시절에는 프랄린(설탕에 졸인 견과류), 퍼지, 디비니티(크림

과자의 일종), 넛브리틀, 오클라호마의 명물인 앤트빌스처럼 설탕에 졸인 디저트가 굉장히 인기 있었다. 혹시 한 번도 맛보지 못한 사람을 위해 소개하자면, 이 디저트들은 졸인 설탕과 버터를 이용한 음식의 다양한 변형일 뿐이다. 이런 디저트가 우리 식단의 단골손님이었다. 여러 해 동안 많은 사람이 이런저런 음식들을 맛보면서 "너무 달다"라고 말하는 것을 종종 들었는데 내게는 '너무' 단 음식이 하나도 없었다. 너무 달다고 '느낀' 음식이 하나도 없었으니까.

단맛을 무척 좋아하는 내 입맛을 이해하고 관리하다 보니 나는 어느덧 영양학과 과식을 연구하게 됐다. 그리고 연구 과정에서 놀랍게도 과식의 원인을 밝히려면 심리학, 철학, 경제학, 신경내분비학, 역사학, 노동문제, 정부 규제 들을 모두 알아야 한다는 사실을 깨달았다. 그렇게 거의 이십 년 동안 공부했다. 이제 이 책에서 그동안 내가 연구했던 것과 임상 치료 사례 그리고 생각의 결과들을 나누고 싶다.

차례

소비하다 to consume
a. 먹거나 마시다; 섭취하다
b. (특히, 상품이나 자원을) 소모하다; 다 써버리다
c. (상품이나 서비스를) 구입하거나 쓰다; —의 소비자가 되다
d. 특히, 헤프게 (돈을) 쓰다. (상품을) 낭비하다
e. 과도한 소비로 자멸하다

소비 consumption
a. 무언가를 먹거나 마시거나, 활동을 통해 다 써버리는 행위나 사실
b. (시간, 돈 등의) 헤픈 지출
c. 상품이나 서비스, 물질, 에너지의 구입과 사용. 생산의 반대 개념으로 자주 쓰인다
d. 구입되고 사용되는 상품이나 서비스, 물질, 에너지의 양

소비주의 consumerism
a. 정치경제학. 상품 소비의 끊임없는 증가를 건강한 경제의 토대로 옹호하는 원칙
b. 소비자 상품을 사들이는 것을 지나치게 강조하거나 그런 일에 몰두하는 것

* 《옥스퍼드 영어 사전》(2014) 정의

The Psychology
of Overeating

1

과식의 탄생

2012년 시애틀타코마국제공항은 병에 물을 채울 수 있는 급수대 네 곳을 설치했다. 급수대가 있으면 여행객들이 어디서나 쉽게 물을 마실 수 있고 돈을 아낄 수 있다. 또 요즘 미국인들이 한 해 500억 개나 소비하는 일회용 생수병 쓰레기를 줄일 수 있다.[1] 그런데 일 년 뒤 시애틀타코마국제공항은 공항 쇼핑몰을 홍보하기 위해 이런 급수대 위에 큼지막한 광고를 붙였다. 광고에는 족히 700칼로리에 설탕 90그램[2]은 들었음 직한 생크림과 초콜릿 시럽으로 덮인 프라푸치노 음료가 그려져 있었다. 광고 문구는 "당신은 물보다 더 좋은 것을 마실 권리가 있다"라고 말하며 여행객들을 가까운 스타벅스나 커피빈으로 유혹했다. 급수대 위에 프라푸치노 광고가 붙은 이 광경은 "건강하게 먹고 쓰레기를 줄이자"와 "당신은 소비할 권리가 있으니 더 소비하라" 사이의 갈등을 천 마디 말보다 더 강렬하게 보여준다. 풍요로운 소비가 티핑포인트에 이를수록 끔찍한 심리적·생리적·환경적 결과를 낳는 요즘, 전 세계가 직면한 위기의 본질이 바로 이런 갈등이다.

'소비하다'와 그 변화형인 '소비'와 '소비주의'에는 여러 의미가 있지만, 시간이 흐르면서 '소비되어 없어지는 물건'보다는 '소비 과정에서 충족되는 욕망'에 관련된 표현으로 변했다.[3] 원래 음식과 음료, 의약품, 상품, 자연자원의 소비를 다루는 연구는 영양학과 중독 연구, 환경윤리학, 생태학을 비롯한 여러 학문 분과로 나뉘어 있다. 한편 더 넓은 관점에서 소비주의를 연구하는 일은 오랫동안 경제학과 사회학의 영역이었지만 이제 '소비학'이라는 학제 간 연구로 번창하고 발전했다.[4] 그러나 '과식의 심리학'은 이렇게 더 넓은 관점에서 소비를 연구하는 학문의 관심을 거의 받지 못한다. 그래서 나는 이 책에서 소비주의 문화 그리고 경제 구조 속에서 '과식의 심리학'을 더 잘 이해해보려 한다. 전통 심리학에서 벗어나 소비의 모든 유형을 단일한 구성체이자 소비주의 문화의 일부로 검토하다 보면 과식의 여러 요인을 훨씬 더 정교하게 이해할 수 있다. 분명 소비 유형마다 고유한 욕망과 역사, 결과, 심리기제가 존재한다. 하지만 내가 하고 싶은 말은 모든 유형의 소비를 자극하고 조절하는 심리기제는 많은 부분 같다는 것이다. 개인 차원에서 살펴보면, 소비의 원인을 신경화학과 신경해부학, 진화론으로 설명할 수 있지만, 결국 이런 원인도 지난 수십 년간 미국과 서구 산업사회에 소비주의를 등장시킨 경제와 역사, 문화 요인의 복잡한 관계망 안에 존재한다.

물론 살아가는 일은 소비하는 일이다.[5] 그러나 '과'소비, 특히 '과'식은 인류에게 비교적 새로운 행동이다. 적어도 요즘처럼 자주, 그것도 대체로 영양가 없고, 무척 살찌게 하는 세계 산업식품을 과식하는 현상은 새롭다. 많은 사람이 씨름하는 과식이라는 문제는 소비 자본주의라는 더 넓은 맥락에 속해 있다. 소비 자본주의에서 우리 삶은 생산과 소비에 통제되지만 종종 우리는 그 영향이 얼마나 거대한지

의식하지 못한다. 물적 상품이나 자원의 소비가 늘어날수록 과식과 비만도 증가하며, 역설적이게도 이런 과식과 비만은 세계 여러 지역의 빈곤과 공존한다.[6] 한때 자본주의의 '살찐 고양이'는 산업계의 제왕들뿐이었지만 이제는 우리 모두가 살찐 고양이가 되어버렸다. 사실 지난 30년 동안 어느 나라도 비만의 물결을 막지 못했다.[7] 그 결과 상품과 자원, 음식이 대량으로 소비될 뿐 아니라 쓰레기와 온실가스, 비만 같은 결과가 생기고 있으니 우리는 스스로를 산 채로 잡아먹고 있는 게 틀림없다.

먼저 이처럼 복잡한 요인들이 어떻게 '과소비'라는 주제로 한데 모이는지 임상사례 연구로 살펴보면서 이 책에서 펼치려는 주장을 소개하겠다.

─ 앨리슨

나는 이 책에서 '앨리슨'이라 부를 환자를 지난 몇 년간 상담했다. 앨리슨은 한때 남 못지않게 운동을 열심히 했지만 결혼 뒤 차츰 살이 찌더니 22킬로그램이 불었고 임상 우울증을 한 차례 겪었으며 남편의 불륜을 목도했다. 결국 남편은 그녀의 친구에게 가버렸다. 앨리슨은 결혼이 흔들릴 무렵 우울증 치료를 받으러 나를 찾아왔다. 앨리슨은 부유한 가정에서 자랐다. 아버지는 외과 의사였고 어머니는 전업주부였다. 앨리슨은 키 크고 잘생기고 돈 많은 남편을 만나라는 소리를 수없이 들으며 자랐다. 그런 남편을 만나 결혼하는 것이 삶의 중대 과제일 뿐 아니라 그녀에게 당연히 보장된 운명이라는 강력한 메시지 속에서 성장한 것이다. 그러나 이제 가족 가운데서 유일하게 이혼했을 뿐 아니라 과체중이 된 그녀는 삶의 가장 중요한 목표를 이루는 데 실패했다고 단정 지었다. 그녀는 자신의 표현을 빌자면 "뚱뚱하고 외로운 노처녀"의 삶으로 영원히 좌천되는 게 아닐까 두려워했다. 이해할 만한 일이지만 체중이 늘고 이혼까지 한 앨리슨은 외로움과 고립감에 빠져 세상에 속았다고 느끼며 분노했다. 결혼 시장에는 다시 나설 엄두를 내지 못했고, 연봉이 10만 달러나 되는 성공한 변호사인데도 자신이 경제적으로 어렵다고 생각했다.

앨리슨이 직접 들려준 이야기에 따르면, 그녀는 매주 포도주 여러 병을 마시고 근사한 레스토랑에서 외식을 자주 했다. 또 패스트푸드를 사먹고 담배도 피웠지만 운동은 거의 하지 않았다. 앨리슨은 자신의 몸무게를 부끄러워했고 몸무게 때문에 원하는 상대를 만나지 못할 뿐 아니라 승진도 안 될 거라며 스스로를 깎아내렸다. 안타깝게도 어쩌면 그녀 말이 맞는지도 모른다. 여러 연구에 따르면 여자는 몸무게가 늘수록 연애 기회나 직업 기회가 줄어든다. 과체중이거나 비만인 여성은 마른 여성보다 혼인율이 낮고,[8] 결혼을 하더라도 교육 수준이나[9] 수입이[10] 상대적으로 낮으며, 키가 더 작고 육체적으로 덜 매력적인[11] 남자와 결혼한다.

앨리슨은 이혼한 뒤 더 열심히 일했지만 몸무게 때문에 승진이 되지 않는다고 생각했다. 사람들 대부분은 고급 학위를 소지하고 연봉을 10만 달러나 받는다면 성공한 사람으로 여길 것이다. 그런데 연구에 따르면 여자들은 직장에서 몸무게와 관련된 차별을 느낄 가능성이 남자보다 열여섯 배나 많았다.[12] 게다가 직장에서 체중과 관련된 여성 차별은 높은 지위나 낮은 지위, 신입이나 경력직 할 것 없이 모든 상황에서 발생했다.[13] 몸무게가 평균인 여자가 직장에서 25년 간 일했을 경우 마른 여자보다 38만 9300달러 적게 번다고 밝힌 연구도 있다.[14] 앨리슨은 몸무게 때문에 원하는 상대를 만나지 못하거나 승진하지 못하는 일은 없다고 안심시켜주기를 내게 바랐다. 하지만 그렇게 안심시킨다면 그녀를 기만하는 일일지도 모른다는 생각이 들었다. 임상심리학자인 내 고민 하나는 과체중 환자가 자신의 체중을 받아들이고 자기 몸을 긍정하도록(생활방식이나 식습관을 바꾸지 않고) 도와야 하느냐, 아니면 식습관과 생활방식을 바꾸도록, 곧 몸무게를 줄일 수 있도록 도와야 하느냐다. 이른바 '뚱뚱할 권리fat-acceptance' 운동에 공감하는 연구에 따르면, 여자들은 자기 몸을 긍정적으로 생각할수록 몸에 대한 수치심이 줄고 자신감이 커지며 더 나은 성생활을 즐길 수 있다.[15] 하지만 이는 가설을 입증할 통제된 연구 없이 면접만을 활용한 제한된 연구였을 뿐이다. 뚱뚱한 모습 그대로 자신을 인정하도록 도울 때 몇 가지 긍정적 결과가 생긴다 해도 과체중이 건강을 악화시키고, 연애 기회와 수입을 감소시키며, 직장에서 성공할 가능성을 낮춘다면 뚱뚱한 모습을 받아들이도록 돕는 게 과연 윤리적인 행동일까. 나는 대개 이런 고민을 환자에게 털어놓고 지금 그대로 자기 몸을 긍정하도록 도와주기를 바라는지, 영양 섭취나 생활방식을 바꿀 수 있게 도와주기를 바라는지 묻는다. 그러나 나는 이 책에서 앞으로 밝힐 모든 이유 때문에 영양 섭취나 생활방식을 변화시키는 쪽을 더 좋아한다고 덧붙인다. 물론 두 가지를 모두 조금씩 해도 되지만 목표는 처음부터 분명하게 해두어야 좋다.

앨리슨은 건강한 몸매를 되찾으려고 무척 노력하지만 우리 대부분처럼 주류 미디어에서 흘리는 상반된 이야기들 때문에 식단과 운동, 음식 절제와 관련한 수많은 오해로 고전한다. 제일 단순할뿐더러 과학적으로도 가장 타당한 방법은 "덜 먹어라"지만,[16] 이런 이야기는 화려한 광고와 겉만 번드르르한 상품만큼 앨리슨의 마음을 끌지 못한다. 예를 들어, 그녀가 '잘 지낼 때'는 매주 영양사를 만나고 신진대사를 '자극'하기 위해 하루 다섯 차례 식사를 하거나 주스를 짜서 마시고 공원을 달린다. 그러나 이런 행동은 의도는 좋지만 효과는 없다. 이제 이유를 설명하겠다.

여느 미국인과 마찬가지로 앨리슨도 온갖 소비에 푹 빠져 있다. 마음대로 쓸 것이냐 아니면 절제할 것이냐, 자극을 찾을 것이냐 아니면 지루함을 참을 것이냐, 만족을 추구할 것이냐 아니면 공허함을 견딜 것이냐를 두고 자신과 끊임없이 엎치락뒤치락한다. 또 삶이 의미 없고 불만족스럽다는 막연한 느낌 속에서 허우적대며 의미 있게 사는 법을 힘들게 찾곤 했다. 그녀는 비싼 옷을 걸친 채 새로 산 고급차를 몰고 쇼핑을 자주 했으며 고급 포도주 시음회에도 다녔다. 엄청난 연봉에도 신용카드 빚은 수천 달러나 되었다. 앨리슨에게 여러 번 지적했지만 그녀는 뭔가 새로운 일을 결심할 때마다, 이를테면 옷장 정리나 새로운 취미 활동, 여행을 계획할 때마다 열심히 돈을 썼다. 앨리슨은 옷장을 정리하겠다고 마음먹으면 단지 쓸모없는 옷을 버리거나 굿윌(기증받은 물품을 판 수익금으로 장애인과 소외계층을 위해 쓰는 재활용 가게-옮긴이)에 가져다주는 걸로 끝나지 않았다. 정리 전문가를 고용하고, 이케아에 들러 수납용품을 사고, 내다버린 옷 대신 새 옷과 새 신발을 구입했다. 카약 같은 새로운 취미에 도전할 때도 마찬가지였다. 자신이 계속 즐길 만한 취미인지 확실히 알기도 전에 수천 달러를 투자해 특수 장비와 운동복을 모두 갖춰야 직성이 풀렸다. 나는 대개 환자들이 스포츠나 야외 활동에 투자하는 것을(돈이 있다면) 권하는 편이다. 하지만 앨리슨처럼 카약을 좋아하는지 아닌지 알 만큼 해보지도 않고 돈을 쓰는 것은 위험하고 비싼 투자라고 생각한다. 그렇게 물건을 사들이는 일은 밖으로 나가 몸을 움직이고 싶은 욕구보다 돈을 쓰고 소비하려는 욕구를 더 충족시키는 듯하다.

몸무게를 줄이는 일은 근본적으로 소비를 줄이는 일인데도 앨리슨은 몸무게를 줄이기로 결심하고 나서 유명 브랜드 식품이나 제품, 서비스를 구매하는 데 엄청난 돈을 썼다. 영양사를 만나 지도를 받았고 녹즙기, 믹서기, 새 운동화, 운동복, 피트니스클럽 회원권, 수많은 다이어트와 운동 안내서 들을 구매했다. 그뿐 아니라 에너지바와 요구르트, 시리얼, 스포츠음료 같은 다이어트 식품을 대량으로 사들였다. 그중에서도 내가 가장 염려했던 식품은 운동하는 사람에게 에너지를 주기 위해 만들었다는 달달한 혼합물이었다. 달리 말해 앨리슨은 몸무게를 줄이기로 마음먹고 나서 더 소비하기 시작했다.

앨리슨은 각종 주스나 에너지바 같은 '특별' 식품을 먹으면서 살이 빠지고 있다고 느꼈다. 식품 제조사들이 로고와 포장을 이용해 의도적으로 창조한 가짜 다이어트 마법 때문이다. 이런 '건강' 가공식품은 양의 탈을 쓴 늑대다. 건강식품을 위장한 정크푸드다. 게다가 다이어트 식품을 마구 사들이다 보면 먹는 양이 오히려 늘어난다. 할인매장에서 쇼핑을 하면 전체 소비가 늘어나는 것과 같은 이치다.[17] 아마 앨리슨은 다이어트를 하는 동안 전체 칼로리 섭취량이 더 늘었을 것이다. 소비로 문제가 생기는 게 아니라 문제를 풀 수 있다고 믿는 탓이다. 내 말을 오해하지 마시라. 앨리슨이 동시에, 또는 하나씩 시도하는 일들은 대체로 몸무게를 줄이고 건강해지는 데 도움이 될 일들이다. 문제는 앨리슨이 소비를 전반적으로 줄이거나 삶의 의미를 찾기 위해 그런 도구를 활용하지 않는다는 데 있다. 쇼핑을 하고 돈을 쓰고 먹는 일 모두 우리 문화를 집어삼킨 미친 소비의 일부다. 그러니 더 많은 소비로 과식 문제를 해결하려는 앨리슨의 시도는 병을 약으로 착각하고 음식과 알코올, 명품, 물질주의 세상에 갇힌 채 공허하고 종잡을 수 없는 방식으로 삶의 의미를 좇는 것이나 마찬가지다.

앨리슨은 며칠 혹은 몇 주 정도 '잘' 지낸 뒤 어김없이, 알코올의존증협회의 용어를 빌리자면 "미끄러진다". 대개 술을 마신 다음 다시 과식하기 시작한다. 앨리슨이 되풀이하는 흔한 시나리오는 이렇다. 직장에서 안 좋은 일이 있는데 집에는 먹을 게 없고 저녁 약속도 없으니 패스트푸드점에 가서 실컷 먹는다. 그런 다음 진저리를 치면서 집으로 돌아와 건강에 나쁜 음식을 먹은 일을 속죄하며 신선한 주스를 짜서 마신다. 심리학적으로 설명하자면 앨리슨은 나쁜 행동을 한 뒤 바로 좋은 행동을 해서 나쁜 행동을 무효화하는 것이다. '무효화 Undoing'는 심리적 방어기제로 죄책감이나 수치심을 상쇄하기 위해 그런 감정을 마술처럼 사라지게 할 행동을 무의식적으로 하는 것을 말한다.[18] 무효화의 종교적 버전인 속죄와 관련한 많은 종교의식을 떠올려 보면 쉽게 이해할 수 있다. 대개 과식에는 늘 무효화가 따라온다. 너무 많이 먹고 나서 시간을 몇 분 전으로 되돌려 두 번째 접시는 거절했으면 좋았을 거라고 생각한 적이 얼마나 많은가? 마음껏 먹은 뒤 운동하러 나간 적은? 사실 폭식증 환자의 구토는 이런 무효화의 극단적 형태다. 무효화는 삶의 여러 영역에서 적응 전략이나 건강한 심리적 방어기제가 되기도 한다. 예를 들어 누군가를 잘못 대했다는 생각이 들 때 사과하거나 꽃을 보내 잘못한 행동을 부분적으로 무효화하기도 하고, 점심 약속에 늦었다면 밥값을 내는 방법으로 친구에게 보상하고 자신의 죄책감을 덜기도 한다. 그러나 더 많은 음식을 소비하는 방법으로는 과식을 무효화하지도 고치지도 못한다.

앨리슨의 사례를 보면서 알코올의존증이나 마약중독자의 행동과 다소 비슷하다는 생각을 했다면 제대로 본 것이다. 앞에서 내가 알코올의존증협회에서 사용하는 "미끄러지다"라는 용어를 쓴 것은 과식이 다른 중독과 매우 비슷하게 작동한다는 연구 결과가 점점 늘고 있기 때문이다.[19] 사실 기능적자기공명영상fMRI 검사 결과를 보면 몇몇 음식, 특히 달고 기름지고 짠 음식은 도파민 보상체계를 활성화한다. 도파민 보상체계는 마약중독이나 알코올의존증과도 관련된 두뇌 부위다. 최근 예일대학교 심리학자 켈리 브로넬과 동료들은 중독이라는 관점에서 음식을 바라볼 완전히 새로운 길을 열었다.[20] 이런 연구는 개인 치료만이 아니라 식품산업 규제에도 엄청난 영향을 미칠 만하다.

한 번은 앨리슨에게 맥도널드에서 과식한 뒤 먹는 신선 주스에 무엇이 들어가는지 물었다. 앨리슨은 망고와 사과, 바나나, 여러 종류의 베리, 요구르트, 비트를 넣는다고 했다. 모두 합하면 대략 650칼로리로 30대 여성이 매일 먹어야 하는 칼로리의 3분의 1쯤 된다.

1000칼로리가 넘는 패스트푸드를 먹은 뒤 잠자리에 들기 직전 이렇게 많은 칼로리를 섭취하는 일은 누구에게든 어떤 도움도 되지 않는다. 앨리슨이 만들어 먹는다는 신선 주스는 잉여 칼로리를 많이 남길 뿐 아니라 온통 당이기 때문에 식욕과 지방 저장을 조절하는 호르몬계에 부정적 영향을 미친다. 이는 피에르 샹동과 브라이언 완싱크가 '건강 후광health halo'이라 부른 현상으로,[21] 주스가 신성화되다 보니 앨리슨은 아마 과식을 무효화하는 방식으로 주스를 선택했을 것이다. '건강 후광'이란 사람들이 신선한 과일과 채소를 먹을 때 흔히 일어나는 현상인데, 음식의 실제 영양성분은 신경 쓰지 않고 영양가가 있을 것이라 생각하면서 좋은 음식을 먹고 있다고 잘못 확신하는 것을 말한다.

앨리슨이 하루 필요량만큼, 또는 그에 미치지 못하게 칼로리를 섭취한다 해도 주스를 마시는 것은 좋은 방법이 아니다. 신경내분비학 연구에 따르면 서로 다른 유형의 칼로리는 서로 다른 호르몬과 신경전달물질을 자극해 칼로리를 저장할지, 사용할지, 식욕을 돋울지 말지 신호를 보낸다. 요즘 사람들이 많이 먹는 유명 브랜드 가공식품에 들어간 정제당과 탄수화물은 포만감을 주지 않으면서 지방으로 저장되기 쉽고 식욕도 자극한다. 당과 탄수화물이 어떻게 우리 몸과 두뇌에 영향을 미치는지 제대로 알지 못한 채 칼로리 합계만 들여다보는 일은 엄청난 실수다. 이런 실수 때문에 우리는 건강으로 향하는 길에서 탈선하기 쉽다. 그렇다고 칼로리가 전혀 중요하지 않다는 말은 아니다. 칼로리는 중요하다. 안타깝게도 앳킨스 저탄수화물 다이어트(지방 저장에 관여하는 인슐린 분비를 억제하기 위해 탄수화물 섭취를 제한하는 다이어트

방식으로 창시자 로버트 앳킨스의 이름을 따서 앳킨스 다이어트라 불린다-옮긴이)를 퍼뜨리는 사람 중에는 탄수화물이 적게 들어 있거나 아예 없는 음식을 마음껏 먹으면서도 체중을 줄일 수 있다고 말하는 사람이 있다. 칼로리가 남는데도 살찌지 않는 사람은 없다. 새로운 연구에 따르면 체중 감소와 관리는 칼로리의 양만이 아니라 질과도 관련이 있다.

　나는 이 문제를 두고 앨리슨과 대화를 나누었지만 앨리슨은 주스가 건강에 좋지 않다는 것을 인정하려 들지 않았다. 내가 상담 중에 가끔 주스를 언급하면 "선생님이 주스를 좋아하지 않는 건 알지만"이라며 운을 뗀다. 앨리슨은 심리학자들 사이에서 '도움 거절 불평가'[22]라 불리는 유형이다. '도움 거절 불평가'는 도움을 바라는 동시에 거절하는 사람을 일컫는다. 주스 일화에서 알 수 있듯 앨리슨은 내 충고를 자신의 행동에 적용할 과학적 정보로 여기지 않고 내 개인 취향으로 치부해버린다. 도움 거절 불평가를 상담하는 일은 힘들다. 그들은 스스로를 무력한 희생자로 보기 때문에 변화에 필요한 행위자 의식을 갖기 힘들어한다. 어쩌면 앨리슨이 영양 문제를 임상심리학자의 전문 영역으로 보지 않아서 그럴 수도 있다. 데카르트의 '몸과 마음의 이원론'으로 오랫동안 심리학은 마음이나 정서의 영역으로만 국한되었고 뇌와 신진대사는 의학과 영양학의 영역이 되어버렸다. 그러나 과식을 치료하려면 의지력이나 행동 변화와 관계된 심리 기제에 대한 전문지식만이 아니라 영양학에 관한 정보 그리고 식생활에 개입하기 위한 훈련이 필요하다.

　나는 음식학이나 과식 문제에 대해서는 어느 정도 전문지식이 있긴 했지만 영양사들처럼 식생활에 개입하는 법은 엄밀하게 배우지 못했다(마찬가지로 영양사 대부분도 심리장애에 개입하는 임상훈련을 받지 못했다). 임상심리학과 임상영양학이 이렇게 분리되어 있기 때문에 환자들은 두 영역 모두에서 자신을 효과적으로 도와줄 임상의학자를 찾기가 힘들다. 날이 갈수록 내가 절감하는 사실은 심리학과 영양학의 분리가 공중보건에 해롭다는 것이다. 가까운 미래에 영양학과 심리학을 연결하는 하위 분야가 등장하길 바란다.

앨리슨 이야기로 다시 돌아가보자. 앨리슨은 감정 문제에서 도움을 받기 위해 나를 만나는 한편 다이어트를 위해서는 전문 영양사를 만나 상담한다. 영양사는 그녀에게 일일 식단을 제시했다. 그러나 내가 살펴봤더니 그 식단은 신진대사나 체중 감소와 관련된 근래의 많은 연구와 어긋났다. 그 식단을 엄밀히 따르자면 하루에 다섯 번 조금씩 식사를 해야 한다. 그렇게 식사를 여러 번 해야 신진대사를 자극해 지방을 태울 수 있다는 논지다.[23] 앨리슨은 신진대사를 촉진하기 위해 '배가 고프지 않아도' 잠들기 전에 무언가를 먹어야 한다는 조언도 받았다. 그래서 밤 아홉 시쯤 과체중 치료에 도움이 된다고 생각하면서 토스트 한 조각에 땅콩버터를 발라 먹는다. 패스트푸드를 먹은 뒤 주스를 먹어 무효화시키는 것과 마찬가지로 여기에도 잘못된 믿음이 깔려 있다. 그러니까 특정 시간에 특정 음식을 섭취하면 일종의 치료나 치유에 도움이 된다는 믿음이다. 그러나 특히 땅콩버터는 칼로리가 무척 높을 뿐 아니라 소금과 설탕이 첨가되면 지방, 설탕, 소금이라는 '삼위일체'로 너무나 유혹적이고 중독성 있으며 위험한 음식이 된다.[24] 사실 이처럼 소금과 설탕, 지방이 조합된 음식은 도파민 경로를 활성화해 음식이나 식사에 중독된 행동을 반복시킬 수도 있다.

앨리슨은 다이어트나 운동과 관련해 납득할 수 없는 생각에 사로잡히곤 하는데, 이런 생각은 그녀가 굉장히 신뢰하며 많은 돈을 지불하는 영양사와 개인 트레이너에게 들은 것일 때가 많다. 이를테면 최근 앨리슨은 개인 트레이너와 함께 '폭포'라는 이름의 혁신적 운동을 시작했다. 이는 체중 감소를 위한 최적화된 운동인데, 어떤 동작을 특정 횟수에 맞게 정확한 순서대로 해야만 한다. 앨리슨의 설명에 따르면, 한 동작을 다섯 번, 다른 동작을 두 번, 다시 첫 동작을 한 번, 또다른 동작을 네 번 하는 식이다. 그녀는 동작을 하나씩 지겹게 하는 것보다 이렇게 특별한 순서로 섞는 방법이 더 좋다고 믿었다. 지루함을 덜기 위해 다양한 동작을 하면 이점이 더러 있기는 하겠지만 이런 방법으로 몸무게를 줄일 수 있다는 연구는 전혀 보지 못했다. 이처럼 미심쩍은 식단과 운동법 때문에 음식과 신진대사에 대한 앨리슨의 오해는 더 커진다. 게다가 앨리슨은 건강에 이르는 길은 비밀스럽고 복잡하므로 돈을 주고 구입해야 한다는 불가사의한 생각마저 가지고 있다. 비밀이 있다는 이런 믿음 덕에 식품산업과 건강보조식품산업, 건강상담가, 기업화된 피트니스클럽이 유지되는 것이다. 최근 들어 영양 상담과 심리 상담 종사자 수가 무척 많아졌다. 그중에는 절박한 사람들에게 일시적인 미봉책을 파는, 자격과 훈련이 부족한 상담사도 있다. 이들 역시 내가 이 책에서 다루려는 소비주의 톱니바퀴의 또다른 톱니다.

마지막으로 앨리슨은 자신이 '세로토닌(뇌의 시상하부 중추에 있는 신경전달물질―옮긴이) 불균형'으로 고생한다고 종종 말한다. 세로토닌 불균형 때문에 우울증이 생겼으며 그에 따른 부수적 영향으로 체중이 불었다는 주장이다. 그러나 '세로토닌 불균형'이라는 진단명은 없으며 세로토닌 불균형이 우울증을 일으키는지도 입증되지 않았다. 무엇보다 화학물질 불균형으로 우울증이 생긴다는 이론에 대해서는 증거가 엇갈린다.[25] 사실 화학물질 불균형 이론은 대체로 식품 제조사들과 더불어 소비문화의 주요 가해자이자 수혜자인 제약회사들이 퍼뜨리는 이론이다. 화학물질 불균형 이론에 어느 정도 타당성이 있다 해도 일차원적 설명일 뿐이다. 화학물질 불균형 이론으로는 사치품과 서비스, 음식, 알코올을 흥청망청 쓰고 먹고 마셔대며 소비에 휘둘리는 개인의 가치체계와 문화의 영향력, 호르몬조절장애, 중독 행동 들을 설명하지 못한다. 앨리슨은 더 정교한 신경분비학 이론을 접해보지 못하고, 또 자신의 문제에 대한 실존주의적 접근마저 전적으로 무시한 채 스스로 자초한, 이해할 수 없는 불행과 과체중이라는 쳇바퀴에 갇혀 산다.

나는 앨리슨에게 다양한 방식으로 그녀의 문제가 어느 정도는 소비에서 비롯된다고 이야기했지만 그녀는 방어적 태도를 보이거나 화를 냈다. 앨리슨은 사치스런 쇼핑 같은 물질주의에 갇힌 삶을 포기하는 것도, 단순하게 사는 것도 싫어했다. 나는 그런 삶을 완전히 포기하라고 말하는 게 아니다. 우리 대부분은 단지 미국인이나 서양인으로 태어난 덕분에 소비주의적 삶의 한 버전을 살고 있다. 소비 정도가 다르고, 소비 스펙트럼에서 우리 위치가 어디쯤인가를 아는지 모르는지가 다를 뿐이다. 이런 생활방식의 일부를 포기해야 한다는 생각은 앨리슨을 두렵게 했을 것이다. 그녀에게 소비주의적 삶이란 그녀 자신이 누구인지 말해주는 것으로 가득한 삶이다. 사치스런 소비가 없는 삶은 그녀에게는 공허한 삶이므로 그런 삶을 산다고 생각하면 불안해지는 것도 이해할 만했다. 근본적으로 그녀의 마음 깊숙한 곳에는 돈을 쓰거나 소비하지 않으면 아무 의미도 없다는 믿음이 있었다. 그것은 곧 실존적공허existential vaccum를 뜻했다.[26] 앨리슨은 사치품이 아니라 경험으로 풍성한 삶, 쇼핑 대신 자신을 아끼는 사람들과 함께 자연과 문화를 경험하는 삶, 사랑하는 사람의 손으로 사랑하는 사람을 위해 차린 소박한 식사를 더 적게 더 맛있게 먹는 삶을 상상하지 못했다.

앨리슨이 살을 빼려고 할 때마다 번번이 실패하는 이유는 더 나은 식습관을 단순히 절제와 의지력의 문제로 돌리는 강력한 메시지들 때문이다. 한편 유전자 때문에 살이 찐다거나 신경전달물질이 식욕을 강력히 자극해 살을 빼려는 계획을 방해한다는 상반된 메시지도 존재한다. 이처럼 서로 충돌하는 메시지는 철학과 심리학에 처음부터 널리 존재했던 인식론적 분열을 재현한다. 곧 양육과 본성, 또는 자유의지와 결정론 사이의 분열이다. 이런 분열은 음식과 과식에 대한 연구가 다음 세 영역 중 하나에 속한다는 점에서도 드러난다. 첫째는 의료 영역(영양학, 내분비학, 운동생리학)이고, 둘째는 정책 영역(식품과학, 규제, 식품산업에 관련된 정책)이며, 셋째는 개인 심리학(주로 선택과 활동에 대한 인지, 행동, 진화 이론을 토대로 함)이다. 그러나 이처럼 세 영역으로 구분된 틀에는 모든 유형의 소비를 하나의 통합된 구성물, 곧 문화적·경제적·실존적·생물학적으로 이해하려는 관점이 부족하다. 음식과 과식을 식습관의 문제만이 아니라 상품과 사치 경험, 알코올과 약품 소비, 진화적 행동을 비롯한 모든 형태의 구매와 연결된 문제로 보지 못하는 것이다. 뚱뚱하든 말랐든 우리 대부분은 가끔 과식을 절제하지 못한다. 과식은 강한 자극적 경험을 좇고 소비하는 서구 도시생활의 일부이며, 이제 고도의 소비 중심 경제로 급성장하는 세계 곳곳의 나라로 빠르게 번지고 있다.

이 책에서 나는 자연과학으로부터 소외되지 않고 자연과학으로 뒷받침되는 철학적 관점을 음식과 과식에 대한 논의에 끌어들이려 한다. 이 책에서 내가 사용하는 1차 자료는 식품산업 백서와 인터뷰, 공문서 같은 질적 자료와 더불어 정신분석과 실존주의심리학에서 전형적으로 사용하는 임상사례연구 자료다. 이 책은 분명 야심찬 기획이다. 나는 소비에 대한 내 생각만 따로 제시하기보다 폭넓은 학제 간 연구를 끌어들여 여러 분야의 독자들이 다양한 이론의 맥락에서 음식과 문화에 대해 생각하는 법을 접할 수 있도록 했다. 과식에 영향을 미치는 많은 요소가 어떻게 서로 맞물리는지 보여주기 위해 과식에 작동하는 여러 요소를 다음 표로 그려봤다.

어떤 주제를 학제 간 연구로 다루다 보면 폭을 위해 깊이를 양보할 수밖에 없다. 나는 의학, 역사학, 경제학의 맥락 속에서 문화적·임상적 토론을 전개하겠지만, 이 책의 핵심은 철학과 심리학 그리고 문화다. 내가 이 책에서 건드리는 많은 문제에는 대개 그 문제를 집중적으로 연구한 방대한 이론과 연구 문헌이 존재한다. 특히 내게 덜 친숙한 심리학 바깥쪽 분야는 기회가 될 때마다 1차 자료로 제시했다. 이 책에 있을지 모를 모든 학문적 오류나 오해는 내 책임이다. 이 책에 인용된 뛰어난 수많은 연구자가 이 책의 논의에 참여해 오해를 바

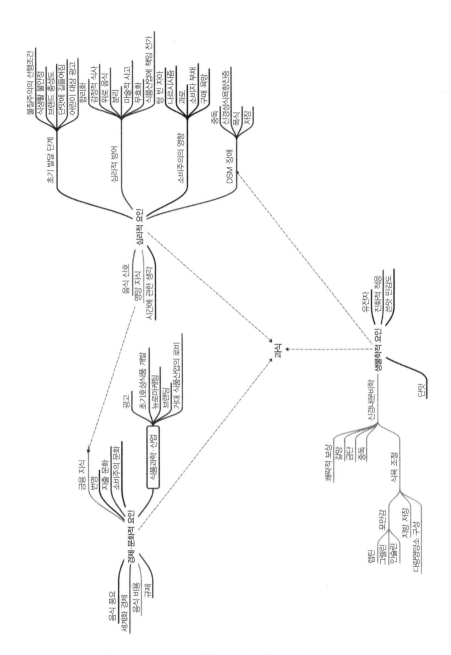

• 과식에 영향을 미치는 복잡한 요인들

로잡아주기를 바란다. 나는 현직 임상치료사와 영양사들이 이 책에 담긴 생각을 상담에 응용할 수 있도록 이 책에 제시한 자료의 임상적 응용 가치를 언급하려 애썼다. 책의 어조에 대해 말하자면, 나는 이야기체를 좋아한다. 학술적 글쓰기가 엄정하거나 진지해지기 위해 꼭 건조하거나 지루할 필요는 없다고 확고히 믿는다. 이야기는 힘이 세며, 이야기하기는 인간의 존재 조건 가운데 하나다. 내 어조가 공격적으로 들릴 때도 있을 것이다. 내가 나 자신의 소비 본능을 싫어하다 보니 가끔 자아비판처럼 소비문화를 맹공격할 때가 있다.

마지막으로 이 책이 비만을 다루는 책이 아니라는 것을 분명히 밝히고 싶다. 내 책의 중심은 과식이다. 과식이 늘 과체중이나 비만으로 이어지지는 않는다. 대부분은 아니더라도 많은 사람이 과식을 강력히 부추기는 요인과 어느 정도는 씨름하며 산다. 비만은 전체 인구에 두루 퍼진 대사기능장애라는 더 큰 문제를 품고 있는 빙산에서 눈에 보이는 일각일 뿐이다. 전체 인구의 최대 40퍼센트가 '정상 체중, 대사 비만'이다.[27] 다시 말해 심혈관질환, 고혈압, 인슐린민감성의 변화, 복부와 내장의 지방과다증 같은 비만의 부작용을 똑같이 앓지만 체중은 정상이다. 곧 과체중과 비만인 사람들은 과식이라는 어려운 문제와 씨름하는 많은 사람의 하위집단이라 할 만하다. 아울러 이 책은 소비(음식, 전자제품, 음료, 의약품, 차, 옷, 자연자원의 소비)를 다루는 책이기도 하다.

The Psychology
of Overeating

2

과식의 씨앗, 소비문화의 등장

개인만이 아니라 국가나 문화에도 심리
가 있다. 국가나 문화의 심리는 시민들을 문화에 동화시키고 경제와
사회정책을 형성하는 일을 한다. 개인의 과소비 심리를 이해하기 위
해서는 먼저 소비주의라는 집단 심리가 어떻게 국가와 문화에서 역
사적, 정치적, 경제적으로 소비를 경험하는 방식을 형성하는지 이해
해야 한다. 심리학과는 가장 거리가 먼 이번 장의 목적은 어떻게 그
리고 왜 미국과 산업화된 서구사회에서 소비주의가 번창하는지 간략
히 알아보고, 소비문화의 결과인 과식과 과소비 경향을 살펴보는 데
있다.

영국의 문화이론가 이아니스 가브리엘과 팀 랭은 소비주의를 이해
하는 다섯 가지 틀을 만들었다.[1] 나는 그 틀을 이 책 전반에서 사용하
겠다.

1. **도덕 원칙으로서 소비주의:** 선진국에서 소비자의 상품 선택과 구매는
   개인이 자유와 행복 그리고 힘을 얻는 수단으로 인식된다.
2. **정치 이데올로기로서 소비주의:** 국민을 지나치게 보호하려는 성향의 보
   모국가(nanny state, 개인의 복지와 선택에 지나치게 간섭하는 정책과 정부를 일

컫는 표현─옮긴이)와 반대로 현대 국가는 초국적 기업을 비호한다. 또 현대 국가에 팽배한 소비주의 이데올로기는 소비자가 화려하고 멋진 상품을 선택하고 구매할 자유를 찬양한다.

3. **경제 이데올로기로서 소비주의:** 공산주의의 엄격한 금욕주의와 반대로 소비주의가 자유무역의 동인으로 찬양되며 새로운 소비자를 키우는 일이 경제 발전의 열쇠로 여겨진다.

4. **사회 이데올로기로서 소비주의:** 사회 이데올로기로서 소비주의는 계급을 구분하는 기준을 만들기 때문에 물질적 상품은 그것을 소유한 사람의 사회 지위와 위신에 영향을 미친다.

5. **사회 운동으로서 소비주의:** 소비자의 권리를 증진하고 보호하기 위해 종종 규제를 통해 가치와 품질을 보호하는 운동 형태로 나타난다.

우선 '도덕 원칙으로서 소비주의'에 대해 이야기해보자. 도덕 원칙으로서 소비주의는 소비자의 상품 선택과 구매를 개인의 자유와 행복 그리고 힘의 수단으로 본다. 이런 형태의 소비주의가 번성하면 소비자 선택의 심리적 중요성이 상품 생산에 기초한 과거 경제를 대체한다. 과거 경제에서는 소비보다는 일이 정체성을 결정하는 중요 요소였지만[2] 지금 같은 소비 중심 사회에서는 정체성이 무엇을 생산하는가보다 무엇을 소비하는가와 관련 있다. 소비 중심 사회의 또다른 특징은 여가시간을 돈 쓰는 일에 사용한다는 것과 물건을 소유하는 일이 행복의 주요 수단이라는 믿음이다.[3] 소비주의가 도덕 원칙이 될 때 사람들은 물질을 소비해 만족을 얻을 수 있다고 여길 뿐 아니라 소비를 자아발전, 자아실현, 자아충족의 수단으로 인식한다.[4] 달리 말해 소비주의가 '도덕 원칙'이 될 때 소비를 중심으로 우리의 내면과 자아가 형성되므로 구매는 무척 심리적 현상이 되는 것이다.

삶의 중심이 된 소비가 끊임없이 경제성장을 자극하므로 우리는 수요가 공급을 낳는지 공급이 수요를 낳는지 잊어버릴 정도다. 철학자 데이비드 로이에 따르면 이런 경제성장으로 '시장'은 세계적 종교가 되어 전통 종교 대신 우리에게 세상이 무엇인지, 세상에서 우리가 해야 할 몫이 무엇인지 가르친다. 로이는 시장 자본주의를 공동체 파괴 세력으로 지목하면서 그 결과로 성장해야 한다는 집단 반응이 생긴다고 말한다.

> 종교적 관점에서 보면 시장 자본주의 그리고 시장 자본주의가 퍼뜨리는 가치의 문제는 탐욕과 망상 두 가지다. 고삐 풀린 시장은 적어도 두 가지 면에서 탐욕을 강조하며 사실상 요구한다. 경제체제의 엔진에 연료를 공급하려면 이윤을 얻으려는 욕망이 필요하고, 생산할 수 있는 것들을 내다 팔 시장을 창조하려면 만족을 모르고 끊임없이 더 소비하려는 욕망이 탄생해야 한다.[5]

로이는 또한 우리가 스스로를 소비자로 인식한 뒤에는 아무리 많이 가져도 충분하지 않기 때문에 소비 욕망을 결코 만족시킬 수 없다고 주장한다. 마찬가지로 정치학자 윌리엄 레이스는 오늘날의 시장 경제는 끊임없이 팽창해야 한다는 원칙에 지배되지만, 그 결과 개인의 필요가 상품에 맞춰지므로 욕망을 만족시키기란 영원히 불가능해진다고 말한다.[6] 관련 연구에 따르면 브랜드 제품으로 자신을 표현하는 사람은 종교적 신념이 더 낮은 편이다.[7] 이런 연구 결과는 시장의 성장이나 브랜드 제품 같은 경제적 영향이 종교가 지금까지 담당해 왔던 역할을 대신하고 있다는 걸 보여준다.

끊임없는 성장 욕구는 무척 중요하게 여겨져서 많은 경제학자가 경제성장율을 한 나라의 행복을 측정하는 척도로 흔히 이용할 정도다. 사실 연구에 따르면 한 나라 안에서는 부유층이 빈곤층보다 행복하기는 하지만 역설적이게도 평균 행복 수준은 사람들의 수입이 늘어도 거의 변하지 않는다.[8] 미국인들은 1957년보다 일인당 두 배는 더 소비하지만 "무척 행복하다"라고 답한 사람은 늘어나지 않았다.[9] 그러나 국내총생산GDP을 행복과 동일시하는 경향 때문에 성장은 모두 좋은 것이고 또 행복과 비례한다는 믿음이 사람들 사이에 깊숙이 자리 잡았다. 성장을 끊임없이 찬양하는 분위기에서 국내총생산과 더불어 우리 몸 역시 성장해서 결국 우리가 오늘날 보는 것처럼 과체중과 비만이 널리 퍼졌다 해도 놀랄 일이 아니다.

― 세계적인 과잉 소비와 과잉 생산

채울 수 없는 소비 욕망이 더 많은 시장을 창조할수록 더 많은 상품이 생산되어 과잉 소비와 과잉 생산이라는 쳇바퀴가 돌기 시작한다. 사회학자 다니엘 벨은 오늘날 자본주의의 갈등은 생산 활동에 필요한 규율과 금욕 대對 무분별한 쾌락주의와 헤픈 소비 사이의 갈등이라고 말한다.[10] 음식도 엄청난 규모로 생산되고 소비되지만 생존에 필요한 특성 탓에 이제까지 음식 소비는 다른 유형의 물질 소비와 다르게 여겨졌다. 사실 옷과 가구, 전자제품처럼 우리 삶에 반드시 필요치 않은 상품과 관련된 쾌락주의와 낭비는 더 쉽게 눈에 들어오므로, 음식 과소비에 초점을 맞추기 전에 이런 비본질적 상품의 과소비를 먼저 살펴보면서 과소비를 매우 넓은 관점에서 이해해보자.

과잉 생산과 과잉 소비를 잘 보여주는 한 가지 사례는 자라Zara와 H&M 같은 값싼 '패스트 패션'이다. 이런 패스트 패션 산업은 정신없는 속도로 저가 상품을 만들어 판다. 요즘 미국인들이 한 해 구입하는 의복은 200억 점에 달한다.[11] 스페인의 패스트 패션 소매상인 자라 한 곳에서만 '하루에' 100만 점이라는 충격적으로 많은 옷이 제조된다.[12] 엘리자베스 클라인은《나는 왜 패스트 패션에 열광했는가 Overdressed》에서 이렇게 몇 번 입고 버리는 옷이 환경과 경제, 심지어 우리의 영혼마저 망가뜨린다고 주장하며 눈이 번쩍 뜨일 만한 증거를 제시한다.[13] 마찬가지로 이케아 같은 매장은 수명이 길지 않은 가구와 장식 소품을 최저가로 공급해 대량 소비를 부추긴다. 69달러에 팔리는 이케아 탁자를 보며 어느 가구 장인은 "상상도 할 수 없는 일이에요. 저는 그 가격에 탁자를 만들기는커녕 탁자를 만들 목재도 구하지 못할 걸요"라고 말했다.[14] 엘렌 러펠 셸은《완벽한 가격: 뇌를 충동질하는 최저가격의 불편한 진실Cheap: The Highest Cost of Discount Culture》에서 이케아의 미심쩍을 만큼 낮은 가격은 조세 회피와 불법 벌목, 어린이 노동으로 유지된다고 주장한다. 세계경제의 많은 부분이 소비에 기초하는 상황에서 저임금 노동, 낮은 품질, 유해 물질 사용과 배출로 창출된 '보조금' 덕택에 우리는 옷과 음식, 가구, 연료, 전자제품을 비롯한 여러 상품을 무분별하게 소비한다. 그 물건을 소비하는 진짜 대가가 무엇인지 알지 못하기 때문이다.

이렇게 물건을 사들이는 일은 개인의 욕망에서 비롯될 때가 많지만 '경제 이데올로기로서 소비주의'는 자유나 방종에서 나온 개인적 행동을 애국주의적 행동으로 탈바꿈시킨다. 소비가 한 나라의 경제 성장을 자극한다는 이유 때문이다. 예를 들어 9·11테러 직후 조지 W. 부시 대통령은 충격과 상실감에 빠진 미국인들에게 비극이 일어난 뒤 우리가 할 수 있는 최선의 일은 돈을 쓰는 것이라고 연설했다. "플로리다의 디즈니월드로 가라"라고 그는 9·11테러 이후 두 주에 걸쳐 국민들을 독려했다. "가족을 데리고 가서 우리가 바라는 삶을 즐겨라."[15] 과거에는 많은 사람에게 개인의 소비와 국가의 안정은 아무 관련이 없었다. 그러나 몇 십 년 사이 돈 쓰는 일을 애국으로 묘사하는 무수한 메시지가 나돌았다. 예를 들어 경기 침체 기간이나 그 이후에는 우리에게 돈을 써야 할 의무가 있다는 정치적 메시지가 차고 넘친다. 사실 2009년 경제 부양정책은 우리에게 저축할 돈이 아니라 소비할 돈을 주었다.

자유무역 촉진, 새로운 소비자 양성, 경제 발전은 지난 수백 년간 서양의 지리적 팽창과 정치·경제를 주도했으며, 오늘날 우리가 보고 있는 세계화 경제로 정점에 이른 서구 우월주의와 도구주의라는 신념에 토대를 둔다. 이런 신념은 식민주의와 노예제도를 밀어붙인 것과 같은 이데올로기에서 나왔으며 여전히 세계시장을 이끌며 개발도상국의 값싼 노동력과 자원으로 부유한 사람들의 과잉 소비를 떠받친다. 서구 선진국에 사는 많은 사람의 집단 심리를 구성하는 또 하나의 믿음은 이런 소비와 시장 자본주의가 '자연스럽다'는 생각인데, 이런 생각은 공산주의체제의 붕괴로 더 강화되었다.[16] 이처럼 시장 자본주의가 우월한 체제이며 불평등은 불가피하다는 생각은 권력과 부, 지적 자본을 가진 자들의 문화적 우월주의와 도구주의를 드러낸다. 물론 이제 점점 세계화되는 소비문화에 포섭된 개발도상국들역시 한때 서구 산업사회의 전유물이던 고기와 패스트푸드, 전자제품을 열렬히 탐하게 되었다는 것이 새로운 옥의 티다. 인도나 중국같은 나라가 소비 파티에 동참하면서 부유한 서방 국가들은 소비가환경에 미치는 영향에 갈수록 불안해한다. "이 마을은 우리 둘 다 살만큼 크지 않아"와 같은 일이 벌어지고 있는 셈이다.

─ 소비주의의 정신병리

이런 경제 이데올로기를 심리학 용어로 묘사하자면, 소비를 추동하는 국가주의의 우월의식과 도구주의는 반사회적인격장애Antisocial Personality Disorder와 자기애성인격장애Narcissistic Personality Disorder의임상진단에 묘사된 특징과 다르지 않다. 반사회적인경장애와 나르시시즘(자기애), 경제 발전 그리고 과식의 관계가 무엇인지 뚜렷이 보이지 않는다면, 타인을 착취하는 인성과 문화적 특징이 어떻게 식품산업을 창조하고 유지하는지 이 책에서 살펴보는 동안 그 관계가 점점명확해질 것이다. 식품산업은 공격적으로 이윤을 추구하면서 과식과건강 문제를 어디에서나 낳고 있다. 규제에 반발하고, 어린이와 빈곤층을 착취하는 마케팅을 벌이며, 식품 생산의 많은 영역에서 미심쩍은 노동 관행을 지속하는 식품 제조사들의 핵심에는 바로 이런 반사회적인격장애와 같은 특성이 존재한다.

정신의학자 하비 클랙클리는 (요즘 반사회적 인격이라 불리는) 사이코패스를 다룬 중요한 연구에서 사이코패스는 겉보기에 정상으로, 심지어 호감 가는 사람으로 보이기도 하지만 근본적으로 다른 사람의 권리를 배려하지 않는 특성을 가진다고 주장한다.[17] 사이코패스는 스스로를 과대평가하며 극도로 독선적이고 자신감과 자만심에 가득 차 있다. 사이코패스의 인성을 조직하는 동인은 다른 사람을 지배하고 착취해 권력을 행사하려는 욕구나 모든 것을 통제하려는 충동이다.[18] 무엇이든 마음대로 하려는 욕망과 함께 사이코패스는 잘 알려진 대로 양심의 가책을 느끼지 못하기 때문에 개인적 이득을 얻기 위해 다른 사람을 이용한다. 일반적으로 알려진 것처럼 사이코패스가 반드시 물리적 폭력을 행사하는 건 아니다. 사이코패스는 주로 부적응 경향을 보인다고 알려졌는데 몇몇 저자들은 사이코패스 성격유형의 다른 특성들, 이를테면 두려움을 모르거나 대인관계를 지배하려는 특성들이 특정 직업, 곧 지도자나 경영진 같은 자리에 잘 적응하기도 한다고 말한다.[19] 사실 세계를 선도하는 사이코패스 연구에서 로버트 헤어와 동료들은 많은 정치인과 변호사 그리고 최고경영자들이 명성과 권력, 부를 추구하는 비폭력적 사이코패스의 특성을 지녔다고 추정한다.[20] 다른 연구자들은 높은 위험이 높은 수익으로 연결되는 현대 기업의 세계가 사이코패스들을 끌어들이고 있으며 그들에게 포상을 한다고 주장한다.[21] 예를 들어 한 연구는 역사학자들에게 특정한 성격 특성별로 미국 대통령들을 평가해달라고 요청했다. 역사학자들에게는 알려지지 않았지만 나열된 '모든' 성격 특성은 사실 사이코패스와 연관돼 있었다. 결과에 따르면 '두려움 모르는 지배'(사이코패스와 연결되는 뻔뻔함을 반영하는) 특성이 높은 사람일수록 직무 수행 능력과 리더십, 설득력, 위기관리 능력이 더 높았고 의회와 관계도 훨씬 좋았다.[22] 달리 말해 비폭력적 사이코패스는 성공한 미국인, 곧 부유하고 야심차며 자신감 넘치고 매력 있는 미국인이 된다는 것이 무슨 뜻인지 전형적으로 보여준다.

사이코패스와 관련된 자기애성인격장애의 흔한 특성은 과장하려는 경향이 있고 칭찬받으려는 욕구가 강하며 공감하는 능력이 부족하다는 점이다. 자기애성인격장애를 지닌 사람은 자신이 우월하고 특별하며 독특하다고 믿으면서 자기가 무척 중요한 사람이라는 과장된 생각을 갖는다. 게다가 다른 사람의 욕구와 필요에 대한 감수성까지 부족하다면 사람들을 의식적, 무의식적으로 착취하는 사람이 된다. 자기애성인격장애자는 자신들이 원하거나 필요하다고 느끼는 것이 있다면 그게 무엇이든, 다른 사람들에게 어떤 영향을 미치든 가져야 한다. 사이코패스처럼 이들도 대체로 공감 능력이 부족하며 다른 사람의 욕망과 개인적 경험, 감정을 잘 알아차리지 못한다. 흥미롭게도 몇몇 학자는 자기애성인격장애와 반사회적인격장애가 문화적으로 용인된(그리고 성별화된) 성격 특성의 살짝 과장된 형태일 뿐이라고 주장한다.[23] 다른 말로 하자면 이런 인성장애는 반사회적이며 자기애적인 문화의 자연스러운 발현인 것이다.

《나르시시즘의 문화Culture of Narcissism》에서 크리스토퍼 래시는 나르시시즘이 널리 퍼진 동시에 매력적으로 인식되는 문화가 되었다고 말한다. "1960년대 반문화운동 이후 미국인들은 오직 개인적인 일에 틀어박혔다. 사람들은 삶을 어떻게든 의미 있게 개선할 희망을 잃었고 이제 의미 있는 일이라고는 정신적인 자기계발일 뿐이라 확신했다. 자신의 감정을 이해하고 건강에 좋은 음식을 먹고 발레나 벨리댄스 수업을 들으며 동양의 운동에 몰두하는 것…. 프로그램으로 승격되고 진실성과 자각이라는 표현으로 포장되는 이런 활동들은 그 자체로는 무해하지만 정치로부터 후퇴와 가까운 과거에 대한 부정을 뜻한다."[24] 마찬가지로 정신분석가 폴 와치텔은 '개인 성장'이 성장 집착 사회의 또다른 징후라고 말한다. 그는 이렇게 쓴다. "심리학은 (그 자체로) 경제성장의, 경제성장을 위한 학문이다. 경제성장과 똑같은 정복과 확장 이미지를 사용하며 우리 문화를 규정하는 대단히 개인주의적 가정을 공유한다."[25] 와치텔이 말하는 심리학은 임상심리학, 더 구체적으로는 개인 성장을 목표로 삼는 심리치료 관행을 말하는 듯하다. 무엇보다 그는 미국 심리학자와 심리치료사의 개인 사무실을 채우는, 진료와는 관련 없는 건강염려증 환자들을 염두에 두었을 것이다. 달리 말해 심리학은 미국인이나 서양인들을 과잉 소비자로 만든 나르시시즘 엔진의 일부다. 사실 심리학을 정면으로 비난할 수는 없다. 왜냐하면 어느 모로 보나 지난 100년에 걸친 심리학의 발달은 소비문화의 원인인 동시에 반영이기 때문이다.

그러나 더 중요한 점은 나르시시즘과 사이코패스의 특성들이 소비주의 문화의 공급과 수요 양쪽에 반드시 필요하다는 사실이다. 앞으로 살펴보겠지만 생산자, 판매자, 광고자는 종종 대중의 건강과 복지보다 이윤을 가차 없이 추구하는 한편, 소비자들은 소비의 부정적 영향을 정당화하고 합리화하려 애쓴다. 소비주의 정신병리의 시소 타기라 부를 만하다. 환경주의자 폴 호켄은 개인 소비자를 조금 너그러운 시각에서 본다. 대부분 알지 못하기 때문에 무분별하게 소비한다고 말이다. "그것은 해외에서, 광산에서, 가축 수용소에서, 광재 더미에서, 매립지에서, 폐수처리장에서 일어난다."[26] 달리 말해 호켄은 소비를 부추기는 것은 권리의식도 자만도 아니며 무지와 부정이라고 말한다. 어쩌면 모두 조금씩 관련 있지 않을까? 나는 지속적인 무분별한 소비에는 복잡한 방어기제도 들어 있다고 생각한다. 우리는 합리화와 부인, 분리(dissociation, 의도와 행동, 사건과 정서적 반응, 생각과 말 사이의 분리 현상으로 견딜 수 없는 감정이나 죄책감으로부터 자신을 보호하려는 방어기제의 일종-옮긴이)로 자기와 다른 사람에게 자신의 행동을 정당화하며 소비의 결과를 무시함으로써 인지부조화(서로 대립하거나 충돌하는 두 가지 믿음, 생각, 지식을 지녔을 때 일어나는 심리적 긴장-옮긴이)에 무감각해진다. 이런 심리적 방어기제에 서구 제국주의와 식민주의의 초석인 특권의식과 도구주의가 더해지면 소비주의를 몰고 가는 눈 먼 오만이 탄생한다.

6장에서는 설탕의 역사를 통해 소비주의의 착취 문화와 개인 소비자의 공생 관계를 자세히 살펴보겠다. 설탕의 역사에서 단맛에 탐닉하는 인간의 욕구가 처음에는 남북 아메리카의 노예제도로, 이후에는 많은 사람이 현대판 노예제도라 여기는 노동 관행으로 채워졌다는 사실을 알게 될 것이다.[27] 이런 설탕 사업을 운영하는 다국적 기업은 다른 여러 식품산업과 마찬가지로 미국법이라는 테두리 안에서 보호를 받으며 국회와도 원만하게 지낸다. 설탕만이 아니라 다른 사례에서도 어떻게 '정치 이데올로기로서 소비주의'가 정치 차원의 소비주의와 개인 차원의 소비 사이의 순환 관계를 창조해 값싸게 생산되는 식품에 대한 수요를 세계적으로 증가시킬 뿐 아니라 결국 과체중과 비만, 중독을 야기하는지 분명히 알 수 있다.

— 절약에서 반反절약으로

미국노동통계국US Bureau of Labor Statistics의 소비자지출조사(2006년)에 따르면 1901년부터 2003년까지 미국 평균 가정의 수입은 67배, 지출은 53배 증가했다. 인플레이션을 고려하면 지난 100여 년간 일반 가정의 구매력이 세 배 증가했다는 말이다. 이런 번영과 함께 제2차 세계대전 종전 이후 일어난 광고 붐, 간편해진 소비자의 신용 구매, 가전제품과 컴퓨터, 전자제품의 기술 발전으로 미국 경제는 소비재 경제로 바뀌었고 소비가 국내총생산에서 가장 큰 요소를 차지하게 되었다. 현재 미국에만 4만 5000곳의 쇼핑몰이 있고 미국의 4인 가족은 매해 평균 1814톤의 물질을 소비한다.[28]

이렇게 점점 번영한 결과 우리는 경제학자 로버트 프랭크가 '사치 열병luxury fever'이라 부른 것에 사로잡히고 말았다. 지난 30년 동안 인플레이션이나 경제 침체와 관계없이 사치품 소비는 꾸준히 증가했다.[29] 존 드 그라프와 동료들은 사치열병과 비슷하게 질병과 감염에서 사용하는 표현을 빌려와 이런 현상을 '어플루엔자affluenza'라 일컫는다. 어플루엔자는 고통스럽고 전염성 있으며 사회적으로 전파되는 증상으로, 더 많이 소유하려는 집착으로 생기는 과로, 빚, 불안, 낭비를 말한다.[30] 과거 경제 부흥기에 이처럼 지나친 소비는 오직 최고 부유층에게만 해당됐다. 그러나 요즘 선진국에서는 그 어느 때보다 많은 사람이 사치품을 구매할 수 있다. 점점 많은 중하층 노동계급 가족이 고급 자가용과 고가의 의류를 구매한다. 이런 물품을 기본적으로 가져야 한다고 여기는 사람도 많다. 그러나 끊임없이 늘어나는 풍요 때문에 과거 사치품이 이제 필수품처럼 여겨지면서 무엇이 '자연적' 욕구인지, 무엇이 '만들어진' 욕구인지 구분하는 관점까지 왜곡되었다.[31]

소득 중하위권의 소비 패턴은 부유층의 소비 증가를 어느 정도 반영하지만 차이가 있다. 중위 소득층의 수입은 실제 달러로는 1979년 이래 감소했다. 따라서 사치품 소비를 떠받치는 것은 중산층 가족의 저축 감소와 신용카드 대출 증가, 노동시간의 증가다. 경제학자 줄리엣 쇼어는 이런 현상을 '일과 소비의 순환'이라 부른다. 이런 순환에는 무거운 심리 비용이 따른다. 이제 우리는 훨씬 높은 수준의 부유함에 익숙해졌을 뿐 아니라 미디어를 통해 우리보다 소득이 세 배, 네 배, 다섯 배, 심지어 스무 배 많은 사람의 생활방식을 갈수록 많이 접한다. 그 결과 국가 전체적으로 상향소비upspending[32] 문화가 생겼다. 예전에는 우리와 비슷한 사회·경제 계층에 속하는 '준거집단'이 친구와 이웃들이었다. 그러나 미디어 노출 때문에 우리가 생각하는 준거집단이 이상하게 달라졌다.[33] 한 마디로 힐튼 가문을 따라할 수 있는데 왜 옆집 존스네를 따라하겠는가?

20세기 많은 기간 동안 미국은 '친親절약' 정책과 규제정책을 폈기 때문에 거의 모든 미국인은 저축을 돕는 신용협동조합, 저축계, 노동조합, 채권 프로그램 같은 제도를 활용할 수 있었다.[34] 그뿐 아니라 금융산업 내부에도 저축 장려 부문이 있어서 소비자 대출을 제한하고,

대출을 받기 위해 갖춰야 할 신용도와 저축 기준을 규정하는 엄격한 잣대를 마련해두었다. 빚을 많이 지거나 도박을 하거나 재산을 저당 잡힌 사람들은 불명예스럽고 도덕성이 의심스러운 이단자들로 취급받았다. 그러나 정부가 규제를 완화하고, 금융산업을 통합하고, 세법을 개정하면서 '친親절약' 문화는 무너졌다. 사실상 절약하는 일에 적대적인 문화가 등장해 저축 의지를 꺾고 지나친 채무를 부추겼다.

기꺼이 빚을 지려는 개인이 도처에 존재하지 않는 한 절약을 적대시하는 문화는 부상하지 못했을 것이며,[35] 신용카드가 등장하지 않았다면 대출을 쉽게 여기는 풍토도 싹트지 않았을 것이다.[36] 1958년부터 1970년까지 신용카드 10억 장이 미국 곳곳에 보급되어 소비 패턴만이 아니라 미국인들이 자신과 자신의 욕망을 경험하는 방식까지 완전히 바꿔놓았다.[37] 사용하기 편리한 신용카드는 물건을 구매하기 위해 현금이 필요치 않은 새로운 시대를 열었고, 욕망을 즉시 충족시키려는 경향이 소비자들에게 널리 퍼졌다. 이런 편리함은 오랫동안 즉각적 만족을 지연하는 장애물을 두었던 사회, 자연, 경제 환경과 대비된다. 지난 세기 동안 우리 문화는 원하는 것을 바로 얻으려는 행위를 막는 장애물이 거의 없는 문화로 바뀌었고, 그 결과 충동적 소비가 신중한 소비를 앞질렀다.

신용카드를 손에 쥔 소비자들이 늘어날수록 적립식 구매 관행은 자연히 줄어들어 거의 소멸되었다. 적립식 구매를 처음 듣는 젊은 사람들을 위해 설명하자면, 한때 많은 가게에서 흔히 쓰던 방식으로 사람들이 돈을 한 번에 지불할 수 없을 때 제품을 예약해놓고 값을 갚아나가는 방법이다. 적립식 구매 방식은 물건을 받기 전에 물건 값을 모두 지불해야 하므로 요즘 신용카드 구매 방식과는 정반대다. 신용카드로 구매할 때는 물건을 먼저 받고 물건 값을 나중에 지불한다. 적립식 구매로 물건을 예약해두면 예약한 물건에 책임을 져야 한다는 뜻이 된다. 그러니 원하는 물건을 얻기 위해서는 절제와 인내, 체계적 예산 계획이 꼭 필요하다는 것을 배운다. 이것이 총합이 제로가 되는 개인재무관리(수입에서 저축을 비롯한 모든 지출을 뺀 총합이 제로가 되도록 예산을 짜는 원칙-옮긴이) 심리학의 일부다. 반면 물건을 얻기 전에 돈을 지불할 필요가 없다고 말하는 요즘 문화는 무분별한 충동적 소비를 부추긴다는 점에서 과식과 아주 유사하다. 이 책의 끝부분에서 나는 잉여 칼로리와 소비자 부채가 어떤 점에서 같은지 설명하겠다. 간단히 말해 둘 다 소비의 잉여다.

— 과식의 등장

소비자 지출이 계속 증가한 수십 년간 일인당 하루 칼로리 섭취량도 늘어났다. 지난 사십 년 동안 과체중이나 비만인 사람만이 아니라 그 밖의 사람들도 칼로리 섭취량이 많아진 것이다. 1960년에 미국농무부US Department of Agriculture 경제연구소는 미국인 일인당 하루 식량 공급량을 3200칼로리로 추정했다. 3200칼로리 중에서 약 1000칼로리는 남기거나 상해서 먹지 않거나 그 밖의 다른 손실로 사라지기 때문에 하루 평균 칼로리 섭취량은 1인당 2200칼로리 미만이었을 것이다. 40년 뒤 행해진 같은 연구에 따르면 일인당 하루 평균 칼로리 섭취량은 2700칼로리였다. 40년간 칼로리 섭취량이 29퍼센트 늘었

다는 말이다. 주로 정제 곡류 가공품 섭취가 증가했다.[38]

전체 칼로리 섭취가 늘었을 뿐 아니라 이전보다 더 자주 먹는다. 최근 연구에 따르면 미국인들은 이제 한 시간이나 한 시간 반에 한 번씩 음식을 먹는다.[39] 이렇게 자주 먹다 보면 허기를 조절하는 생리적 토대가 전체적으로 약화될지 모른다.[40] 당연한 말이지만 광범위한 칼로리 섭취 증가는 과체중과 비만 증가로 이어진다. 2000년 국립보건통계센터National Center for Health Statistics에 따르면 미국 성인의 62퍼센트가 체질량지수(BMI. 체질량지수의 정확성을 의문시하는 연구자들이 많다.[41] 이 책에서는 체질량지수를 측정에 이용한 연구를 소개할 때만 체질량지수를 언급하겠다) 25~29로 과체중이다. 이는 1980년의 46퍼센트에서 증가한 수치로, 이들 중 27퍼센트는 체질량지수가 30 이상인 비만으로 분류된다. 애덤 드레브노프스키와 S. E. 스펙터의 2004년 연구에 따르면 빈곤율이 가장 높고 교육 수준이 가장 낮은 인구집단의 비만율이 가장 높게 나타났다.[42] 이런 결과는 남자보다 여자들에게 더 분명히 드러났다. 또 음식 가격과 에너지 밀도(칼로리)를 분석한 결과 가격과 칼로리 사이에는 역관계가 있으며, 따라서 정제 곡류나 첨가당, 지방으로 만들어진 고칼로리 식품이 소비자에게 저가 상품으로 팔린다는 사실을 알아냈다. 달리 말해 덜 비싼 음식일수록 더 살찌게 하거나 비만을 유발한다. 이들의 발견은 비만 연구의 중대한 성취였고 사람들의 인식과 식품정책에 상당한 영향을 미쳤다. 그러나 이 연구에서 몇 가지 오해가 비롯되었다. 가난한 사람일수록 지나치게 과체중이고 영양가 높은 음식은 늘 더 비싸다는 인식을 낳은 것이다. 그러나 최근 드러난 바에 따르면 가난과 비만의 관계는 다음 세 가지 측면에서 더 복잡하다. 첫째, 과체중 유병율(특정 집단에서 특정 질환을 가진 사람의 비율-옮긴이)과 가난은 사실 상관관계가 없지만 과체중의 '정도'는 가난한 사람들에게서 훨씬 크게 나타난다.[43] 둘째, 고소득층과 저소득층의 비만율은 여전히 차이가 나지만 고소득층의 비만율이 점점 늘어나면서 갈수록 차이가 줄어들고 있다.[44] 셋째, 영양분이 많으면서 비싸지 않은 음식도 있지만 이런 음식은 종종 소비자들에게 거부된다.[45] 셋째 요소에 대해서는 뒤에서 다시 다루겠다.

서로 다른 소득집단의 과체중 비율 차이를 조금 더 자세히 살펴보자. 국립건강영양조사National Health and Nutrition Examination Survey를 살펴보면 1971년부터 2006년까지는 가난한 사람과 가난하지 않은 사람의 과체중(체지방지수 25 이상을 뜻함) 비율은 통계적으로 의미 있는 차이가 없었지만, 비교 기준을 비만(체지방지수 30 이상을 뜻함)으로 바꾸면 가난한 사람의 유병율이 5~7퍼센트나 높았다. 그러나 2006년 이후에는 가난한 사람과 그렇지 않은 사람의 비만율이 사실상 차이가 없다. 쉽게 말해 가까운 과거에는 가난한 사람의 비만율이 가난하지 않은 사람의 비만율보다 높았지만 요즘은 그 차이가 사라진 것이다. 이제 과체중이든 비만이든 가난한 사람과 가난하지 않은 사람의 유병율은 통계적으로 의미 있는 차이가 없다. 그러나 가난한 사람이 더 심한 과체중에 시달린다.[46] 훨씬 더 쉽게 말해 거의 모든 사람이 살쪘지만 가난한 사람일수록 그 정도가 더 심하다고 할 수 있다.

이쯤에서 비만과 과식의 중대한 차이를 짚고 넘어가자. 음식 소비에 대한 최근 연구는 비만에 초점을 두는 연구가 많다. 비만이 중대한 대중적 건강 문제이기 때문이다. 하지만 과식 '행동' 그리고 과체중이나 비만인 '상태'의 차이를 주목할 필요가 있다. 모두는 아니라 해도 우리 대부분은 과식하고 싶게 만드는 강렬한 유혹을 뿌리치는 데 어느 정도 애를 먹는다. 과식의 가장 흔한 결과는 체중 증가지만 과학적으로 말해 과식과 과체중은 같은 개념이 아니다. 과식은 하지만 신진대사가 활발하고 생활방식이 건강해서 잉여 칼로리가 덜 쌓이는 사람도 있다. 과식으로 체중이 증가하는 것을 막기 위해 부정적 메커니즘을 쓰는 사람도 있다. 매우 드물기는 하지만 과식을 하지 않아도 유전 조건 때문에 과체중이거나 비만인 사람도 있다. 과식은 거의 모든 사람이 겪는 대단히 대중적인 문제지만 과체중과 비만은 과식의 극단화된 임상적 양상으로 봐야 한다.

— 더 많이 먹는 것과 더 많이 소비하는 것

미국인들의 식습관과 음식을 소비하는 양상이 급속도로 변화하다 보니 장보기 풍속마저 지난 몇 십 년 사이 크게 달라졌다. 장보기는 허드렛일이 아닌 쇼핑으로 변했다. 먹거리를 캐거나 사냥하거나 키워서 먹는 대신 가게에서 사온다는 개념은 오늘날 몇몇 지역에서는, 분명 우리 조상들에게는 낯선 개념일 것이다. 나와 두세대밖에 차이 나지 않는 외증조부님은 화폐경제에 속해 있지도 않았다. 그분들은 오클라호마의 자급 농부였고 자신들에게 필요한 물품과 서비스를 이웃과 서로 교환하며 살았다. 옷이나 탈 것, 상품을 비롯해 그분들이 평생 소비한 물건 숫자는 극도로 적다. 분명 과식도 하지 않았다. 적어도 습관적으로 과식하지는 않았다. 과식할 기회가 있을 때에도 단순한 삶과 신중한 소비가 그들의 행동을 규제하는 더 큰 정신이었다. 경제적 제약 때문만이 아니라 자기절제가 중요하다는 믿음이 널리 공유된 시절이었고, 그런 믿음이 몸에 배어 있었기에 스스로 절제하는 일이 힘들지 않았다.

소득 자본의 증가는 또한 더 잦은 외식과 연결된다. 사실 외식비 지출 비율은 1972년 전체 식비의 34퍼센트였는데 2006년에는 49퍼센트로 늘었다.[47] 각종 식당이나 패스트푸드 체인점에서 외식을 하면 음식이 과하게 나오는 때가 많고, 대개 재료가 먼 곳에서 실려오기 때문에 맛을 유지하고 음식이 상하지 않도록 보존제나 지방, 소금이 그 안에 가득 들어간다. 이처럼 기호성이 강한 식당 음식에는 고급스러운 이름이나 지명, 상표가 붙는다(고베 비프 또는 고베 와규[일본 효고현에서 생산되는 브랜드 쇠고기로 육질이 부드럽고 맛이 깊어 고가에 판매됨-옮긴이], 아웃백 스테이크하우스의 블루밍 어니언, 타코벨의 도리토 로코 타코). 이런 음식은 유명 브랜드 의류와 자동차, 가전제품을 포함한 더 넓은 소비 열풍의 일부다. 공격적 마케팅과 브랜딩이 소비시장에서는 없어서는 안 될 요소다 보니 심지어 과일과 채소에도 '스위트탱고 사과'처럼 브랜드와 상표가 붙는다.[48]

간단히 말해 미국의 소비주의와 늘어난 칼로리 섭취량은 미국농무부와 노동통계국 기록에 잘 드러난다. 더 많이 먹는 것과 더 많이 소비하는 것은 같은 현상이다. 줄어들 기미가 보이지 않는, 만족할 줄 모르는 '소비욕'이라는 현상 말이다. 또한 이런 기록에 따르면 늘어난 칼로리는 대개 곡물과 정제 탄수화물로 섭취되며,[49] 소비자 지출은 필수재가 아닌 사치품이나 선택재가 많은 부분을 차지한다.[50] 전 세계 소비시장에 대량 소비를 부추기는 값싸게 만든 옷과 가구가 흩어져 있는 것처럼, 식품 소비시장에도 대량 소비를 부추기는 질 낮은 사탕과 초콜릿, 정제 탄수화물이 가득하다. 내가 보기에 '텅 빈 칼로리empty calories'(칼로리만 높고 필요한 영양소는 없는 칼로리-옮긴이)를 소비하는 일과 필요하지 않은 물건을 소비하는 일은 놀라울 만큼 비슷하다. 그래서 나는 이 두 가지를 직설적으로, 또한 은유적으로 일컫기 위해 '슈거sugar'라는 용어를 사용하기 시작했다. 달달한 음식이나 초가공 식품의 형태로 소비하는 '슈거'는 그 해로움을 누그러뜨리는 건강한 행동이 뒤따르지 않는 한 많은 양을 소비했을 때 몸에 해롭다. 마찬가지로 몇 번 입고 버리는 옷이나 명품 시계, 금방 구식이 되어버릴 장비의 형태로 우리가 소비하는 '슈거'는 정신건강에 분명 해를 끼친다.

The Psychology
of Overeating

3

소비문화가 심리에 미치는 영향

프로이트는 문명의 근원적 모순은 우리가 불행으로부터 스스로를 보호하기 위해 만든 문명이 동시에 불행의 가장 큰 근원이라는 데 있다고 주장한다.[1] 사회는 욕망, 곧 쾌락 원칙을 충족시키지만 사회가 사회의 이상을 위해 우리에게 안겨준 좌절 때문에 우리는 신경증을 앓는다. 소비주의 문화에는 쾌락 원칙을 만족시킬 방법이 거의 무한하지만 이런 만족이 심리나 육체, 환경에 미치는 영향은 무척 파괴적일 수 있다. 우리가 그 어느 때보다 더 많이 소비한다고 말하는 것은 하늘이 파랗다고 말하는 것과 다르지 않다. 그렇다면 이런 소비는 어떤 심리적 자극과 정당화로 일어나며 어떤 결과를 낳을까? 소비주의 문화의 외면도 살펴봐야 하겠지만 우리의 불행을 초래하는 물질주의 문화와 음식을 우리가 내면에서 어떻게 경험하고 생각하고 소비하는지도 생각해봐야 한다. 또 소비주의 문화가 우리를 불행으로부터 보호해준다는 환상을 어떻게 제공하는지도 고찰해봐야 한다.

내 연구는 실존주의심리학의 오랜 전통으로부터 영향을 받았다. 실존주의심리학자들은 프로이트와 달리 대개 심리적 고통이 인간의 유한한 운명과 자유, 진정성 같은 존재의 조건을 둘러싼 갈등에서 생긴다고 믿는다. 홀로코스트가 있고 나서 얼마 지나지 않은 시기이자 대화 치료가 널리 퍼지던 초기에 빅터 프랭클, 에리히 프롬, 카렌 호나이 같은 실존주의심리학자와 정신의학자들은 상실과 고통 그리고 인류사에서 전례를 찾을 수 없는 개인성의 문제를 다루었다. 실존주의심리학은 그보다 앞서 등장한, 억압된 성 충동과 유아기 경험에 집중하는 프로이트의 성 이론과도 다르고, 그들과 같은 시대에 등장한 환원주의적 행동주의심리학과도 다른 심층심리학이다.

특히 에리히 프롬은 현대 서구 산업사회의 자본주의 경제가 여러 심리 장애를 일으키는, 탐욕적 사회를 창조했다고 처음으로 주장한 심리학자에 속한다.[2] 더 최근에는 1960년대와 1970년대 반문화운동과 실존주의심리학으로부터 영향을 많이 받은 두 심리학자 필 쿠시먼과 폴 와치텔이 풍요와 소비주의가 심리에 미치는 영향을 연구했다. 쿠시먼은 〈자아는 왜 텅 비었는가Why the Self is Empty〉라는 글에서 요즘 서구인들이 역사적으로 선례를 찾을 수 없는 개인이라는 존재로 자신을 이해한다고 말한다. "현대가 시작되던 16세기에 서양인들은 종교적 틀에서 과학적 생산의 틀로, 시골에서 도시로, 공동체적 주체에서 개인적 주체로 이동하기 시작했다."[3] 쿠시먼에 따르면 우리는 자신을 자립적이고 대단히 개인적인 존재로, 어쩌면 운명이 미리 정해졌을지 모를 집단의 작은 일부가 아니라 자유의지로 환경을 지배하는 존재로 보게 되었다. 우리가 자신을 어떻게 이해하는지(인간으로 존재한다는 것이 무슨 뜻인지)가 문화와 역사에 따라 달라진다는 사실을 알아차리기는 어렵다. 우리는 자신과 너무 가깝게 있기 때문에 사각지대가 생긴다. 사람들은 언제나 자신을 자유의지를 지닌 존재, 대단히 개별적이며 고유한 존재인 것처럼 '느낀다'. 하지만 이런 생각은 인류사에서 무척 새로운 현상이다. 지난 100여 년 동안, 어쩌면 그보다 더 짧은 기간 동안 "미국인들은 돈을 아껴야 하며 성이나 공격 충동을 억압해야 한다고 생각했던 빅토리아시대 사람들에서 … 돈을 쓰고 충동을 마음껏 채워야 한다고 생각하는 사람들로 차츰 변했다". 이런 변화는 생산을 토대로 한 산업시대 경제로부터 이탈하는 일일 뿐 아니라 절약에서 반反절약 문화로 전환되는 상황과도 일치한다. 사회학자 지그문트 바우만은 산업주의를 낳은 프로테스탄트 노동 윤리가 "소비자 윤리"에 자리를 내주었고 이제 "노동 윤리의 몰락으로 남은 정체성의 빈자리를 채우기 위해 소비가 늘어났을 뿐 아니라 근대 절정기에 노동이 누리던 구조적 의미를 소비가 지니게 되었다"고 말한다.[4] 그렇다면 충동과 사치를 부추기며 자기 절제와 규율, 절약 의지를 꺾는 소비자 중심 자본주의 사회가 '텅 빈 자아'를 만들어냈으며, '텅 빈 자아'는 소비자 중심 자본주의 사회에 내장돼 있다고 말할 수 있다.

과식과 비만을 설명하는 글들은 주로 생물학 이론에 기댄다. 그러나 자아가 어떻게 구성되는지, 구체적인 시대와 장소에서 우리는 자신을 어떻게 상상하는지 철학적으로 접근해 이해한다면 우리가 음식과 물질주의 문화, 자연, 기술, 다른 생명체와 맺는 관계를 더 섬세하게 그릴 수 있다. 다르게 말해 서구인의 자아 개념이 개인의 필요와 욕구를 최대한 확장시키는 쪽으로 바뀐 역사적 전환이야말로 풍요의 시대를 맞아 음식과 상품 소비가 증가하도록 길을 닦은 핵심 요인이다. 또 자아 개념의 변화는 소비주의가 '도덕 원칙'으로 자리 잡게 만든 중요한 요인이기도 하다. 소비주의가 '도덕 원칙'으로 자리 잡으면 소비자의 선택과 구매는 개인이 자유와 행복, 힘을 얻는 수단이 된다. 쿠시먼이 주장한 것처럼 "우리 환경은 '공동체' '전통' '공유된 의미'의 중대한 결핍을 경험하는 자아를 만들었다. 자아는 이런 사회적 결핍과 결과를 개인적 신념과 가치의 결핍으로 '내적으로' 경험하며, 그 결핍을 상습적이고 모호한 정서적 허기의 형태로 체화한다. 따라서 제2차 세계대전 뒤의 자아는 잃어버린 것을 보상받기 위해 무의식적으로 구매하고 소비한다. 그 자아는 텅 빈 자아다".[5] '공동체'나 '공유된 의미'의 상실 같은 '문화적' 질병을 불안이나 우울 같은 '개인적' 결핍으로 경험할 수 있다는 것, 그것이 바로 과소비가 널리 퍼지는 데 꼭 필요한 조건 가운데 하나다. 임상질환에서부터 왠지 모를 공허감에 이르는 여러 문제가 우리의 고립된 자아 속에서 일어난다고 믿게 되면 우리는 이런 질병을 '치료'하기 위해 약품이나 상품 혹은 음식에 개인적으로 의지하게 된다.

― 끝없는 욕망

소비주의 문화에서 공급이 수요를 창조하는 방법은 채우지 못한 욕망을 채우려는 소비자에게 유혹적인 선택의 기회를 제공하는 것이다. 많은 경제학자는 일시적 만족을 위해 구입할 상품과 앞으로 출시될 상품이 끝없이 다양하기 때문에 소비자의 욕구와 욕망은 '끝도 만족도 모를 것'이라고 내다봤다.[6] 최근 몇몇 학자는 이런 가정에 문제를 제기하며 '끝도 만족도 모르는 소비자의 욕망'은 그 욕망을 좇는 과정에서 생긴 문제에서 비롯된다고 주장했다.[7] 콜린 캠벨이 '상상적쾌락주의imaginative hedonism'라 부른 현대 욕망의 쾌락주의는 신상품에 대한 백일몽에 의존한다. 캠벨에 따르면 개인들은 미디어와 광고가 보여주는 상품의 이미지와 이야기로 가득한 백일몽에 빠지지만[8] 실제로 그 상품을 소비해도 상상적 욕망을 채우지 못하고 실망한다.

이른바 언박싱un-boxing 영상이 놀라울 만큼 인기를 끈 현상도 이런 상상적쾌락주의의 퇴행적 판타지를 보여준다. 대개 유튜브에 게시되는 언박싱 영상은 누구 손인지 알 수 없는 손이 등장해 새로 구매한 상품을 개봉하는 모습을 보여준다. 포르노 느낌이 어렴풋 깔린 이런 언박싱 영상은 스트립쇼 같은 면이 다분하다. 많은 언박싱 영상이 유아를 겨냥해 디즈니 장난감과 플레이도우(아이들이 미술이나 공예 활동에 쓰는 색깔 점토-옮긴이) 세트를 개봉하는 과정을 보여준다. 나는 언박싱 영상이 상품 구매 경험이 상대적으로 거의 없는 유아들을 사로잡는다는 게 특히 흥미로웠다. 9200만 번 넘게 시청된 한 영상에는 '디즈니 콜렉터'라는 여자가 화사한 매니큐어를 바른 긴 손톱을 움직이며 플라스틱 에그를 하나씩 천천히 까는 모습이 담겼다. 매혹적인 고화질 영상에 셀로판 포장지가 바스락대는 소리가 여자의 해설 뒤편으로 달콤한 배경음처럼 깔린다. 이런 언박싱 영상 중에 '에그 비디오'가 워낙 많다 보니 〈뉴욕타임스The New York Times〉 칼럼니스트 미레유 실코프가 이런 글을 썼을 정도다. "매혹적이게도 서프라이즈 에그(대개 쓰레기통에 버려지는 아주 작은 싸구려 장난감을 담고 있는 알 모양의 플라스틱 포장재)는 아이들을 주요 대상으로 하는 언박싱 영상의 최강 장난감이다. 에그 비디오는 정말 무섭게 퍼지는 듯하다. '서프라이즈 에그 언박싱'을 인터넷에서 검색하면 엘리베이터 버튼을 누르고 난 뒤 저 너머의 광활한, 다른 우주의 문이 열리는 모습을 보는 듯하다."[9]

나는 이런 플라스틱 에그가 유아들을 그토록 사로잡는 이유가 무엇인지 궁금해졌다. 문득 내 막내 여동생이 유아 시절 스스로 '알까기'라 이름 붙인 상상놀이를 했던 기억이 떠올랐다. 알까기 놀이를 할 때 동생은 담요나 포대기로 자신을 여러 겹 감싼 뒤 가족 누군가에게 알을 품듯 몸으로 자기를 품어달라고 했다. 알을 품은 사람은 동생이 이제 막 알을 까고 나온 병아리처럼 담요에서 나올 때까지 "깨어라, 깨어라, 깨어라" 하고 최면을 걸 듯 주문을 외워야 한다. 동생은 이 상상놀이에 완전히 매혹되어서 결코 지겨워하지 않았다. 나중에 생각해보니 알까기 놀이는 갓난아기로 돌아가서 출생이라는 실존적 승리를 의식적으로 다시 경험하고픈 욕망과 퇴행적 환상이 담긴 놀이였다. 흥미롭게도 이제 유아기에 이른 동생의 어린 아들도 출생 직후 병원에서 찍은 비디오와 사진에 홀딱 빠져서 매일 들여다본다. 내 생각에 이런 에그 비디오가 유아들을 강렬하게 사로잡는 것은 유아들이 어떻게 자기가 세상에 존재하게 되었는지 묻기 시작하는, 곧 "어떻게 존재하게 되었을까?"라는 질문과 씨름하는 발달 단계에 있기 때문인 듯하다.

어른을 위한 언박싱 영상도 시청자를 유혹하는 패턴으로 상자를 개봉하지만, 주로 값비싼 전자제품이나 패션 상품을 보여준다. 성 포르노가 절정에 이르기 전 되도록 오래 긴장감을 유지시키며 보는 사람을 붙잡아두듯, 소비 포르노도 만족과 절정 그리고 불가피하게 뒤를 잇는 대단원과 환멸에 이르기 직전 기대의 순간에 보는 사람을 붙들어둔다. 이런 언박싱 영상은 성적 긴장과 탄생, 섹슈얼리티가 소비 욕망과 합류하는, 퇴행적 판타지 공간을 열어주는 듯하다. 팝아트 작가 앤디 워홀은 이처럼 기대감을 자극하는 소비주의의 섹슈얼리티를 장난스럽게 변형해 록그룹 벨벳언더그라운드 앨범 재킷에 남근 같은 연노랑 바나나를 그리고는 "천천히 벗겨보세요"라고 소비자에게 권했다. 물론 천천히 벗겨보는 일에는 위험이 따른다. 일단 욕망하는 대상을 얻거나 보고난 뒤에는 또다른 욕망의 대상이 새로운 백일몽을 창조할 때까지, 미지의 새로운 상품을 향한 끝없는 갈망을 창조할 때까지 불만이 이어지기 때문이다. 달리 말해 소비문화에서 사용되는 이상화된 이미지와 서사는 그 상품이 치유해줄 것이라 여겨지는 결핍의 느낌을 우리 내면에 만든다.[10] 이처럼 채워지지 않는 욕망은 기대를 채우려는 더 절박한 시도를 낳아 결국 소비를 증가시킬 수밖에 없다. 곧 소비주의에 기대 심리적 욕구를 채우려 들면 과소비와 과식을 하게 된다.

소비주의와 소비주의가 웰빙wellbeing에 미치는 심리적 영향을 분석한 경험적 연구는 놀랄 만큼 드물다.[11] 팀 캐서와 리처드 라이언은 초기 인본주의적―실존주의 이론을 토대로 물질주의를 연구한 선구자들이다. 두 사람만이 아니라 다른 연구자도 사람들이 사치와 구매에 집중할 때 웰빙이 흔들리고 우울과 불안이 증가하며 채울 길 없는 각양각색의 욕망이 탄생한다는 것을 입증했다.[12] 예를 들어 캐서는 열망지표Aspiration Index[13]를 써서 물질주의가 불행을 유발할 뿐 아니라 불행이 물질주의를 유발한다는 것을 경험적 연구방법으로 보여주었다.[14] 다시 말해 소비주의를 지탱하는 문화적, 경제적, 심리적 요인은 서로 돌고 돈다. 이렇게 돌고 돌면서 소비를 통해 우리를 불행하게 만드는 한편 불행할 때는 물건을 사서 불행을 없앨 수 있다는 메시지를 아로새긴다.

과거에 재정적·물질적 불안정을 경험한 사람들은 물질주의에 더 쉽게 빠진다.[15] 마찬가지로 과거에 식생활이 불안정했던 사람은 비만을 겪기 쉽다.[16] 경제적 결핍과 칼로리 결핍이 서로 밀접히 연결돼 있어서 사람들이 자신의 상대적 부에 자신이 없을수록 더 많은 칼로리를 섭취할 가능성이 있다는 사실을 보여주는 연구들도 있다.[17] 이처럼 식생활 불안정과 물질적 불안정 사이의 유사점을 밝혀낸 연구들은 물적 상품을 과소비하는 행동과 음식을 과소비하는 행동에 똑같은 심리기제가 작용한다는 것을 보여주는 실마리를 제시한다.

스테파니 카자와 동료들은 《중독되다!: 불교의 관점에서 본 탐욕과 욕망, 소비 충동Hooked! Buddhist Writings on Greed, Desire, and the Urge to Consume》에서 우리는 소비에 '중독'되었으며 소비 충동은 중독처럼 기능한다고 주장한다.[18] 중독자들은 종종 강렬한 갈망을 느끼며 중독을 만족시키는 일에 엄청나게 많은 시간을 쏟아 붓고는 실망스럽게도 그 보상이 갈수록 줄어든다는 사실을 깨닫는다. 그래서 처음에 느낀 황홀감을 영원히 좇을 수밖에 없다. 새로운 연구에 따르면 특히 소비 자본주의의 음식, 곧 설탕과 지방이 많이 든 몇몇 음식은 중독성이 강하다. 사실 날이 갈수록 식품산업을 담배산업과 비교하는 일이 잦아지고 있다. 중독성 있는 물질을 개발하고 판매한다는 점에서 비슷하기 때문이다. 이 점에 대해서는 뒷장에서 다루겠다.

욕망과 구매, 실망의 쳇바퀴에서 어쩌면 가장 위험한 것은 우리가 소비주의가 낳은 심리적 결과를 문제가 있는 사회 이데올로기의 영향으로 받아들이지 않는다는 사실인지도 모른다. 우리는 소비주의의 심리적 결과를 개인의 의지력이나 자제력, 신경화학의 문제로 치부하며 문제를 해결하기 위해 더 많은 소비에 눈을 돌린다. 그렇게 상품을 구매하고자 하는 욕구가 증가하면서 결코 끝나지 않는 소비주의의 쳇바퀴가 창조되는 것이다. 따라서 기분 전환을 위한 쇼핑과 기분 전환을 위한 먹기는 동전의 양면과 같다. 둘 다 소비를 통해 위안을 얻으려는 시도지만 결국 문제를 악화시킬 뿐이다. 이 책에서 두루 다루겠지만 소비로 생긴 문제를 또다른 소비로 해결하려고 헛되이 애쓰며 소비의 쳇바퀴를 달리는 사례는 무수히 많다.

과식을 일종의 과소비로 이해하기 위해 나는 소비주의와 소비문화의 '어두운 면'을 주로 들춰내지만, 소비주의를 긍정적인 관점에서 바라보는 학자도 많다.[19] 나는 이들의 주장에 전적으로 반대하지는 않는다. 여기에서 소비와 '과'소비를 다시 구분하는 게 좋을 듯하다. 심리적, 사회적, 환경적인 부분에서 문제를 더 크게 불러일으키는 것은 '과'소비다.

── 빈곤, 빚 그리고 소비자 문화

많은 학자는 소비자 사회의 가치는 빈곤의 영향을 한층 악화시킨다고 주장한다. 더 많이 가지려는 욕망이 정서적 빈곤을 창조하기 때문이다.[20] 사회학자 지그문트 바우만은 소비주의 문화에서 가난하게 사는 일은 지난 시대의 가난과는 다르다고 말한다. 예전에는 배고픔이나 질병, 주거지 결핍 때문에 생존이 직접 위협받았다. 그러나 소비주의 문화의 '상대적 빈곤'은 문화가 제시하는 행복한 삶에서 소외되는 사회적·심리적 상태다. 소비자 사회에서 "'정상적 삶'은 소비자의 삶이다. 소비자의 삶이란 대중 앞에 진열된 수많은 쾌락적인 감각과 떠들썩한 체험의 여러 기회들 사이에서 선택하는 일에 몰두하는 삶이다. '행복한 삶'은 많은 기회를 붙들고 거의, 또는 아무것도 놓치지 않는 삶, 사람들 입에 무척 많이 회자되며, 따라서 가장 많이 욕망되는 기회를 남보다 늦지 않게, 되도록 남보다 먼저 붙드는 삶으로 규정된다". 바우만은 이런 사회에서 빈곤층은 '흠집 난 소비자'로 존재하며 사회에서 소외된다고 지적한다. "소비자들의 사회에서 사회적 모멸과 '내적 망명'으로 이끄는 것은 무엇보다 소비자로서 자격을 갖추지 못하는 것이다. 이런 부적격성, 소비자의 의무를 이행하지 못하는 무능력은 뒤처지거나 무시당하거나 경멸당하는, 다른 사람은 참가하는 축제에서 차단되고 배제되는 고통을 낳는다. 소비자 부적격성을 극복하는 길만이 유일한 치유책(굴욕의 곤궁에서 벗어나는 유일한 탈출구)처럼 느껴진다."[21]

소비에 집중하는 경제는 심리적 불안을 가중시키는 환경을 만들고 극심한 소득 불평등 경제를 키워서 지금 미국에서 볼 수 있듯, 심리적 고통을 훨씬 증대시킨다.[22] 미국의 소득 불평등은 단지 고소득층과 저소득층의 재산 차이를 뜻하는 게 아니라 제도적으로 이분화된 체계를 말한다. "위층은 저축 장려제도로 구성되어 고소득층이 부를 투자하고 축적할 수많은 방법을 제공한다. 아래층은 저축 방해제도로 구성되어 저소득층이 저축을 포기하고 터무니없이 높은 이자율로 돈을 꾸고 빚의 덫에 걸려들도록 다양한 방법과 수단을 제공한다."[23] 또다른 부채 연구에 따르면, 부채는 채무자의 육체와 심리에 상당히 부정적 영향을 미치며 비만, 불안, 우울, 자살의 증가와도 관련이 있다.[24]

소비자 부채만이 아니라 예전에는 '착한 빚'이라 불린 학자금 대출도 부정적 영향을 준다. 최근 대학 졸업생을 대상으로 한 갤럽조사에 따르면 5만 달러 이상 학자금을 대출한 졸업생들은 빚을 갚고 난 뒤에도 다른 졸업생보다 정서적으로도 더 불행하고 육체적으로도 덜 건강했다.[25] 경제학자 새뮤얼 캐머런에 따르면, 소비가 자존감과 연결될 때 사람들은 부채비용에 덜 민감해지며 더 쉽게 불량 채무자가 된다. 사실 부채 수준은 빈곤한 가정일수록 더 높다.[26] 그러니까 비만과 당뇨를 비롯한 관련 질병이 빈곤층에 더 큰 영향을 미치는 것처럼 부채의 심리적·물리적 대가도 빈곤층에 훨씬 크게 영향을 미친다는 뜻이다. 금전적 빚만이 아니라 잉여 칼로리도 빚으로 생각한다면 소비주의 문화가 어떻게 욕구를 만들어내는 동시에 자동차나 전자제품, 정크푸드처럼 매혹적이고 감당하기 힘든 자멸적 '해결책'을 제공하면서까지 과식과 과소비를 부추기는지 이해할 수 있다.

좋은 의도로 빈곤층을 돕는 많은 사람은 빈곤층에게 소비자 문화와 거기서 나온 다양한 상품에 접근할 수 있도록 보장하는 방식으로 빈곤층 소외라는 힘든 문제를 풀 수 있다고 믿는다. 그러나 다른 학자의 주장에 따르면, 빈곤층(과 빈곤국가)은 더 부유한 사람들의 소비 습관에 유혹당하기 때문에 무엇을 소비할지를 두고 자신들에게 해로운 결정을 종종 내리며,[27] 광고와 미디어가 창조한 만들어진 욕망을 쫓는다.[28] 소득 불평등은 오늘날 우리가 가장 시급하게 해결해야 할 사회·경제 문제 가운데 하나다. 그러나 구매할 권리를 보장하는 것으로 그 문제를 해결한다면 그것이 아무리 불평등과 소외를 줄일 의도라 할지라도 소유욕과 물질주의에 뒤따르는 좋지 않은 심리적 결과를 더 견고하게 쌓을 뿐이다. 분명히 말하지만 소비자 문화의 음식을 맛볼 수 있게 하는 방법으로 소비자 문화에 대한 소속감을 보장한다면 다음 장에서 드러나듯 결국 심리와 영양의 판도라 상자를 열어 수명을 갉아먹고 사망률을 높이고 말 것이다.

— 선택과 구매

시장이 제공하는 현기증 나게 다양한 선택지는 상품을 고르기 위해 수백, 수천 개의 상품 정보를 살펴보고 걸러내야 하는 소비자에게 심리적 부담을 더한다. 역사상 경제학자들은 소비자 선택이 개인과 건강한 시장, 혁신에 도움이 된다고 생각했다. 그것이 바로 가브리엘과 랭이 '도덕 원칙으로서 소비주의'라 부른 것이다. 도덕 원칙으로서 소비주의에서 소비자의 선택과 구매는 개인이 자유와 행복 그리고 힘을 얻는 수단이다. 그러나 2004년 심리학자 배리 슈워츠는 이런 개념에 문제를 제기하며 너무 많은 소비자 선택은 심리적 건강에 좋지 않은 영향을 미치며 의사결정 능력을 마비시키고 구매 만족도를 떨어뜨린다고 주장했다.[29] 슈워츠에 따르면 소비자 선택을 줄이거나 제한하면 너무 많은 선택지를 놓고 고민하느라 허비하는 시간을 줄일 수 있고, 물건을 산 뒤 잘못 산 것 같아 후회하는 일이 줄어들기 때문에 더 행복해질 수 있다. 그러나 많은 경제학자는 슈워츠의 연구가 반복 검증하기 힘든데다 무엇보다 상반되는 연구 결과들이 있다는 이유로 의문을 제기했다. 슈워츠는 상반되는 연구들을 직접 검토한 다음 균형점이 필요하다고 인정했지만 자신의 처음 주장을 옹호했다.[30] 나와 상담했던 여러 환자는 데이트나 교육, 직업, 이사, 심지어 출산 문제에서 너무 많은 선택지를 놓고 고민하느라 힘들어했다. 장 폴 사르트르의 표현을 빌자면 그들은 "자유롭도록 저주받았다".

지나친 선택과 쇼핑, 소비주의는 심리적 불만족을 낳을 뿐 아니라 너무 많은 소유물을 쌓아두고 관리해야 하는 또다른 부작용을 낳는다. 《21세기에 우리는 집에서 어떻게 사는가Life at Home in Twenty-First Century》[31]에서 사회학자들은 요즘 미국 중산층이 경험하는 물적 세상을 더 잘 이해하기 위해 고고학과 민속학 연구법으로 중산층 가족을 연구했다. 다른 발견도 많았지만 연구자들은 미국 중산층 가정이 엄청난 소유물과 비축해둔 수많은 간편식품 그리고 줄어든 여가시간 때문에 힘들어한다는 사실을 발견했다. 물적 소유의 측면에서 보자면 중산층 가정은 끊임없이 쇼핑해야 하는 경제적 부담만이 아니라 쌓여가는 물품 때문에도 자신들의 형편보다 훨씬 무거운 대가를 감당해야 했다. 스트레스 호르몬인 코르티솔(cortisol, 다양한 스트레스에 반응해서 부신피질에서 생성되는 호르몬의 일종-옮긴이)을 측정한 결과 부모, 특히 어머니들이 집에 잡동사니가 넘쳐나는 것으로 심각한 스트레스와 우울을 느끼고 있었다. 미국 창고보관산업의 엄청난 성장은 너무 많은 소유물 때문에 사람들이 어려움을 겪고 있다는 사실을 그대로 보여준다. 사실 보관 창고는 물건을 쌓아두는 역할을 넘어 심리적 방어기제로 생각해도 좋다. 보관 창고 덕택에 과소비의 스트레스를 '외재화'할 수 있기 때문이다. 창고에 물건을 보관하면 물건을 포기해야 하는 고통을 겪을 필요가 없고, 물건이 보이지 않으니 소유로 생기는 문제를 가릴 수 있다. 음식 과소비도 마찬가지다. 이를 수용하려면 체지방이라는 저장 공간이 점점 더 필요해진다. 최근 미국정신의학회American Psychiatric Association가 《진단통계편람Diagnostic and Statistical Manual》에 폭식장애Binge Eating Disorder와 저장장애Hoarding Disorder를 추가한 것은 우연이 아니다. 이 두 장애에 대해서는 8장에서 집중적으로 살펴보겠다.

— 소비주의에 숨어 있는 파괴적인 영향력

앞에서 살펴본 대로 물질주의가 어떻게 유래했으며 어떤 결과를 낳았는지 이해하고 나면 물질주의적 충동과 씨름하고 있는 자신과 타인에게 연민을 느낄 것이다. 앨리슨에게는 성장 과정에서 자신을 심리적으로 불안정하게 하고 그 결과 물질주의적 가치에 쉽게 흔들릴 수밖에 없도록 만든 여러 사건이 있었다. 앨리슨은 미국 중서부의 부유하고 보수적인 가정에서 자랐다. 그녀의 부모님은 전통적인 성 역할을 강조했으며 사치스러운 생활방식을 추구했다. 앨리슨은 대학에도 가고 직장도 가져야 한다고 격려받기는 했지만 남편의 직업에 비해 그녀의 직업은 부차적이어야 하며, 지위가 높고 돈을 많이 버는 남자와 결혼하는 것이 가장 중요하다는 이야기를 자라는 내내 들었다. 또 십대와 청년기에는 데이트하던 젊은 남자들에게 성폭행을 당한 데이트 강간 피해자였다. 그런 이유로 연애를 하면서도 안정감을 느끼지 못했고 심리적 평온을 찾기도 힘들었다. 이혼으로 남편이 떠나고 난 뒤 낯선 도시에서 줄어든 수입으로 생활해야 했던 그녀는 극도로 부유한 친구들을 준거집단으로 여기며 살아가는 환경에 놓였다. 그러다 보니 상대적으로 불안정한 재정 상태와 이혼 때문에 낮아졌다고 생각하는 사회적 지위에 무척 신경을 썼으며 심지어 집착했다.

작년에 앨리슨은 친구와 파리 여행을 가기로 했다. 그녀는 몹시 기대하면서 여행 준비에 긴 시간을 보냈다. 출발 일자가 가까워질수록 상담 시간에 두 가지 주제가 거듭 거론됐다. 하나는 그녀가 파리의 헤르메스 명품 매장에서 무언가를 꼭 구입하고 싶다는 소망이었다. 앨리슨은 헤르메스 매장에 있는 상품 대부분이 수천 달러여서 자기 예산을 초과한다는 것을 알았지만, 가장 저렴한 스카프가 400달러라는 것을 알아내고는 그 스카프를 사기로 결심했다. 앨리슨이 파리 여행에서 가장 고대하는 일은 스카프 구입이었다. 일종의 내면적 '언박싱' 판타지였다. 물론 멋진 기념품을 사는 일 자체는 잘못이 아니다. 모든 일에는 맥락이 중요한 법이다. 앨리슨에게는 스카프 구입이 여행의 핵심이었고, 무엇보다 스카프를 사며 느끼게 될 즐거움을(나중에 그녀가 말한 바에 따르면 그다지 즐겁지 않았던) 상상하며 수많은 시간을 보냈다.

다른 하나는 자신보다 더 아름다운, 정확히 말해 자신보다 더 날씬한 친구와 여행하는 게 무척 힘들 것이라는 두려움이었다. 그 친구를 만나면서 앨리슨은 괴로울 때가 많았다. 사실 앨리슨은 그녀가 마르고 키가 크고 돈이 많다고 묘사한 많은 동성 친구들에 비해 스스로를

'뚱뚱하고 땅딸막하고 가난하다'고 느꼈다. 앨리슨은 상담 중에 예쁜 여자의 친구로 사는 일에 넌더리가 난다며 흐느낀 적도 있다. 그런데 도 그들과 어울리는 이유는 결혼 시장에서 상류층 이미지를 얻기 위 해서라는 것이다.

지위와 돈을 얻고 싶다는 앨리슨의 기대는 연애에도 부정적 영향을 끼쳤다. 앨리슨은 조금이라도 과체중이거나 자기보다 수입이 적은 남자와는 절대 데이트하지 않으려 했다. 그녀도 상당히 과체중이긴 했지만 속성 다이어트를 하면 대학 시절 체중을 회복할 수 있다고 믿었다. 사회적 지위와 체중에 지나치게 집착하는 앨리슨은 살을 뺄 때까지 그 어떤 데이트도 하지 않았다. 건강한 고소득자가 아닌 사람과 데이트하는 실망감을 견디지 못했던 앨리슨은 고독과 고립의 거미줄을 자으며 돈을 쓰고 먹고 다이어트하고 빚을 지고 질투하느라 스스로를 소진시켰다. 배부른 고민처럼 들릴 수도 있다. 맞다. 하지만 고통을 줄이고 더 나은 삶을 살고 싶은 사람에게 그 고통은 매우 생생하다. 많은 사람처럼 앨리슨 역시 불행의 일부를 자기 스스로 쌓아올렸다는 사실을 인지하지 못했다. 지위와 돈, 몸매에 집착한 그녀는 자신이 절박하게 갖고 싶었던 특성을 모두 갖춘 친구들만 선별해 사귀었다. 그렇게 스스로를 비교의 감옥에 가두었다. 그러나 친구들에 비해 늘 뚱뚱하고 가난했던 앨리슨은 자기 모습이 조금도 성에 차지 않았다. 친구들을 따라가기 위해 명품 매장에서 쇼핑을 하고 고급 식당을 찾아 비싼 음식을 마구 먹었다. 앨리슨은 "매혹에서 매혹으로, 유혹에서 유혹으로, 미끼 하나를 삼키고 또다른 미끼를 찾는, 앞의 것과 조금 다르면서 훨씬 강렬한 새로운 매혹과 유혹 그리고 미끼를 좇는"[32] 소비자였다. 이런 쳇바퀴에서 앨리슨은 당연히 더 불행해졌다고 느꼈고 빚은 쌓였으며 체중도 늘었다. 앨리슨은 자기 우울증이 신경화학적 원인 때문이라 생각하고는 우울증 치료를 위해 나를 찾아온 것이다. 그러나 내가 보기에 그녀의 고통은 자본주의와 알코올, 음식, 아름다움, 남자, 사치라는 형태로 표현된 대단히 실존적인 진정성 투쟁이었다.

많은 사람이 소비주의에 숨어 있는 파괴적인 영향력을 알고는 있지만, 스스로 맞설 능력이 없다고 느끼거나 어떻게 싸워야 하는지 확실히 알지 못한다. 1998년 머크패밀리펀드Merck Family Fund는 미국인들을 대상으로 소비에 대한 태도를 조사했는데 다음과 같은 사실을 발견했다. "사람들은 우리가 필요 이상으로 소비하고 사들인다고 말한다. 우리 아이들은 매우 물질주의적이 되었으며, 우리는 오늘 원하는 것을 소비하기 위해 미래 세대와 우리 자신의 미래를 훼손하고 있다. … 우리는 지나치게 물질주의적이고 지나치게 탐욕적·자기중심적·이기적이 되었다. 그리고 이 나라를 여러 세대 동안 이끈 믿음, 가족, 책임, 관용, 우정이라는 지속적 가치를 균형 있게 되찾아야 한다는 느낌을 팽배하게 가지고 있다."[33] 마찬가지로 새로운아메리칸드림을위한협회Center for a New American Dream의 2004년 여론조사에 따르면 일과 소비의 쳇바퀴를 생각 없이 달리는 듯한 겉모습과 달리, 미국인 대부분은 자신들이 일하고 돈 버는 일에만 너무 몰두한 나머지 가족과 공동체에 충분한 시간을 투자하지 않는다는 것을 인정했다. 응답자의 85퍼센트가 자신들이 생각하는 아메리칸드림은 풍요롭거나 부유한 삶을 성취하는 것보다 공정하고 정의로운 사회에 사는 것에 더 가깝다고 답했다. 응답자들은 또한 소비자 부채나 지나치게 상업화에 물든 아이들, 환경 파괴, 스트레스 증가 같은 수많은 사회문제가 물질주의적 가치 때문에 생겨났다고 여겼다.[34]

이처럼 미국인들은 겉으로는 물질주의적 가치를 좇는 듯하지만 속으로는 그 가치가 가지고 올 파장을 우려하는 양면적인 모습을 보였다. 그러나 이런 모습은 2014년 슈퍼볼 기간 선보인 캐딜락 광고와는 전혀 다르다. 캐딜락 광고에는 잘생기고 세련된 중년의 백인 남자가 등장한다. 그는 자기 집 수영장 옆에 서서 "우리는 왜 이렇게 열심히 일할까요? 무엇을 위해서? 이것을 위해서?"라고 물으며 수영장을 가리킨다. "다른 나라 사람들은 일을 마치고 한가롭게 집으로 걸어가다가 카페에도 들르지요. 8월 한 달은 쉽니다, 쉬어요. 왜 당신은 그렇게 못합니까? 왜 우리는 그렇게 못합니까?" 그러면서 남자는 현대적이고 호화로운 집으로 들어간다. 집 안에는 두 아이가 디지털 장난감을 만지며 놀고 있다. 고급 정장으로 갈아입은 남자는 다시 카메라를 응시한다. "당신은 열심히 일합니다. 자신의 행운을 스스로 창조합니다. 그리고 무엇이든 가능하다고 믿어야 합니다." 그러고는 자신의 캐딜락 자동차로 미끄러져 들어가며 말한다. "그 모든 걸 위해서 … 그걸 생각하면 8월에 딱 2주만 쉬어도 괜찮지요." 이 짧은 광고는 '텅 빈 자아'가 어떻게 살아가는지 보여준다. 광고에서 남자는 "당신은 자신의 운명을 스스로 창조합니다" "무엇이든 가능하다고 믿어야 합니다"라고 말하며 거만한 미국적 자아를 찬양한다. 과로는 풍요를 위해 당연히 치러야 할 대가라고 대놓고 말한다. 광고는 가족과 보내는 시간이나 여가시간을 잃더라도 일을 통해 풍요를 얻을 가치가 있다고 암시한다.

광고 제작자들은 대개 이보다 더 미묘한 광고를 만들곤 한다. 이 캐딜락 광고를 대담하면서도 성공한 광고로 만든 것은 물질주의와 사치를 가치 있는 목표로, 받아들일 만한 목표로 분명하게 호명하고 포용했기 때문이다. 캐딜락이 새로운아메리칸드림을위한협회의 여론조사 결과를 보지 못했거나, 어쩌면 캐딜락 임원이 보기에 풍요로운 삶에 의문을 제기한 85퍼센트의 응답자는 캐딜락 구매자가 될 가능성이 없다고 판단했는지 모른다. 캐딜락 광고의 감독 크레이그 비얼리에 따르면 그 광고는 '브랜드 도발'을 위한 의도로 만들어졌다고 한다.[35] 분명 그 의도는 성공했다. 〈폭스 비즈니스 뉴스Fox Business News〉의 필자이자 캐피털리스트피그닷컴capitalistpig.com 창립자 조너선 호닉은 캐딜락 광고가 "미국주의를 찬양하고 미국적 삶의 의미, 이를테면 생산성, 개인주의, 자족, 이윤 추구, 그리고 물론 물질적 쾌락을 찬미한다"라고 지적한다.[36] 한편 〈허핑턴 포스트Huffington Post〉는 이렇게 말한다. "캐딜락은 아메리칸드림을 광고했고 그것은 악몽이었다. … 이 고급차 회사는 최악의 아메리칸드림을 팔고 있다. 쓰러질 때까지 일하라. 되도록 적게 쉬어라. 그리고 비싼 쓰레기를 사라(특히 2014년식 캐딜락 ELR을)."[37]

많은 미국인이 물질주의적 가치에 양면적 감정을 가지고 있는데도 광고 제작자들은 그들에게 사치와 풍요를 집요하게 들이민다. 사치와 풍요를 탐탁지 않게 볼지라도 어느 정도 마음이 흔들리리라 생각하는 걸까? 이런 무의식적 혹은 원초적 구매 유혹 때문에 광고와 마케팅이 문화를 주무르고 사람들의 핵심 가치를 100년 전과 다르게 바꿔놓았는지도 모른다. 미국이 경제침체기를 기분 좋게 벗어나고 소비자 지출이 증가하던 무렵, 그것도 슈퍼볼 기간에 캐딜락 광고가 등장한 점을 생각해보면 이 광고는 캐딜락의 '문화 선언'으로도 볼 수 있을 것이다. 소득 불평등에 대한 최근의 관심과 건강보험개혁안 통과, 월스트리트 시위에 대한 직접적 응답인 셈이다. 이렇게 요약할 수 있겠다. "사치와 풍요를 위해 다른 산업국보다 더 열심히 일하고, 소득 불평등을 유지하고, 승자독식 경제를 발전시키는 것이 아메리 칸드림을 위해 사수해야 할 문화의 근간이다."

쉽게 말해 우리는 사고파는 일에 어린 나이부터 포위된다. 열 살 때 나는 걸스카우트에 가입했다. 몇 년간 고대했던 일이어서 무척 흥분했다. 걸스카우트는 엄마와 함께 유니폼을 판매하는 백화점에 가라고 했다. 백화점에서 엄마와 나는 점퍼스커트와 장식 띠, 베레모를 비롯한 수많은 부속물을 사는 데 50달러를 썼다. 당시로는 많은 돈이었고 우리 집 형편에서는 넘치는 지출이었다. 나는 매듭 묶는 법, 불 피우는 법, 바느질하는 법, 캠핑하는 법 같은 기술을 열심히 배우고 싶었다. 그러나 시기상 내게 떨어진 첫 임무는 걸스카우트 쿠키 판매였다. 나는 성실하게 동네를 오가면서 내 몫으로 할당된 쿠키를 모두 팔았다. 다음 임무는 가필드 안전벨트 커버를 파는 일이었다. 누가, 왜 안전벨트 커버를 사용하는지 내게 묻지 마시라. 어쨌든 우리는 만화영화에 등장하는, 사랑스러운 고양이 가필드 그림이 장식된, 자동차 안전벨트 위에 씌울 수 있는 플라스틱 커버를 팔라는 임무를 받았다. 그다음 임무는 잡지 구독 신청을 받는 일이었다. 구독 신청을 가장 많이 받은 스카우트 회원은 특별 대상을 받을 예정이어서 나는 매일 방과 후에 더 열심히 동네를 행진하며 상품을 팔았다. 결국 내가 구독 신청을 가장 많이 받아서 '대상'을 수상했다. 상품은 봅 빌라의《기초부터 다시 배우는 주택 개조》양장본이었다. 여기서 잠깐 앞 문장을 온몸으로 느껴보라. 나는 열 살 소녀에게 전혀 어울리지 않는, 그 바보 같은 대상을 받고 엉엉 울었다.

무척 실망한 나는 걸스카우트를 그만두었다. 고결한 조직의 상업화와 소비화 때문에 실망했다고 말하기에는 너무 어린 나이였다. 비싸고 쓸모없는 유니폼, 건축업자를 위한 책을 떠안고, 걸스카우트에 가입하지 않았다면 다른 창조적인 활동을 하거나 신나게 놀았을 수백 시간을 소모한 나는 걸스카우트가 되는 일에 실패했다고 생각했을 뿐이다. 사실 나는 소녀들의 성장을 돕는다고 불리는 그 조직을 재정적으로 지원하기 위해 아무도 원치 않는 쓸모없는 쓰레기를 파는 일에 내 시간과 노력을 낭비했다. 물론 걸스카우트에서 훌륭한 경험을 한 여자와 소녀도 많다는 걸 안다. 어쩌면 내 경험이 예외일 수도 있다. 하지만 나는 걸스카우트를 원망하는 마음을 결코 지울 수 없다. 걸스카우트 쿠키에 대해 어떻게 생각하는지는 묻지도 마시라.

— 소비의 깔때기

이제 이 책 서두에서 소개했던 '소비하다'와 '소비'에 대한 정의를 다시 살펴보라. 아마 음식 과소비가 어떻게 더 넓은 과소비에 속하는지 알게 될 것이다. 우리는 과소비를 하면서 자신과 지구를 말 그대로 산 채로 먹어치우고 있다. 사실 '소비하다'와 '소비'의 다양한 정의를

다음 도식으로 다시 정리해보면 소비주의 문화가 개인의 행동에 강
렬한 깔때기 효과를 미친다는 것을 볼 수 있다.

이를 염두에 두고 다음 장에서는 식품산업과 세계적 산업식품(깔때
기 꼭대기)을 살펴볼 것이다. 어떻게 그들이 아래로 압력을 행사해 강
력한 심리적 과식 충동(깔때기 바닥)을 일으키는지 말이다.

상품 소비의 끊임없는 증가를 건강한 경제의 토대로 옹호하는 원칙

소비자 상품 구매의 지나친 강조나 몰두

상품이나 서비스, 물질, 에너지 구매와 사용

소모적 지출(시간, 돈 등)

고갈(특히 상품이나 자원) 또는 소모

(상품이나 서비스의) 구매나 사용
(상품이나 서비스의) 소비자 되기

먹거나 마시기, 소화시키기

지나친 소비
(또는 먹기)로
자신을
파멸하기

• 소비의 깔때기

The Psychology
of Overeating

4

과식 충동은 왜 일어나는가

소비자 문화의 등장으로 식품과학과 브랜딩, 마케팅이 발달하면서 미국의 식단은 완전히 달라졌다. 식품과학과 마케팅이 본격적으로 시작된 때는 제2차 세계대전이 끝나고 나서였다. 제2차 세계대전 직후 식품산업은 간편식품을 처음 개발했다. 1954년 등장한 스완슨식품회사의 'TV디너'는 전후에 널리 퍼진 시간 절약형 현대적 도구의 유혹과 점점 널리 보급되던 신기술인 텔레비전에 대한 매혹을 모두 충족시켰다. 스완슨식품회사가 전국 유통을 시작한 첫 해에 1000만 개가 넘는 TV디너가 팔렸다.[1] TV디너나 나중에 등장한 패스트푸드 같은 새로운 식습관은 이동성과 효율성, 더 많은 개인주의를 중시하는 변화된 자아관을 그대로 드러낸다. 이런 음식은 문화와 경제의 변화를 반영한다. 그러나 이런 음식이 개발되면서 사람들은 음식 공급원으로부터 멀어졌고, 음식 준비는 비인격화되었으며, 궁극적으로 소비와 과체중, 비만이 증가했다.

음식학과 영양학에는 다양한 단계의 정제와 가공, 맛을 표현하는 여러 용어가 있다. 나는 이 책에서 다음 정의를 따른다.

- **가공식품**Processed food: 어떤 형태로든 화학적 또는 물리적 과정을 거쳐 날 것 상태에서 달라진 음식. 발효, 훈제, 요리, 염장 들은 모두 가공 방법이다. 사워크라우트(양배추를 발효해 만든 독일식 양배추 절임-옮긴이), 아몬드버터, 훈제 연어, 플레인 요구르트처럼 건강에 좋은 가공 음식도 많다.

- **초가공식품**Ultra-processed food(고가공식품hyperprocessed food이라 불리기도 한다): 랜싯비전염성질병행동단체The Lancet NCD Action Group는 초가공식품을 자연식품에서 추출하거나 정제한 가공 물질로 만든 오래 가고 기호성 높으며 손쉽게 소비할 수 있는 상품으로 정의한다. 이런 상품은 전형적으로 칼로리 밀도가 높고 당부하지수(glycemic load, 식품의 1회 분량을 기준으로 혈당 반응을 비교한 값으로 당부하지수가 낮은 식품이 혈당 조절에 도움이 된다-옮긴이)가 높으며 식이섬유와 미량영양소(micronutrient, 비타민과 무기질처럼 미량이지만 섭취가 꼭 필요한 영양소-옮긴이), 식물화학물질(phytochemical, 식물에 들어 있는 화학 물질로 세포 손상을 억제하는 역할을 함-옮긴이) 함량이 낮다. 초가공식품의 높은 기호성은 인체의 포만 기제를 약화시키고 칼로리 과잉 섭취를 조장하는 다량의 지방, 설탕, 소금, 색소를 비롯한 다른 첨가물에서 나온다.[2]

- **초기호성식품**Hyperpalatable food: 높은 쾌락적 보상(즐거움)을 제공하고 그와 함께 도파민을 급증시키는 정제 설탕과 밀가루, 지방, 소금 함량이 높은 음식을 일컫는 신경과학 용어.[3] 이 용어는 '기호성

palatability'에서 나왔다. 기호성은 맛을 근거로 한 수용성을 일컫는다.[4] 한 가지 주의할 점은 초가공식품이 초기호성식품으로 묘사될 때가 있지만 초기호성식품이 모두 초가공식품은 아니라는 것이다. 예를 들어, 염소치즈를 넣은 대추야자 베이컨 말이는 설탕과 소금, 지방이 매혹적으로 어우러진 초기호성식품이라 할 만하지만 자연 재료 몇 가지만으로도 일반 가정의 부엌에서도 쉽게 만들 수 있으므로 초가공식품은 아니다.

- (세계) **산업식품**(Global) industrial food: 기업이 생산하고 대량으로 유통하며 지방과 소금, 설탕 함량은 높지만 영양가는 낮은 가공·정제된 간편식품을 일컫는 사회학 용어.[5] 이런 산업식품은 미국에서 유래했지만 점점 세계적 현상이 되어가고 있다. 산업식품은 초가공식품을 만들어내는 세계 식품체제의 산업적 생산을 강조한 용어다.

- **식용상품**Edible commodities: 산업식품에서 수익성 있는 상품.[6] 이 용어는 대개 초가공식품의 상업화와 수익성을 강조할 때 쓰인다.

- **정크푸드**Junk food(속칭): 대중(특히 청소년)의 입맛을 사로잡지만 영양가는 거의 없는 음식.[7] 정크푸드는 초기호성, 초가공식품일 가능성이 많다.

* 나는 음식의 맛이나 쾌락적 보상을 강조하고 싶을 때 '초기호성식품'이라는 용어를, 음식의 생산과 제조를 강조하고 싶을 때 '초가공식품'이라는 용어를 사용한다.

─ 식품과학과 초가공식품의 개발

미국 소비자들이 간편식품에 열광하자 간편식품을 개발한 식품과학자들은 자신들이 돈방석에 앉았다는 것을 곧 깨달았다. 처음에 식품과학자들은 주로 식품 보존과 식품 안전에 관련한 연구를 진행했고, 인스턴트 푸딩이나 냉동식처럼 조리 시간을 줄이는 식품을 개발하는 데에 더 집중했다. 그러나 나중에는 맛의 특징과 기호도를 개선하는 쪽으로 초점이 바뀌었다. 결국 이 분야는 경쟁력 높은 산업으로 발달해서 부유하고 배고픈 미국 대중을 만족시킬 최신 향미를 찾는 일에 몰두하기 시작했다. 오늘날 많은 식품과학자들은 '맛의 대격돌기The Great Flavor Rush'[8]라 불리는 치열한 경쟁에 매달려 다음에 도래할 위대한 맛을 예측하고 창조하려 애쓰고 있다. 이를테면 키위 맛 음료, 아사이베리 요구르트, 포멜로 맛 풍선껌 같은 식품들 말이다.

열 살 무렵 친구 집에 놀러갔던 때였다. 친구 어머니가 채소와 찍어 먹는 소스를 꺼냈다. 나는 흰 반점이 점점이 박힌 소스에 당근을 찍어 먹었는데 예전에 먹어본 그 어떤 맛과도 달랐다. 무척 맛있었고 혁명적이었다. 나는 그 소스가 무엇인지 물었다. "랜치드레싱이라고 해." 친구 어머니가 알려주었다. 곧 랜치드레싱은 '잇'푸드가 되었다. 당시에는 병에 담긴 샐러드드레싱이 거의 없었기 때문에 어머니들은 포장된 가루로 랜치드레싱을 만들었다. 나는 모르고 있었지만 그 무렵이 바로 식품과학자들이 맛의 마법을 부리기 시작한 초창기였다. 물론 19세기 대부분의 시기에도 상표 달린 식품이 유통되긴 했지만 요즘 슈퍼마켓 선반에 있는 것처럼 다양하게 제조된 맛을 뽑

내지는 않았다. 요즘에는 지보단(Givaudan, 맛과 향을 제조하는 세계 최대의 기업-옮긴이) 실험실에서 우리가 먹는 많은 음식이 창조된다. 식품과학자들은 이런 실험실에서 맛과 색깔, 브랜드 이름을 신중하게 개발하고 시험한다. 가끔 '식용상품'이라 불리기도 하는 이렇게 고도로 가공된 산업식품이 먹거리 환경에 워낙 많다 보니 사실상 소비주의 문화와 떼려야 뗄 수 없을 정도다.

언젠가 한 학생이 내게 '자연식품whole food'이라는 용어를 무슨 의미로 사용하는지 물었다. 그러고 보니 수업 시간에 자연식품이 무엇인지 말한 적이 없었던 듯했다. 나는 가공되거나 정제되지 않은 식품이라고 설명했다. 그러나 질문한 학생은 여전히 이해하지 못했고 수업을 듣는 다른 학생도 마찬가지였다. 나는 실험실에서 제조되지 않고, 원래 형태에서 산업적으로 변형되지 않은 음식이라고 다시 정의했다. 학생은 여전히 고개를 갸웃거리며 잘 모르겠다고 했다. 그래서 내가 장난기 있게 물었다. "도넛 나무 본 적 있어요?" 그 말에 학생들은 모두 웃음을 터뜨리며 이해했다. 뒤이은 수업에서 나는 많은 학생이 자연식품과 가공식품, 초가공식품의 차이를 한 번도 생각해보지 않았다는 사실을 발견했다. 학생들은 인류사에서 아주 가까운 시기까지도 정제되거나 포장된 음식이 없었다는 사실에 대해 생각해본 적이 없었다.

— 음식, 빈곤, 문화적 소속감

세계 산업식품이 거의 모든 사람의 영양 상태를 좀먹고 있지만, 건강에 대한 부담은 빈곤층에 훨씬 무겁다. 소득 불평등이 부자는 더 부유해지고 빈자는 더 가난해지는 이중의 경제시스템을 만들어냈듯, 세계 산업식품은 이중적 영양 '계급'을 창조했다. 이제 빈곤층은 부유층과 비교했을 때 훨씬 질 낮은 음식을 더 많이 먹는다. 겉으로 보면 이런 영양 계급은 경제 계급의 연장인 것처럼 보인다. 그러니까 부유한 사람일수록 질 좋고 더 비싼 음식을 먹을 수 있는 반면, 가난한 사람일수록 형편이 닿는 대로 무엇이든, 곧 세계 산업식품이 개발한 살찌는 음식이라도 먹어야 하는 것처럼 말이다. 그러나 현실은 그보다 훨씬 복잡하다.

저소득 집단이 질 낮은 음식을 먹는다고 주장하는 사람들의 보편적 설명은 다음과 같다. 첫째, 건강에 좋은 음식은 건강에 나쁜 음식보다 일반적으로 더 비싸다.[10] 둘째, 저소득 가정은 종종 슈퍼마켓에 가기 힘든 '음식 사막'에 산다.[11] 셋째, 경제적으로 빈곤한 사람들은 대개 시간도 부족하므로[12] 빨리 먹을 수 있는 간편식품을 소비할 수밖에 없다. 이런 설명은 부분적으로는 모두 옳다. 하지만 여기서 설명되지 않는 이야기도 있다. 특히 음식 가격과 영양을 연관 짓는 부분은 '저렴하면서 영양가 있는 음식은 없다'는 흔한 오해를 낳았다.[13] 그렇지 않다. 사실 비싸지 않으면서 영양가 있는 음식은 많다. 예를 들어 미국농무부의 '절약 식단Thrifty Food Plan'은 계란, 칠면조 다짐육, 양배추, 병아리콩, 렌즈콩을 값싸면서 영양가 높은 음식으로 추천했지만, 몇몇 연구자의 보고에 따르면 이런 음식은 저소득 가정에서 널리 소비되지 않는다.[14] 왜 그럴까?

절약 식단이 요즘 미국인의 식습관을 무시했다고 주장하는 사람도 있다. 이를테면 콩 같은 음식의 소비는 권장한 반면 감귤류 주스의 소비는 줄이려 했다는 것이다.[15] 한 연구는 이런 질문을 던진다. "저소득층 소비자들이 영양가 높고 저렴한 음식을 거부하는 이유는 그런 음식을 소비하는 것이 무언의 사회규범에 어긋나기 때문인가?"[16] 이 연구가 세운 가설은 영양가 높고 저렴한 음식은 지금 시점의 소비 기준을 벗어나며 문화적 요구에 호응하지 못할뿐더러 사회적 또는 문화적으로 부적절하다는 것이다. 하지만 이 연구는 '문화'라는 개념을 정의하지도, 조작화(Operationalization, 모호하고 추상적인 개념을 현실에서 경험·관찰할 수 있는 개념으로 구체화하는 것-옮긴이)하지도 않았다. 어쨌든 특정 음식을 정당화하는 데 쓰일 수 있는 윤리적·종교적·지역적 신념이나 관습의 집합으로 문화를 정의내리지 않은 것은 분명하다. 그렇다면 이 연구에서 말하는 '문화'란 소비주의 문화만을 말하는 것일까? 그렇다면 소비문화에 접근할 도덕적 권리나 인권 같은 것을 식생활 안정을 누릴 인권의 일부로 여겨야 할까?[17] 몇몇은 그렇다고 주장하면서 더 나아가 보편적 사회 추세를 따라 외식할 권리가 있다고 말한다.[18] 아마 패스트푸드나 간편식품 먹는 걸 일컫는 듯하다. 이런 연구자들은 "좋은 영양을 섭취하는 것이란 단순한 생존을 넘어 맛과 편리, 다양성까지 아울러야 하며 사회규범과도 일치해야 한다"[19]라고 주장한다. 그러나 우리가 앞으로 살펴보듯 바로 세계 산업식품의 이런 특징(맛[고기호성], 편리함, 다양성[늘어난 선택])이 과식을 유발한다.

나는 여기에서 '매우 낮은 식품 보장'[20] 등급으로 고통받는 5퍼센트의 미국 가정을 말하는 게 아니라, 음식은 충분히 먹지만 항상 바람직한 음식을 먹지 않는 저소득층 개인과 가족에 대해 말하는 것이다.

미국에 등장한 굶주림의 새로운 모습을 포착한 〈내셔널 지오그래픽 National Geographic〉의 충격적 포토에세이[21]는 크고 괜찮은 집에 살면서 좋은 가전제품을 구비해놓은 한 가족을 보여준다. 그들은 최신 유행을 따른다. 브랜드 옷을 입고 최신 휴대전화도 가지고 있지만 식생활은 불안정하다. 보통 포장해온 닭 모래주머니, 핫도그, 치킨너깃, 테이터 타츠(튜브 모양의 감자튀김-옮긴이)를 먹는다. 이런 이미지는 대단히 역설적 이야기를 들려준다. 물론 이런 스냅 사진이 가족의 현재 상태를 반영하지 않는, 다른 상품이 가져다주는 누적된 특성과 대비되어 식생활이 불안정하다는 일시적 특성을 드러낸다는 점도 놓치지 말아야 한다. 그렇다 해도 이 사진들은 힘들게 살아가는 대부분의 사람들처럼 풍요로운 상품에 길들여진 가족이 겪는 어려운 선택의 문제를 드러낸다. 그뿐 아니라 풍요로운 문화 속 빈곤의 기이한 결과가 무엇인지도 보여준다.

브랜드 신발과 옷 그리고 값비싼 전자제품이 사회적 소속감을 제공한다면, 브랜드 음식은 그런 소속감을 훨씬 싸고 쉽게 경험할 수 있도록 해주는 상징이다. 사실 이런 상품들은 귀중한 소속 지표로 기능하며 가난한 사람들에게 강력한 정서적 의미를 부여한다. 굶주림이나 질병, 거주지 결핍으로 생존이 직접적으로 위협받았던 지난 시대 빈곤과 달리, 부유한 소비자 사회에서 상대적으로 빈곤한 삶은 문화가 제시하는 행복한 이상으로부터 가난하다는 이유로 배제되는 심리적 조건을 말한다. 소비자 사회의 '상대적' 빈곤을 설명한 바우만의 개념으로 되돌아가보자. 부유한 나라에서 빈곤하게 사는 것은 "쾌락적 감각과 떠들썩한 경험을 위해 대중 앞에 전시된 수많은 기회"로부터 배제되는 것이다. 우리 문화에서 쾌락적 미각과 떠들썩한 음식과 관련한 경험은 종종 패스트푸드, 쿠키, 아이스크림, 주스를 뜻한다. 바우만은《일, 소비주의, 새로운 빈곤Work, Consumerism, and the New Poor》에서 현대 자본주의는 점점 많은 사람에게 자유의 가능성을 열어 보이며 "빠르게 팽창하면서 무한해 보이는 소비 세상"을 제공했다고 주장한다.[22] 그런데 이처럼 늘어난 선택의 중요성 때문에 선택으로부터 배제된 사람들은 소외되고 억압된다.[23] 달리 말해 정크푸드를 사먹는 단순한 탐닉이 소속감을 값싸게 경험하는 메커니즘이 된다. 곧 가난한 사람들이 늘 경험하는 주변화나 소외를 완화시키는 수단이 되는 것이다. 식품산업은 이런 점을 이용해 행복한 삶에 빠르고 쉽게 접근할 수 있다고 광고한다. 계약금 없는 자동차 할부와 주택 대출 광고가 행복한 삶을 즉시 누릴 수 있다고 약속했던 것처럼 말이다.

빈곤층이 초가공식품을 더 소비하도록 만든 것은 영양보조프로그램(Supplemental Nutrition Assistance Program, 미국농무부가 저소득 또는 무소득 가정에 제공하는 식비 보조-옮긴이)의 푸드스탬프제도다. 최근 크래프트사의 최고 경영진은 푸드스탬프 예산 삭감에 반대했다. 크래프트사 수익의 6분의 1이 푸드스탬프 구매에서 나오기 때문이다.[24] 영양보조프로그램으로 구입할 수 있는 음식은 건강에 좋은 음식일 것이라고 생각하겠지만, 펩시와 코카콜라도 영양 보조 음식 목록에 자기 회사 제품인 가당 음료를 어렵게 올려서 연간 40억 달러의 수익을 가져가고 있기 때문에 예산 삭감에 반대하는 운동을 벌였다.[25] 게다가 거대 소다산업은 흑인 어린이와 십대를 겨냥한 광고를 엄청나게 퍼붓는다.[26] 흑인 아이들의 빈곤율은 38.2퍼센트다. 흑인 아이들이 가난한 환경에 살 확률은 다른 어느 인종의 아이들보다 높고 백인 아이들에 비하면 두 배 이상이다.[27] 이런 표적 광고 때문에 흑인 어린이는 백인 어린이보다 비타민워터, 스프라이트, 마운틴듀 같은 광고를 두 배나 많이 본다. 집단마다 다른 텔레비전 시청률을 통계적으로 통제한 뒤 얻은 결과인데도 그렇다.[28] 그러므로 미국에서 사회·경제적 지위가 높은 집단과 낮은 집단이 먹는 음식의 질 차이가 꾸준히 커지고 있으며, 이런 현상은 주로 가당 음료의 소비가 늘어났기 때문이라는 새로운 연구 결과가 나왔다고 해서 그리 놀랄 일은 아니다.[29] 가당 음료는 비만과 당뇨를 유발한다. 또 최근 연구에 따르면 설탕에는 욕망과 소비의 끝없는 쳇바퀴를 더욱 강화하는 중독성이 있다. 그러니까 담배와 코카인처럼 정크푸드 역시 우리를 그럴듯하게 보이도록 만들어 기분을 좋게 하고 사회적 소속감을 제공해주는 역할을 하는 것이다.

내가 지난 5년간 상담했던 미얀마 출신 난민 가족도 이런 점을 잘 보여준다. 이 가족은 2009년 미국에 도착하기 전까지 15년간 난민수용소에서 살았다. 미국으로 이주한 직후 부모와 두 아이는 체중이 평균보다 아래였고 여러 해 제대로 된 영양을 섭취하지 못해 고통을 겪는 듯했다. 처음 그들은 우유와 닭, 쌀, 냉동 생선 같은 신선식품을 미국식 부엌에 갖다 놨다. 영양보조프로그램과 지역의 몇몇 푸드뱅크에서 얻은 음식들이었다. 몇 달 뒤 어느 오후에 우리는 함께 공공도서관에 갔다. 춥고 비가 내려서 도서관 카페에 들어갔는데, 언어 장벽 때문에 나는 가족이 무엇을 먹고 싶은지 묻지 못했고 그저 안전한 선택이기를 바라면서 핫초코 네 잔을 주문했다. 가족은 핫초코를 한 입씩 맛본 뒤 캑캑거리면서 몸을 휘청대더니 경악한 표정으로 서로를 바라봤다. 나는 내 실수를 깨달았다. 그들은 그렇게 단 음식을 먹어본 적이 없었다. 그들은 세계의 빈곤층 가운데서도 가장 빈곤한 사람들이었고 세계 산업식품에 한 번도 노출된 적이 없었다. 한탄스럽게도 나는 그들에게 독이 든 사과를 처음 건넨 사람이 되고 말았다.

5년이 지난 지금은 부부 중 한 사람이 최저임금을 받긴 하지만 안정적인 일자리를 구했고, 가족은 워킹푸어 대열에 합류했다. 가족 모두 최신 휴대전화를 갖고 있고 부엌에는 오렌지 소다와 쿠키, 라면, 패스트푸드 포장지가 가득하다. 넷 중 셋은 체중이 상당히 불었는데 어머니는 건강에 문제가 생길 만큼 과체중이 되었다. 두 아이는 내게 2009년까지만 해도 코카콜라를 본 적도 마신 적도 없었는데 이제는 매일 몇 캔씩 마신다고 말했다. 이 가족의 이야기를 어떻게 이해해야 할까? 한편 그들은 모국에 있을 때처럼 안전이나 종교적 자유를 위협받지 않는다. 건강보험 혜택을 누리고 무상교육도 받으며 일할 기회도 얻었다. 집에는 전기와 수돗물이 나오고 깨끗한 옷도 있다. 무엇보다 그들의 주관적 삶의 경험이나 실제 경험이 무척 좋아졌다. 그러나 이런 자유와 물질적 안락의 대가로 근처에 공원이 거의 없는, 자연과 전혀 접촉할 수 없는 도심 주거지에 산다. 그들은 자기 민족성을 드러내는 아름다운 민속 의상을 더이상 입지 않는다. 어린 두 소년은 모국어를 아주 조금밖에 하지 못한다. 한 아이는 모국어로 아예 말하려 하지 않는다. 가족은 이제 사고 싶은 상품이 매우 많다. 과식도 하고 과소비도 한다. 가난과 생활방식 때문에 이제 가족은 비만에 빠지거나 2형 당뇨병에 걸릴 위험에 놓여 있다. 어머니는 이미 당뇨병전증으로 보인다. 가족은 고금리 초단기 소액대출을 받았고 휴대전화 계약을 잘못 이해한 탓에 좋지 않은 신용평가를 받았다. 나는 모국 문화를 잃어버리고, 자연을 접하지 못한 채 상품 구매를 통해 의미와 행복을 찾는 삶이 가족의 심리에 어떤 영향을 미칠지 걱정스러웠다. 미국에 도착한 첫 해에는 극도로 가난한 데다 소비주의를 잘 몰랐던 것이 역설적으로 가족을 보호했지만 이제는 그렇지 않다. 가족은 소득이 증가하면서 패스트푸드나 전자제품, 달콤한 음식 같은 소비주의 문화의 '멤버십'을 나타내는 것들을 구입하며 그 문화에 합류하길 원했다.

곧 살펴보겠지만 소비주의 문화의 특징은 금융 규제와 영양 규제의 실패다. 소비주의는 계층 상승을 가로막는 뛰어넘을 수 없는 장애물을 창조해 빈곤층을 빈곤과 비만으로 붙들어 맨다. 분명 가난하다고 바람직하지 않은 음식을 먹게 해서는 안 되며, 가난하다고 범죄가 많이 일어나는 지역이나 유독물질 폐기물 처리장 근처에 살게 해서도 안 된다. 하지만 빈곤층을 돕겠다는 의도로 소비주의를 누리도록 권리를 보장해줘서 결국 빈곤층의 심리적·육체적 건강을 해칠 가능성을 열어두는 사회정책에는 의문을 품어야 한다.

— 비만과 파산 사이

몇 년 전 열아홉 살인 클로이를 상담한 적이 있다. 클로이는 45킬로그램 정도 과체중이었는데 스스로를 비만이라 묘사했다. 어린 나이인데도 벌써 마약과 알코올 남용으로 부대꼈고 과식 문제도 있었다. 이 어린 여성에게 은행은 터무니없이 높은 이자율로 1000달러 한도의 신용카드를 발급해주었다. 단 몇 주 만에 클로이는 옷과 화장품을 사느라 한도를 다 써버렸다. 그녀는 내게 지나가는 말로 고급 휴대전화를 새로 사려고 다음 달을 기다린다고 말했다. 나는 클로이가 카드대금을 갚기 힘들다는 사실을 알고 있어서 휴대전화를 살 만한 잔고가 있는지 물었다. 그녀는 내 질문에 어리둥절해 했다. 무엇이든 구입할 만한 신용 잔고를 얻으려면 카드대금을 일부라도 갚아야 한다고 자세히 설명하자 클로이는 충격을 받았다. 그녀는 "매달 그냥 새로 시작되는 줄 알았어요"라고 말했다. 클로이는 젊고 영특한데도 매달 소비할 1000달러가 마법처럼 생기는 줄 알았고 그 돈이 어디서 나타나는지, 어떻게 갚는지는 한 번도 생각해보지 않았다. 카드로 계산한 돈은 모두 갚아야 할 빚이라고 설명해주자 그녀는 울음을 터뜨렸다.

클로이는 중산층 가정 출신으로 다정한 맞벌이 부모 밑에서 자랐다. 많은 미국인처럼 그들도 사치스럽게 살았다. 다달이 엄청나게 많은 신용카드 대금에 치이고 고액의 융자금이 있었지만 차를 두 대나 굴렸고 저축은 한 푼도 하지 않았다. 클로이는 누군가가 실제로 현금을 지불하는 모습을 본 적이 없었다. 소비는 신중하게 해야 한다는 조언 역시 듣지 못했다. 원하는 것을 원할 때마다 소비하라! 그것이 자라는 동안 그녀가 가족과 가족을 둘러싼 문화에서 배운 메시지였다. 이런 문화적 영향에다가 그녀를 약물 남용과 과식으로 몰아넣은 호르몬과 신경화학물질의 강력한 영향이 합쳐지면 그녀가 어떻게 저항할 수 있겠는가?

클로이의 사례는 대부분의 미국인들이 가지고 있는 인식이자 소비 경제를 이끄는 사고방식이 무엇인지 보여준다. 무언가를 사기 위해 미리 돈을 지불할 필요가 없거나, 무언가를 구매하거나 소비할 때 앞으로 어떻게 비용을 갚을지 정확히 알 필요가 없다는 메시지가 무수히 많은 형태로 소비주의 문화 도처에 퍼져 있는 것이다. 서브프라임 모기지(신용등급이 낮은 저소득층에게 대단히 높은 이율로 주택 구매 자금을 빌려주는 담보 대출-옮긴이) 사태는 소비자의 구매 능력을 넘어선 주택을 판매하는 것과 관계가 있다. 은행은 대개 소비자의 부족한 금융 지식을 이용해 가족의 필요보다 더 크고 더 호화로운 집을 약탈적 대출로 판매했다. 서브프라임 대출 사태는 일본이나 독일처럼 정부가 정책으로 수입보다 적게 쓰고 저축을 많이 해야 한다는 문화적 신념을 만들어내고 보급하는 나라에서는 아마 일어나지 않았을 것이다.[30] 식품산업에도 대부산업과 비슷한 메커니즘이 작동한다. 대부산업이나 식품산업은 실제 비용은 얼버무리면서 더 소비하라고 사람들을 부추긴다. 이런 예는 '무free'라는 표현이 들어간 음식 상표가 끊임없이 나오는 현상에서도 드러난다. '무설탕'이나 '무지방'이라는 상표를 단 상품이 수천 개는 된다. 이 모든 것은 그 식품을 먹어도 칼로리에 합산되지 않는다고 약속한다.

'친親절약' 문화에서 '반反절약' 문화로 옮겨가면서 모든 것에는 대가가 있다는 생각이 사라졌다. 대학에서 역사학과 회계학을 가르치는 제이컵 솔은 자본주의가 안정되고 지속되려면 모든 개인이 복식부기 작성법을 알아야 한다고 말한다. 그러니까 대차대조표를 작성할 수 있어야 한다는 말이다. 솔은 베버를 거쳐 이탈리아 르네상스까지 회계의 역사를 거슬러 올라가며 복식부기 장부가 재정을 건전하게 관리하는 방식일 뿐 아니라 신을 향한 더 큰 도덕적 회계의 일부라는 것을 발견한다. 솔은 위대한 국가의 흥망성쇠를 회계 이야기로 들려준다. "결정적 순간에 회계와 책임성이 무너져서 재정과 정치의 위기를 창조하지는 않는다 해도 위기에 일조한다. 한 사회의 성공은 적어도 재정적으로는 회계를 능숙하게 익혔는지, 책임성이 있는지, 이후로도 회계와 책임성을 계속 성공적으로 관리할 수 있는지에 달려 있다."[31] 나는 솔의 생각을 확장해서 현재 미국이 책임성 붕괴 때문에 경제와 정치 부문에서 위기가 일어났고, 영양섭취에 대한 책임성마저 좌절되어 대중의 건강에도 문제가 발생했다고 주장하고 싶다. 경제적으로 상환 능력을 유지하고 육체적으로 건강을 지키려면 사람들 모두는 재무만이 아니라 칼로리도 계산할 줄 알아야 한다. 이는 소비자 문화의 강력한 영향력에 맞서 회계 원칙에 따라 자신을 절제하는 일이다.

초기호성식품 개발과 마케팅을 약탈적 '대출'의 다른 형태로 생각해도 좋다. 서브프라임모기지의 약탈적 대출은 소득과 교육 수준이 비교적 낮은 사람들, 주로 물질적 불안정을 겪은 경험이 있을 뿐 아니라 금융 지식이 부족한 사람들에게 대출을 판매했다. 마찬가지로 초기호성 저가 식품도 식품 불안정을 겪은 경험이 있을 뿐 아니라 영양 지식이 부족한 사람들을 대상으로 마케팅이 진행되고 팔린다. 서브프라임모기지로 돈을 대출한 사람은 자신의 소비가 장기적으로 어떤 결과를 낳을지 제대로 알지 못한 상태에서 매혹적인 상품을 샀다. 은행은 대출을 더 많이 팔아 이득을 보았지만 소비자들은 결국 대규모 압류로 집을 잃고 손해를 입었다. 초기호성식품도 마찬가지다. 식품산업은 엄청난 양의 상품을 팔아 이득을 보지만 소비자는 과체중과 당뇨, 비만을 얻으면서 손해를 본다. 식품산업이 터무니없는 이윤을 거둬들이는 동안 납세자와 정부는 대중의 건강을 관리하기 위해 비용을 감당한다. 이는 이윤은 사유화하고 손실은 사회화한 또다른 사례다. 2008년의 경제 위기를 수습하기 위해 미국 정부가 구제금융으로 금융산업을 살렸던 것과 같다.

부채와 과체중을 떠안은 사람들은 평생 수많은 문화적 메시지 공세를 받았다. 이런 공세에 대응하기란 대단히 어렵다. 영양이나 금융과 관련한 높은 수준의 지식만이 아니라 주의와 성찰, 충동을 조절할 능력이 있어야 하기 때문이다. 책임의 방정식에서 개인의 책임이 전혀 없다는 것은 아니다. 그러나 여러 사람을 재정 파탄과 영양 파탄으로 이끈 문화와 규제의 제도적 실패가 무엇보다 책임이 크다는 것을 인정해야 한다. 이런 파탄은 이원화된 경제체제의 하단에 있는 빈곤층일수록 훨씬 크게 경험한다. 빈곤층은 영양과 금융과 관련해 나쁜 결정을 내리도록 만드는 깊은 결핍감 때문에 거의 끊임없이 절망을 경험한다.

연구자들이 비만과 파산 사이의 관계를 발견한 것은 놀랍지 않다. 비만인 사람은 정상 체중인 사람보다 파산을 선언할 가능성이 22퍼센트나 더 높다.[32] 의료산업이나 법률은 지나친 과식과 과소비에 희생되는 사람들을 위한 메커니즘을 창조했다. 바로 비만대사수술(고도 비만과 관련 합병증을 치료하기 위해 위의 크기를 작게 만드는 등의 각종 수술법-옮긴이)과 파산이다. 외과 의사의 칼이나 판사의 판결이 사람들의 과잉을 용서해줄 수는 있지만 이런 의료와 법률의 개입은 모두 '경제 이데올로기로서 소비주의'와 '도덕 원칙으로서 소비주의'의 실패로 생긴 문제를 개인 수준에서 해결하려는 것에 불과하다. 이는 폐허에서 비틀거리는 사람의 삶을 회복시키는 극단적 방법이기는 하지만 결국 사람들을 과소비로 몰고 가는 문화와 경제에 내재된 더 큰 문제는 해결하지 못한다. 그뿐 아니라 비만대사수술이나 파산은 모두 당사자에게 감당하기 힘든 수치와 낙인을 안겨줄 수 있으며, 당사자는 자신의 문제를 사회의 실패가 아니라 개인의 실패로 받아들이기 쉽다.

여기에서도 제2차 세계대전 이후 등장한 자아, 곧 심리의 경계에 갇힌 텅 빈 자아의 모습을 볼 수 있다. 텅 빈 자아는 문화에 퍼진 질병을 개인의 병으로 인식한다. 그러나 우리가 개인의 정신병리를 잘못된 문화에서 비롯된 최종 결과물로 생각한다면[33] 파산과 비만 때문에 극심한 고통을 겪는 사람들을 만연해 있는 문화적 독성에 저항해 대리 투쟁을 벌이는 사람들로 여길 수 있다. 철학자 수전 보르도는 이렇게 썼다. "나는 한 문화 안에서 발달한 정신병리를 변칙이나 일탈과는 거리가 먼, 그 문화의 전형적 표현으로, 사실상 그 문화에서 잘못된 많은 것의 결정화로 본다. 따라서 문화 관련 증후군을 문화의 자가진단과 성찰의 열쇠로 삼아 검토하는 것이 중요하다."[34] 개인의 정신병리와 문화의 관계는 8장에서 폭식장애와 저장장애가 어떻게 과소비병을 집약적으로 보여주는 문화 관련 증후군인지 살펴보면서 다시 다루겠다.

— 영양문맹과 금융문맹

영양문맹과 금융문맹을 널리 확산시킨 또다른 요인은 아마 청소년을 위한 교육과정에 통상 포함되던 가정과 실과가 사라졌기 때문인지도 모른다. 성性중립적 가정 수업은 잘 가르치기만 하면 금융 지식과 영양 지식, 요리법, 신중하게 장보는 법, 개인과 가정 관리법을 배울 수 있다. 한편 실과는 물건이 어떻게 디자인되고 만들어지고 수리되는지 알려주기 때문에 사람들을 물질문화와 연결해줄 뿐 아니라, 도구를 직접 사용하게 만들어 스스로 행동과 삶을 통제할 수 있다는 느낌을 준다. 요리하는 것과 도구를 사용하는 것이 인간에게 심리적으로 굉장히 중요하다는 증거가 있다. 영장류 동물학자 리처드 랭엄은 최근 《요리 본능: 요리는 어떻게 우리를 인간으로 만들었는가Catching Fire: How Cooking Made Us Human》에서 약 50만 년 전에 시작된 요리 때문에 인간이 유인원과 비인간 선조들로부터 최초로 구분되었다고 주장한다.[35] 인간의 조상들은 불로 음식을 익힐 수 있다는 사실을 발견했는데, 이는 에너지를 극대화하고 음식의 부패를 막고 음식의 안전을 전반적으로 개선하는 것 같은 중대한 생물학적 장점을 제공했다. 요리의 이점은 생물학적 면만 있는 게 아니었다. 인간 삶에 생긴 사회적 변화도 혁명적이었다. 사람들이 불 둘레에 모여 앉으면서 사회화가 일어나고 협동하는 삶이 가능해졌다. 그러면서 인간의 기질은 차분해졌다. 50만 년 전쯤 시작된 음식을 익혀먹는 일은 문화적·생물학적으로 큰 영향을 끼쳤을 뿐 아니라 심리학적으로도 중요한 의미를 갖게 되었다. 요리와 영양 문제 그리고 공동체는 서로 뒤얽혀 있으므로 음식을 요리하고 함께 나눠먹는 행위는 아마 인류에게 원형적 경험일 것이다. 달리 말해 불을 길들이고 불을 이용해 음식을 요리하는 것은 진화만이 아니라 심리에도 깊은 영향을 끼쳤다. 본능적으로 인간의 욕망을 고유하게 만족시키려면 우리는 음식을 요리해야 한다. 요리가 인간을 문명화했기 때문이다.[36]

두말할 필요 없이 세계 산업식품이 만들어내는 초가공식품은 요리라는 본능의 과정을 무너뜨리고 인간 활동의 근본이 되는 요리로부터 우리를 떼어놓는다. 불 근처에서 요리하는 일의 또다른 면은 물론 도구 사용이다. 도구 사용은 인류 진화에 깊숙이 새겨진 활동이다. 나는 이런 도구 사용 역시 인류의 원형적 경험이라 말하고 싶다. 매슈 크로퍼드는《영혼을 짓는 실과 수업Shop Class as Soul Craft》에서 지식 경제의 점진적 성장과 대부분의 생산을 외주화하는 추세가 공모해 우리를 인간이 만든 물리적 세상으로부터 멀어지게 만든다고 주장한다. 그는 이렇게 썼다. "도구 사용의 감소는 우리가 우리 물건과 더 수동적이고 더 의존적 관계를 맺게 될 징조인 듯하다."[37] 다르게 말해 물건을 만들고 고치는 대신 만들어진 음식과 물건을 산다는 것은 내가 아닌 다른 무엇에 통제받는 삶으로 들어간다는 의미다. 곧 우리는 창조하고 생산하는 사람이 아니라 소비하는 사람이 되는 것이다. 보이지 않는 타인에게 상품이나 식품의 조립, 생산을 맡길 때 우리는 우리가 쓰고 먹는 물건이 어디에서 오는지, 누구의 손을 거쳤는지, 다른 사람을 어떻게 착취했는지, 그 물건을 쓰고 먹는 과정에서 어떤 해가 생기는지 알지 못한다. 시간이 흐르면서 우리는 주어진 상품을 아무 생각 없이 수동적으로 집어삼키며 자기 건강과 주체의식은 약화시키고 다른 사람의 재산은 불려줄 것이다.

이와 반대로 자연식품을 집에서 요리해 먹자는 여러 호소들도 있다. 그러나 이는 빈곤층이 겪는 시간과 자원의 결핍을 고려하지 않는

엘리트주의의 발로라는 비난을 받았다.[38] 영양 섭취와 관련한 여러 훈계의 밑바닥에 엘리트주의가 있다는 데에는 나도 동의하지만, 가난하기 때문에 집에서 요리할 시간이 없다는 말에는 동의하기 어렵다. '슬로우쿠커'에서 콩을 익히고 냉동 채소를 데우는 데는 10분도 걸리지 않으며 치우는 데는 그보다 시간이 훨씬 덜 들어간다. 많은 미국인이 시간에 쫓기는 삶을 사는 현실을 감안한다 해도 빈곤층이 간단한 요리도 해낼 수 없다고 말하는 것은 빈곤층을 무시하는 잘못된 말이다. 이런 생각은 궁극적으로 빈곤층의 무력감을 부추기고 식품회사의 이윤을 늘려줄 뿐이다. 게다가 소비주의의 관행과 그 영향력에 맞설 힘이 없다고 느끼는 사람들에게 자기 삶을 통제하는 힘이 자기 외부에 있다는 인식을 더 깊이 심어준다. 따라서 영양문맹과 금융문맹 문제를 조금이라도 해결하기 위해 성性중립적 가정 교과와 실과 교과를 다시 활성화시켜야 한다는 주장에[39] 귀 기울일 만하다.

― 풍요, 음식 그리고 소비자 문화

빈곤층과 달리 중산층과 상류층 미국인들은 훨씬 더 질 좋은 음식을 먹을 수 있지만 과식과 탐식의 유혹으로부터는 결코 보호받지 못하고 있다. 식품과학과 마케팅이 잘못된 종류의 음식을 많이 구입하도록 모든 이에게 영향을 미칠 뿐 아니라 마케팅 전문가들이 서로 다른 소득층에 서로 다른 브랜드의 식품을 파는 대단히 세련된 방법을 개발했기 때문이다. 음료산업은 값싼 가당 음료를 흑인 어린이와 십대에게 광고하는 한편, 같은 음료의 고급 버전인 코코넛워터와 콜드프

레스 착즙 주스를 부유한 성인들에게 내놓는다. 이 모든 브랜드 상품은 소비주의 문화로 들어가는 접속점이며 지위와 정체성을 나타내는 표지가 된다. 중산층의 표지는 도리토스 로코스 타코(멕시코 음식을 주로 판매하는 레스토랑 체인점 타코벨에서 내놓은 메뉴로 선풍적 인기를 끌고 있다-옮긴이)나 요플레 요구르트, 스니커즈 아이스크림일 수 있다. 부유층의 표지는 보주 초콜릿이나 캐러멜 견과류 믹스, 수입 치즈, 이탈리아 젤라토일 것이다. 바로 이런 '사회 이데올로기로서 소비주의'에서는 상품이 계급 구분의 기준이 되어 물적 상품이 그 상품을 소유한 사람의 사회적 지위와 위신을 결정하거나, 소스타인 베블런이 '과시적 소비 conspicuous consumption'라 부른 현상이 일어난다.[40]

20세기 대부분의 시기 동안 뉴욕 같은 이민자 밀집 지역 밖에 사는 미국인들은 소득집단에 관계없이 굉장히 비슷한 음식을 먹고 비슷한 슈퍼마켓에서 장을 봤다. 슈퍼마켓은 약간의 지역 차이가 있을 뿐 거의 비슷한 상품을 진열했다. 루이지애나의 피글리위글리 슈퍼마켓은 매사추세츠의 IGA 슈퍼마켓보다 핫소스를 더 많이 진열하고, IGA가 루이지애나 슈퍼마켓보다 올드베이 시즈닝이나 진짜 메이플시럽을 조금 더 진열했을지는 몰라도 일단 슈퍼마켓이 미국 음식의 70퍼센트 정도를 판매하기 시작할 즈음에는 거의 모든 곳에 비슷한 상품이 진열되었다.[41] 그렇게 미국의 거의 모든 지역, 거의 모든 소득층의 냉장고는 획일화되었다. 그러나 최근 들어 풍요와 소비가 더 늘고 새로운 형태의 도시화가 진행되면서 슈퍼마켓은 달라졌고 소비자들이 슈퍼마켓에 기대하는 것도 바뀌었다.

점점 늘어나는 소득 불평등 때문에 '슈퍼집Superzip'이라 불리는 부유층 밀집 지역이 생겨났다. '슈퍼집'은 교육과 소득 수준이 상위 5퍼센트 안에 드는 주민들로 구성된 우편번호zip code 구역을 말한다.[42] 이런 부유층 밀집 지역은 고급 식품과 딘앤델루카, 윌리엄스—소나마, 홀푸드마켓 같은 고급 슈퍼마켓이 성장할 거대한 시장을 창조했다. 이처럼 고급 슈퍼마켓이 들어설 수 있는 슈퍼집 지역이 현재 미국에 882곳 있다. 그래서 홀푸드마켓이 아이다호 주 보이시까지 진출하게 됐다. 널리 확산된 '어플루엔자'의 일면이라 할 만한 이런 고급 슈퍼마켓의 급증은 부유한 미국인들에게 내가 '고급 식품 열병'이라 부르는 현상을 일으키고 있다.

홀푸드마켓은 고급 식품 열병을 보여주는 좋은 사례이자 내가 잘 알고 있는 사례이기도 하다. 나는 고향 오스틴에서 12번가와 라마르가 모퉁이에 문을 연 홀푸드마켓 1호점으로부터 불과 몇 블록 떨어진 곳에서 자랐다. 1980년대 홀푸드마켓은 크지 않은 건강식품 매장으로 파출리 냄새가 났고 바켄스탁 슬리퍼를 신은 털 많은 남자들과 여자들로 북적거렸다. 입맛 당기지 않는 초록 주스를 파는 채식 카페도 있었는데 요리마다 알팔파(비타민 A, E, 미네랄, 단백질을 많이 함유해 이상적 건강식품으로 알려진 식물-옮긴이) 새싹이 보기 흉하게 산더미처럼 쌓인 채 나왔다. 설탕이나 소금 같은 것은 어디에서도 찾을 수 없었다. 이제 2014년 홀푸드마켓 본점으로 빨리 감기를 해보자. 예스러운 원래 매장에서 몇 블록 떨어진 곳에 약 7500제곱미터짜리 공간에 들어선 새 홀푸드마켓은 식품 가격이 워낙 비싸서 흔히 '홀페이첵whole paycheck'이라 불린다.

옛날 홀푸드마켓에서 팔던 식품은 무엇을 먹든 뚱뚱해지지 않을 것 같고 또 과식하기도 매우 어려웠다. 그곳에서 팔던 '홀푸드'('자연 식품')에는 과식할 정도로 구미를 당길 만한 성분이 없었다. 그러나 오늘날 홀푸드마켓은 고급 정크푸드를 무척 많이 판매한다. 캐러멜을 입힌 견과류, 케틀칩, 초콜릿을 입힌 프레첼 같은 상품들이다. 사실 요즘 홀푸드마켓에서 파는 수많은 초가공식품과 정제식품을 보면 홀푸드라는 이름을 잘못 붙인 것이라고 주장하고 싶을 정도다. 홀푸드마켓은 웹사이트에서 "건강하고 행복한 삶을 돕기 위한 음식과 영양식품을 제공한다"라고 철학을 밝히고 있다. 아울러 "신선하고, 건강에 좋고, 먹기에 안전한 음식을 약속하며" 모든 상품의 "재료와 신선도, 안전도, 맛, 영양가, 겉모습을 평가해 품질을 규정한다"고 말한다. 그러나 홀푸드마켓 매장 어디를 가든 일반 슈퍼마켓만큼 많은 정크푸드가(종종 근사하게 포장해 비싼 품목으로) 판매된다는 것을 알 수 있다.

이런 고급 슈퍼마켓은 적은 양의 식품을 특별한 음식처럼 포장해 파는 경향이 있다. 호화로운 경험의 일부인 것처럼 '양보다 질'을 강조하며 문화적 나르시시즘과 우월의식에 호소하는 것이다. 그러나 식품 브랜드와 식품에 암시된 사회적 지위가 다를지는 몰라도 주요 성분은 일반 슈퍼마켓에서 파는 것과 같다. 바로 당과 정제 곡물, 지방, 소금이다. 고급 슈퍼마켓 손님들은 돈을 아낄 생각이 별로 없다. 그들은 고급 음식을 경험하는 데에만 탐닉할 때가 많다. 시장조사 기업 허트먼그룹은 블로그 게시물을 통해 홀푸드마켓이 '저가시장'으로 이동해야 하는 것은 아닌지 물었다. 최근 홀푸드마켓 체인이 중산층 지역 소비자들을 유인하려고 시도하는 점에 주목한 것인데, 이런 시도가 "오랫동안 높은 품질과 풍요를 연상시켰던 브랜드 이미지를 회석시키는지" 물은 것이다. 이들은 트레이더 조스(유기농식품을 판매하는 체인점으로 경쟁 업체보다 가격이 비교적 저렴한 특성이 있다-옮긴이)의 성공을 증거로 들면서 "질 좋은 음식을 판매하는 상류층 슈퍼마켓이라는 후광을 유지하면서도 중산층 가구로 깊이 파고들 수 있다"라고 언급했다.[43] 이론적으로 말하자면 허트먼그룹이 묻는 질문은 '홀푸드마켓이 그동안 고객에게 제공했던 기능, 곧 계급을 나누고 사회적 지위와 위신을 드러내는 주요 수단이 되었던 기능을 포기하지 않으면서 판매를 늘릴 수 있는가'였다.[44]

캐나다 사회학자 조제 존스턴과 미셸 서보는 홀푸드마켓 쇼핑객과 진행한 인터뷰에서 소비자들은 홀푸드마켓이 밝힌 사명에도 불구하고 '전통적 소비자의 쾌락', 이를테면 편리함과 상품 선택의 다양성 때문에 매장을 찾는다고 밝혔다.[45] 소비자들은 매장의 심미성을 언급하며 호화롭고 고급스럽다고 묘사했다. 존스턴과 서보에 따르면 몇몇 소비자는 홀푸드마켓에서 장을 보는 이유가 윤리적 소비를 위해서라고 밝히긴 했지만, 그런 이유는 소비자들의 기존 습관(이를테면 자동차로 접근하는 게 편리하다든지 바쁜 전문직 종사자를 위해 가공식품을 많이 판매한다든지)에 가려 빛을 잃었다. 홀푸드마켓의 변신은 지난 수십 년간 미국에서 무슨 일이 일어났는지 보여준다. 곧 구매력 증가와 사치열병, 식품 마케팅, 계급 표지로서 기능하는 음식의 등장을 잘 보여주는 사례다. 우리가 지금 알고 있는 고급 슈퍼마켓 홀푸드마켓은 40년 전에는 존재하지 않았다. 그 시절에는 그런 가게에 어울리는 기호와 구매력을 갖춘 사람이 충분치 않았기 때문이다.

홀푸드마켓은 분명 건강에 좋은 식품을 많이 판다. 또 안전하지 않은 성분이 들어 있는 식품은 차단한다. 그렇지만 우리를 뚱뚱하게 만드는 초기호성식품의 섭취를 조장한다는 점에서는 여느 슈퍼마켓과 마찬가지로 죄가 있다. 사람들에게 자연식품(홀푸드)을 먹으라고 장려하게 되면 전체 소비가 떨어지기 때문에 어떤 가게도 바라지 않는다. 자연식품을 먹으면 포만감을 더 많이 느끼고, 음식에 대한 갈망이 줄어든다. 따라서 많이 먹을 수 없다.[46] 사실 신선한 생선이나 고기, 농산물, 유제품, 포장되지 않은 식품을 파는 가게들은 이런 고급 '자연식품' 매장과 경쟁에서 고전한다. 그런 곳이 바로 농부시장farmer's market이다. 농부시장은 분명 고급 슈퍼마켓의 수익성을 따라잡지 못한다. 농부시장과 달리 홀푸드마켓은 대부분의 식품산업과 마찬가지로 세련되고 정교한 포장, 마케팅, 언어, 광고를 이용해 더 소비하도록 사람들을 조종한다. 그들이 어떻게 우리를 더 소비하게 조종하는지, 우리는 왜 그들이 속이도록 놔두는지는 다음 장에서 이야기하겠다.

The Psychology
of Overeating

5

식품산업은 우리를 속이기 위해
어떻게 심리학을 이용하는가

광고 담당자와 마케팅 담당자가 상품을 팔기 위해 쓰는 방법에 대해서는 초기 매디슨애비뉴 광고업자들의 설명부터 뉴로마케팅(neuromarketing, 정보를 전달하는 신경세포 '뉴런'과 '마케팅'을 결합한 단어로 신경과학으로 소비자의 심리 및 행동 메커니즘을 분석해 마케팅에 응용하는 방법-옮긴이)에 대한 최근 연구까지 방대한 자료가 있다. 이런 자료 중에는 시장조사자와 광고 담당자를 사악한 사기꾼으로 묘사하는 것이 많은데, 사실 그건 이야기의 한쪽 면만 보는 것이다. 식품산업이 매혹적이고 중독적인 상품을 마케팅하고 브랜딩한다는 것은 틀림없는 사실이지만, 우리 또한 그들과 공모해 원하는 것을 얻으려고 스스로를 기만하며 그들이 우리를 '속이도록' 놔둔다. 아이가 아니라면 아무리 교육을 적게 받고, 아무리 영양에 관한 지식이 없다 해도 상식이란 게 있기 마련이다. 강제로 정크푸드를 먹는 사람은 아무도 없다. 사과가 도넛보다 건강에 좋다는 사실을 알기 위해 고등학교나 대학교 졸업장이 필요치도 않다. 이런 점을 염두에 두고 이번 장에서는 우리를 조종하고 종종 속이기도 하는 식품산업의 관행이 무엇인지, 그리고 어떻게 심리적 방어기제가 우리를 그런 유혹의 길로 이끌려가게 놔두는지 살펴보겠다.

— 식품산업의 속임수

맛, 다양성, 편리함

식품산업은 투자자들을 만족시키기 위해 더 먹어야 한다고 대중을 끊임없이 설득한다.[1] 이를 위해 식품산업은 시장조사자와 실험심리학자들을 끌어들여 효과적인 브랜딩 전략,[2] 더 먹도록 유혹하는 상황적·환경적 자극[3]을 연구한다. 나는 이 장에서 이런 기법의 작은 부분만 다루겠다. 저항할 수 없을 만큼 맛있는 간편식품을 제조하는 법, 다양한 상품으로 선택 기회를 늘리는 법, 영양과학에 대한 대중의 혼란을 부추기는 법, 계급과 성 그리고 나이에 따라 다른 욕망에 호소하는 법 들이다.

● 기호성

기호성은 음식이나 액체가 제공하는 '쾌락적 보상'이나 즐거움을 가리키는 용어로, 음식을 고르는 과정에서 가장 강력한 예측 변수다.[4] 1980년대까지 기호성을 연구하는 대부분의 식품과학자들은 단맛을 단일 요인으로 검토했지만, 이후 애덤 드레브노프스키가 단맛과 지방의 결합이 어떻게 쾌락적 보상을 증가시키는지 밝혀냈다.[5] 최근에는 '초기호성'이라는 새로운 용어가 식품산업에서 제조된 매우 달고 지방 함량이 높으며 종종 무척 짠 음식을 언급할 때 쓰인다.[6] 초기호성 때문에 우리는 당과 지방, 소금 함량이 높은 음식을 더 많이 먹을 수밖에 없다.[7]

'초기호성'과 관련된 개념으로 '지복점bliss point'이 있다. '지복점'

은 실험심리학자 하워드 모스코비츠가 개발한 개념이다. 모스코비츠는 정교한 미각 시험과 수학적 모델링을 통해 음식의 맛을 최적화했다. 그는 설탕처럼 유혹적인 맛에는 대부분의 사람에게 한계점이나 티핑포인트가 있어서 그 지점을 지난 뒤에도 계속 같은 성분을 첨가하면 음식의 기호성이 줄어든다는 사실을 발견했다.[8] 모스코비츠는 시장조사와 모델링 기법을 활용해 당과 소금, 지방이 모여 완전해 보이는 쾌락적 보상을 제공하는 정확한 지점을 찾아낼 수 있었고, 이 신경학적 지점을 '지복점'이라 불렀다. 지복점이라는 대단히 정교한 과학적 개념을 이용해 이제 식품과학자들은 과자와 아이스크림, 치킨너깃, 에너지음료의 저항하기 힘든 맛과 촉감을 찾는 일에 몰두하고 있다. 그래서 그토록 많은 광고가 "언제 다 먹었지!" 같은 문구를 이용하는 것이다. "언제 다 먹었지!"라고 외칠 때는 우리가 전부 다 먹었다는 것을 믿지 못할 때다. 뇌가 식품의 1회 제공량이 무척 많다는 걸 인식했는데도 일단 먹기 시작하자 지복점이 자극되어 생각했던 것보다 더 먹게 된 것이다. 언제 먹었는지 모를 정도로 다 먹었다는 말은 우리 의지가 먹는 일을 멈추지 않았다는 뜻이다. 곧 음식이 다 떨어져서 먹는 일을 멈췄다는 말이다. 다시 말하면 그 음식이 우리에게 결코 배부른 느낌을 주지 않았거나, 맛이 너무 좋아서 배부르든 말든 신경 쓰지 않게 되었다는 것이다.

● 다양성

이렇게 만들어진 음식은 맛이 뛰어날 뿐 아니라 선택의 여지도 다양하다. 현대 소비자 문화의 특성 가운데 하나가 선택을 굉장히 확장하고 찬양한다는 점을 기억하자(선택이 많아질수록 더 자유로워지고 더 행복해진다).[9] 선택은 과식을 유발하는 가장 중요한 상황적 요인이다. 사람들은 선택할 음식이 적을수록 덜 먹는다. 감각이 똑같은 자극에 계속 노출되면 둔해지는 감각특정적포만감sensory-specific satiety 때문이다.[10] 반대로 선택할 음식이 많을 때 우리는 더 많이 먹는다. 시각적으로만 다양하고 실제 맛은 엇비슷할 때도 마찬가지다. 예를 들어 펜실베이니아주립대학의 바버라 롤스 연구팀이 증명한 바에 따르면, 세 가지 맛 요구르트 세트를 제공받은 사람들은 한 가지 맛만 제공받았을 때보다 평균 23퍼센트 더 먹었다.[11] 마찬가지로 브라이언 완싱크와 동료들은 똑같은 맛이라 해도 색깔이 다양한 'M&M 초콜릿'을 사람들이 더 많이 먹는다는 사실을 발견했다.[12] 이런 초가공식품과 상품의 확산으로 일반 슈퍼마켓에는 보통 4만 3000여 종의 품목이 진열되어 있다. 상품의 종류와 색깔 그리고 맛이 놀랄 만큼 다양해졌음은 두말할 필요도 없다.[13] 달리 말해 슈퍼마켓과 광고업자, 식품과학자들이 너무나 다채로운 선택지를 제공하는 바람에 감각특정적포만감이 약화되고 소비는 증가한다.

다양성이 낮아 선택의 여지가 별로 없는 많은 문화에서는 소비가 늘어나지 않는다. 몇 년 전 나는 쿠바로 여행을 갔다. 쿠바에 도착해 처음 먹은 음식은 소박한 통닭구이와 비트 샐러드였다. 나는 비트를 무척 좋아하는데 한동안 신선한 비트를 먹지 못한 탓에 "비트다!"라고 환호하며 점심으로 비트 샐러드만 먹어야겠다고 생각했다. 너무 맛있어 보여서 조금도 남기고 싶지 않았다. 그런데 저녁 식사에 비트가 다시 나왔다. "와! 두 번 연속으로 나오네!" 하며 굉장히 운이 좋다고 생각한 나는 다시 비트를 꽤 많이 먹었다. 그런데 다음 날 아침에도 점심에도 또 비트가 나왔다. 알다시피 쿠바는 미국의 봉쇄정책 때문에 다른 나라와 무역이 거의 없는 섬이다. 비옥한 열대지방이다보니 과일과 채소가 풍요롭게 생산되므로 쿠바인들은 한때 모든 인류가 그랬듯 지역에서 생산된 제철 농산물만 먹는다. 그래서 비트가 제철일 때는 비트를 많이 먹는 것이다. 쿠바에 머물던 2주 동안 아침, 점심, 저녁마다 등장한 비트를 내가 많이 먹은 것처럼 말이다. 나는 감각특정적포만감에 대해 이론으로는 알고 있었지만 똑같은 음식을 매끼 먹을 경우 줄어든 다양성 때문에 과식이 어려워진다는 사실은 그때 처음 배웠다.

● 편리성

사람들을 더 많이 먹게 만드는 또다른 요인은 시간에 쫓긴다는 느낌이다. 인간의 자아개념 변화와 더불어 근대화와 산업화는 시간 개념을 엄청나게 바꿔놓았다. 인류학자 시드니 민츠는 미국의 음식을 다룬 글에서 미국인들은 대개 달라진 시간 개념 때문에 전통 요리를 먹지 않게 되었고 앞으로도 먹지 않을 것 같다고 말했다. 민츠에 따르면 미국인들은 너무 바빠서 여유로운 시간이 거의 없거나 아예 없다는 소리를 끊임없이 한다(그리고 확고히 믿는다). 그들은 시간에 쫓긴다는 생각 때문에 시간을 절약해주는 상품이나 식품을 소비하는데, 이는 총 소비를 증가시킨다. 민츠는 이렇게 언급했다. "간편식품 대부분은 시간이 부족하다는 생각이 미리 자리 잡은 덕에 성공했다. 그러나 미국인들이 무엇을 어떻게 먹는지에 좀더 신경 썼다면 그런 음식은 대체로 성공하지 못했을 것이다."[14]

뷔페와 패스트푸드, 초가공 간편식품은 시간이 없다는 신화에 응답하면서 그 신화를 지탱해나간다(여기에서 나는 주로 중산층과 상류층 미국인을 말한다. 워킹푸어 계층에게 '시간 빈곤'은 신화도 만들어진 생각도 아니라 생활비는 오르지만 임금은 오르지 않는 현실이 낳은 결과다).[15]

사실 앞에서 언급했던 《21세기에 우리는 집에서 어떻게 사는가》[16]를 쓴 연구자들은 가족이 함께 밥을 먹는 시간이 극히 적은데도 미국 가정의 식료품 구매 습관은 시간을 아끼려는 욕망을 강력히 반영한다는 사실을 발견했다. 가족들은 음식을 쌓아두고 있었다. 대개 코스트코와 샘스클럽 같은 할인매장에서 구매한 대용량 음료와 스프, 스낵, 아이스크림을 쌓아두느라 종종 보조 냉장고를 사야 했다. 이런 음식이 시간을 무척 아껴준다는 믿음과 달리 실제로는 저녁식사 준비 시간을 평균 5분 정도 줄여줄 뿐이다. 통계로 봤을 때 의미가 없는 시간 절약이다. 다르게 말해 시간이 없다는 가족의 불안은 더 많은 물건을 사들이고 더 많이 쌓아두는(소비하는) 형태로 표현되지만, 그런 행동은 그들이 의도한 것처럼 시간을 아껴주지 않았다. 가족들은 스스로를 망가뜨리는 소비의 쳇바퀴를 돌리면서 소비주의가 일으킨 문제(시간에 쫓긴다는 느낌)를 해결하기 위해 소비를 증가시키는 방법(간편식품 구입)에 의지했다.

마찬가지로 2008년에 연구자들은 패스트푸드 식당에서 식사를 하는 사람들을 조사했다. 이들 가운데 92퍼센트는 신속하기 때문에, 52퍼센트는 너무 바빠서 요리할 시간이 없으므로, 44퍼센트는 음식을 스스로 준비하고 싶지 않아서 패스트푸드 식당을 찾는다고 대답했다. 반대로 "친구나 가족과 어울리기 위해 패스트푸드 식당에서 먹는다"라는 질문에는 67퍼센트의 응답자가, "패스트푸드 식당이 영양가 있는 음식을 제공한다"라는 질문에는 79퍼센트의 응답자가 동의하지 않았다.[17] 요즘 미국인들이 음식 준비에 쓰는 시간은 하루 27분밖에 되지 않는다.[18] 하버드대학교 경제학 교수이자 오바마의 보건정책 자문을 맡았던 데이비드 커틀러는 사람들이 음식을 직접 요리하지 않을 때 더 많이 먹는다는 사실을 발견했다. "미국인들이 요리에 쓰는 시간이 절반가량으로 줄어드는 동안 미국인들의 하루 식사 횟수는 늘었다. 1977년 이래 우리는 대략 반 끼니 정도 음식 섭취가 늘었다."[19]

흥미롭게도 커틀러와 동료들은 여러 문화의 요리 패턴을 조사했는데, 이들은 비만율이 음식 준비 시간과 반비례한다는 사실을 발견했다.[20] 부엌에서 많은 시간을 보낼수록 더 많은 칼로리를 섭취할 것 같지만 집에서 요리한 음식은 칼로리 섭취를 줄여주는 것으로 나타났다. 아마 집에서 요리하면 과식을 유발하는 초기호성 음식이나 다채로운 음식을 만들기 힘들다는 단순한 사실 때문인 듯하다.

맛있고 간편한 식품을 다양하게 즐기는 것 자체는 아무 문제가 없다. 맛있는 간편식품이 없는 삶은 사람들 대부분에게 금욕주의의 우울한 형태처럼 느껴질 것이다. 사실 조상들도 맛과 다양성, 편리성을 선택한 덕분에 생존할 수 있었다. 맛있는 음식은 에너지 원천의 신선도와 안전성을 나타내고, 다양한 음식은 우리에게 필요한 다양한 미량 영양소와 대량 영양소를 제공한다. 또 간편한 음식은 음식이 제공하는 에너지보다 더 많은 에너지를 들여 음식을 준비하는 일을 막아

준다. 그러므로 맛과 다양성, 편리성이 과식을 유발한다는 사실에 주목하는 것도 중요하지만, 빈대 잡으려다 초가삼간 다 태운다는 옛말처럼 음식 만들기와 먹는 일이 주는 쾌락이 근본적으로 문제를 일으킨다고 결론지어서는 곤란하다.

식품산업의 심리전

초기호성과 다양성 그리고 편리성은 사람들이 음식을 더 먹도록 만들려는 식품산업의 토대다. 하지만 그들의 무기고에는 다른 강력한 무기도 무수히 많다. 이 모든 것을 넓게 지칭해 나는 '심리전'이라 부른다. 이런 심리전은 종종 정교하고 은밀한 연구로 개발된 대단히 의도적인 방법으로 소비자를 혼란스럽게 하고, 과학적 사실을 왜곡하며, 예전에는 없던 새로운 필요를 창조하고, 우리가 특별하다는 환상을 부추긴다.

● 건강 후광 현상

'건강 후광Health halos'이란 '저지방' 같은 상대적으로 영양 효과가 있다는 광고문구를 사용해 적절한 섭취량에 대한 인식을 왜곡하고 음식 섭취를 증가시키며 예상되는 소비자의 죄책감을 감소시키는 것을 말한다. 예컨대 다른 패스트푸드보다 건강한 음식을 제공하는 서브웨이 같은 식당에서 먹을 때 소비자들은 주식에 포함된 칼로리가 적다고 생각하므로 칼로리 높은 음료와 디저트 같은 부식을 마음 놓고 주문한다.[21] 더 심리학적 관점에서 설명하자면 건강 후광은 '나쁜' 행동을 정당화하기 위해 '좋은' 행동을 이용하는 무의식적 합리화의 일종이라 볼 수 있다. 비슷한 사례로 사람들이 교통수단을 이용하는 대신 운동 삼아 5킬로미터를 걸은 뒤 더 많이 먹는다는 연구 결과도 있다.[22] 아마 착하게 운동한 덕에 더 먹어도 된다고 느끼기 때문인 듯하다. 이런 연구 결과를 보면 소비에 대한 도덕적 결정에는 선과 쾌락을 저울질하는 복잡한 무의식이 작용한다는 것을 알 수 있다. 마케팅 담당자와 광고 담당자들은 이런 점을 이용해 자기 상품에 건강 후광을 씌워 판다. 가장 어이없는 사례는 무지방 곰젤리다.[23]

건강 후광 현상을 가장 음흉하게 사용한 사례는 설득력이 없거나 믿을 수 없는 주장을 근거로 건강에 좋은 듯한 상품을 팔아온, 오랜 역사를 지닌 건강보조식품산업이다.[24] 최근 건강보조식품산업은 비타민과 건강보조식품을 캔디 형태로 만들어 팔 수 있다는 사실을 발견했다. 건강 후광 현상을 활용해 양의 탈을 쓴 늑대를 만드는 셈이다. 초콜릿 맛 칼슘 보조제에서 시작된 이런 관행은 주로 어린이를 겨냥할 때가 많다. 요즘에는 엄청나게 다양한 가당 비타민 젤리가 팔린다. 이제 건강전문식품 브랜드 GNC는 스타버스트 과일 캐러멜과 놀랄 만큼 닮은 오메가3 보조식품을 생산한다. 성인을 위한 젤리 비타민과 보조식품도 무수히 많다. 이런 상품이 제공한다는 건강 효과는 과학적으로 증명되지 않았다. 오히려 해로운 효과가 있다고 '실제로' 검증된 인공 감미료와 설탕을 함유한 상품도 있다. 어떻게 보조식품 회사들이 이런 상품을 팔면서도 법적으로 무사한지는 10장에서 이야기하겠다.

4장에서 언급했던 수많은 값비싼 정크푸드도 건강 후광 현상 덕분에 판매된다. 식품 라벨에 건강에 좋은 음식이라고 분명히 써놓은 제품도 있고, 아사이베리나 녹차, 퀴노아처럼 최근 건강에 좋다고 알려진 유행하는 재료를 들먹이기도 한다. 이런 제품을 많이 파는 홀푸드마켓 같은 상점은 그 명성을 이용해 그곳에서 판매한다는 이유만으로도 상품에 건강 후광을 드리울 수 있다. 달리 말해 '홀푸드마켓'이라는 이름 자체가 그곳에서 파는 모든 상품에 건강 후광을 더하므로 소비자들은 그곳에서 구입하는 것은 무엇이든 건강에 좋다고 생각한다. 하지만 홀푸드마켓은 바나나 머핀과 초콜릿칩 쿠키, 애플파이 같은 제과 상품에 실제로 산성피로인산나트륨과 말토덱스트린 같은 합성화학성분이 들어 있는데도 "모두 천연"이라고 허위 광고한 사실로 고소당했다.[25]

그래도 고급 식품 마케팅 담당자들은 더 높은 가격에 더 많이 팔기 위해 여전히 건강 후광 현상을 이용한다. 예를 들어 허트먼그룹의 보고서는 이렇게 알린다. "이해할 수 없는 변화는 고급 식품 시장 소비자들이 올리브유 같은 고지방 식품군과 꿀 같은 고당 식품군 소비 증가의 원동력이라는 것이다. 모순돼 보이는 이런 현상은 음식 문화에서 고급 시장의 변화가 얼마나 복잡한지 보여주는 일부다. 가공되지 않은 지방과 당 제품이 은밀히 치고 들어왔다." 그러니까 '자연' 식품으로 알려진 올리브유와 꿀 같은 고지방, 고당 식품이 고급 건강식품 시장에서 많이 팔리는데, 옥수수유와 설탕 같은 감미료에 견주어 이 식품들이 건강에 더 좋다고 인식되기도 한다는 말이다. 어쩌면 설탕과 옥수수유 대신 올리브유와 꿀을 소비해야 할 매우 좋은 이유가 있을지도 모르지만, 어쨌든 신진대사에 미치는 영향은 비슷하다. 건강 후광 마케팅은 이런 사실을 가린다. 허트먼그룹은 계속해서 이렇게 조언한다. "욕망과 유희, 전례 없이 부유한 최상류층 소비자들이 만든 가능성을 토대로 음식 시장에 유행을 만드는 것에 미래가 달렸다. … 바가지를 쓰고 싶은 소비자들에게 왜 바가지를 씌우지 않는가?"[26] 여기서 우리는 어떻게 마케팅 담당자들이 건강 후광 현상과 현대 욕망의 쾌락주의를 이용해 소비자 문화의 끝없는 욕구를 창조할 뿐 아니라 시장에서 상품을 더 팔기 위해 영양 지식을 무시하는지 볼 수 있다.

● 초개인화 마케팅

여성이나 어머니, 아이, 운동선수처럼 특별한 집단을 대상으로 한 음식 마케팅도 과식에 한몫한다. 루나바와 액티비아 요구르트는 '여자를 위한 음식'과 관련한 두 사례다. 이들은 부유해 보이고 날씬하며 대개 백인인 여성이 요가 포즈를 취하는 이미지를 사용해 자사 상품이 다른 요구르트나 가공식품 바와 달리 건강에 특별히 좋다고 암시한다. 다른 산업도 비슷한 수법을 쓴다. 이를테면 2001년 제약회사 일라이릴리Eli Lilly는 이른바 월경전불쾌장애Premenstrual Dysphoric Disorder를 위한 세라펨Serafem이라는 약을 판매하기 위해 미국식품의약국Food and Drug Administration, FDA으로부터 승인을 받았다. 월경전불쾌장애는 과학자들 사이에서 무척 논란이 많고 아직 미국정신의학회American Psychiatric Association 《진단통계편람Diagnostic and Statistical Manual》(DSM)에도 포함되지 않았다. 세라펨 광고는 대단히 활동적이지만 살짝 짜증나 보이는 여자가 뒤엉킨 쇼핑 카트를 두고 씨름하거나, 중요한 회의에 가야 하는데 열쇠를 어디에 두었는지 잊어버린 모습을 보여주며 "더 당신 같은 여자"로 당신을 만들어주겠다고 약속한다. 이 광고를 보고 약을 구입한 여성에게 광고가 분명히 밝히지 않은 사실은 세라펨이 핑크색 프로작(Prozac, 일라이릴리사가 개발해 1987년 판매 승인을 받은 항우울제-옮긴이)일 뿐이라는 것이다. 세라펨은 새로운 색깔을 입고 새로운 브랜드를 달고 새로운 시장에 출시된 플록세틴(fluoxetine, 선택적 세로토닌 재흡수 억제제로, 프로작이라는 브랜드명으로 알려져 있다-옮긴이)의 다른 이름인 것이다. 일라이릴리에게 이 광고의 표적은 아직 개척되지 않은 시장이다. 곧 우울을 느끼지 않아 프로작을 구입할 의향이 없는, 그렇지만 짜증과 울화 같은 다양한 월경전증후군으로 고생하는, 개인 의료보험이 있을 만큼 부유한 여성들이다.

식품회사도 특정 인구집단의 마음을 끌 만한 상품을 끊임없이 찾고 있다. 예를 들어 최근 어느 산업 보고서에 2050년까지 60세 이상 소비자가 두 배로 증가할 것이라는 내용이 실리자, 청량음료 제조사들은 노년층을 새로운 판매 대상으로 여기기 시작했다.[27] 음료산업은 최근 '노화 방지' 기능을 갖춘 데다 노년층이 쉽게 가지고 다니며 따라 먹을 수 있는 기능성 음료를 더 많이 개발하기 위해 애쓰고 있다.[28]

맞춤형 마케팅의 또다른 추세는 대량 맞춤mass customization이라 불리는,[29] 내가 초개인화운동hyperpersonalized movement이라 일컫는 현상이다. 광고 개발자들이 각 소비자의 개인적 욕망이나 취향에 호소하는 것을 일컫는다. 나는 스타벅스에서 처음 이런 추세를 목격했다. 스타벅스에서 커피를 기다리는데 바리스타가 준비를 마친 음료를 큰 소리로 알렸다. "휘핑크림 올린 스키니 디카프 화이트 모카 톨 사이즈 나왔습니다." 아마 그 음료를 주문한 사람은 자기 음료가 그렇게 큰 소리로 불릴 것이라고는 예상치 못했을 것이다. 그렇게 생각하니 나도 조금 쑥스러운 기분이 들었다. 나는 그녀에게 그 마음을 안다는 듯, 지나치게 복잡한 음료를 받아가는 그 쑥스러움을 이해한다는 듯 미소를 보냈다. 그때 나는 1991년 영화 〈L.A. 이야기L.A. Story〉에서 등장인물들이 고급 식당에 들러 브런치를 먹으면서 한 사람씩 커피를 주문하는 장면이 생각났다. "디카프 커피요." "저는 디카프 에스프레소요." "더블 디카프 카프치노요." "디카프 커피 아이스크림 있나요?" 이 장면은 배우 스티브 마틴의 '펀치라인'에서 절정에 이른다. "반은 더블 디카프로, 반은 레몬을 짠 카페인으로 주세요."[30] 그 장면에서 폭소가 터진 까닭은 대부분의 미국인과 취향이 다른, 까다롭고 부유한 LA 사람들을 풍자했기 때문이다. 요즘 관객들도 그 장면에서 웃을지는 모르겠다. 이제는 문화 전반이 그렇다 보니 우리도 별반 차이가 없어 보인다.

스타벅스가 이렇게 초개인화된 음료를 처음 홍보할 무렵 애플은 아이맥과 아이폰을 내놓았다. 따분하고 개성 없는 운영체계나 전자기기에 개성을 양보할 필요가 없다는 메시지가 담긴 이름들이다. 당신이 쓰는 친숙하고 다채로운 기기는 당신의 정체성을 표현한다. '나'의 확장이 될 수 있다. 애플이 아이맥과 아이폰을 소개하자마자 '아이i' '미me' '마이my'를 이름에 단 상품들이 눈사태처럼 시장을 내리 덮쳤다. 스타벅스 카운터 앞에 서서 바리스타가 외치는, 초개인화된 길고 긴 음료 이름을 듣는 것 같았다. 스타벅스는 초개인화 마케팅의 판매력을 깨닫고 이렇게 광고한다. "당신이 원하는 대로 마셔라." 영국 스타벅스 웹사이트는 매장에서 주문할 수 있는 음료 조합이 총 8만 7000개나 된다고 자랑스럽게 광고한다.[31] 이처럼 끊임없이 자아를 찬양하며 자아의 탐닉을 허락하는 환경에서 이제 우리는 자신의 욕망을 실제 필요로 착각하기에 이르렀다. 무엇보다 이런 초개인화 마케팅은 전체 소비를 증가시키는 데 한몫한다. 그렇지 않다면 스타벅스 같은 회사들이 이런 취향을 맞추기 위해 엄청나게 많은 노동과 돈을 할당하지 않을 것이다.

● **혼란스러운 영양정보 흘리기**

모호한 영양정보를 흘리는 것은 아마 식품산업이 쓰는 가장 오래된 수법일 것이다. 모호한 영양정보는 식품산업만이 아니라 신뢰받는 영양 단체들도 만들어낸다. 사실 이런 단체들은 거대 식품회사의 강력한 재정적·정치적 영향력 아래 있다.[32] 식품산업은 판매를 늘리기 위해 다른 형태의 모호한 영양정보도 자주 만들어 이용한다. 상담을 하다 보면 서로 충돌하는 영양정보 때문에 무엇을 먹어야 할지 더이상 모르겠다고 말하는 환자가 많다. 최근 내 환자는 이런 이야기를 들려주었다. 카페에서 아침을 주문하는데 처음에는 소시지 에그 샌드위치를 주문할 생각이었다. 메뉴에 있는 음식 가운데 칼로리가 가장 낮았고 점심까지 버티기에 충분한 단백질을 제공해줄 것 같아서였다. 하지만 다시 생각해보니 소시지를 비롯한 다짐육은 출처가 미심쩍어서 안전 문제를 일으킬 때가 종종 있었다. 그래서 칼로리는 살짝 높지만 다짐육이 들어 있지 않은 햄치즈 샌드위치를 시키기로 마음먹었다. 주문 순서를 기다리는 동안 그녀는 가공육에 쓰이는, 암

발생 위험도를 높인다는 질산염 때문에 햄치즈 샌드위치를 먹는 게 현명한 일인지 고민되기 시작했다. 그래서 오트밀로 바꿀까 생각했지만 오트밀은 탄수화물 함유량이 매우 높고 당도도 높다. 그녀는 그냥 포기하고 결국 가장 맛있어 보이는 대니시(밀가루, 설탕, 달걀 등을 넣어 발효시킨 여러 겹의 반죽에 과일, 잼 등 속재료를 채운 페이스트리-옮긴이)를 주문했다. 우리 모두 영양과 관련된 선택을 할 때 이와 비슷한 마비 증세를 경험한 적이 있을 것이다. 이런 혼란은 대개 식품산업이 조장하거나 창조했다. 상품이 팔리려면 다른 상품과 구분되어야 하는데, 상품을 차별화하기 위한 끊임없는 광고가 진실을 모호하게 만드는 것이 소비주의 문화의 문제다. 그렇게 해서 혼란이 생기면 더 많은 마케팅 기회가 주어진다. 기업은 자사 상품이 암투를 벌이는 경쟁 상품들보다 우위에 있다고 선언해 혼란스러운 문제를 '해결'할 수 있다.

예를 들어 식품 라벨에 '자연natural'이라는 단어를 넣는 것은 건강 후광 현상을 이용한, 곧 건강해지려는 욕망에 호소하는 방법이다.[33] '자연'은 큰 사업이기도 하다. 2009년에 '자연'은 미국의 새로운 식품에 가장 자주 쓰인 표현이었고,[34] 2014년이 되면서 '자연식품'은 일 년에 400억 달러를 벌어들이는 산업이 되었다.[35] 규제가 무척 심하고 법에 구체적으로 정의된 '유기농organic'이라는 용어와 달리 '자연'은 대개 규제받지 않기 때문에 식품 제조업체들은 원하는 대로 무엇이든 의미하기 위해 자유롭게 '자연'을 활용한다.[36] 식품회사들은 '자연'이라는 용어를 사용해 사람들이 영양과 관련된 결정을 내릴 때 겪는 혼란스러움과 피로감을 무마한다. 소비자들은 '자연'이라는 단순한 용어로 식품의 건전함이 보장되므로 라벨을 읽거나 칼로리를 계산하거나 출처를 조사할 필요가 없다고 느낀다. 예를 들어 최근 〈컨슈머 리포트Consumer Reports〉 조사에 따르면 소비자들은 '자연'이라고 딱지가 붙은 상품에는 인공 재료나 살충제, 유전자 조작 재료가 들어 있지 않다고 잘못 생각하며 기꺼이 더 많은 돈을 지불했다.[37] 10장에서 더 자세히 다루겠지만 식품산업은 식품 라벨에 '자연'이라는 용어를 사용하지 못하게 규제하려는 시도에 강력하게 반발했다. '자연'은 주관적 용어이므로 정의할 수 없다는 게 그들의 주장이었다.

이런 혼란 전술은 효과가 있다. 나는 얼마 전 건강의식이 높은 신경심리학자이자 두 아이의 엄마인 친구를 만났다. 그녀는 액상과당이 든 음식을 아이들에게 먹이지 않는다고 무심코 말했지만 짜먹는 고거트Gogurt와 초코칩 그라놀라바, 피그 뉴턴, 후르츠롤처럼 설탕이 무척 많이 들어간 음식들을 사주고 있었다. 나는 친구에게 액상과당과 설탕이 어떤 점에서 다르다고 생각하는지 물었다. "설탕은 자연식품이잖아!" 나는 깜짝 놀랐지만 충분히 이해할 수 있었다. 설탕산업은 인공 감미료를 폄하하고, 액상과당을 쓴 상품의 시장 점유율을 줄이기 위해 설탕이 사람들에게 '자연' 식품으로 인식된다는 점을 오래전부터 이용해왔다. 그러나 설탕은 자연식품과 거리가 멀다. 대단히 농축되고 정제된 식품이며 무엇보다 액상과당과 똑같은 대사 효과를 일으킨다.[38] 그러나 광고 개발자와 시장조사자들은 설탕이 자연식품이라는 오해를 냉큼 잡아채서는 설탕이 건강에 더 좋다는 생각을 퍼뜨렸다. 이를테면 펩시는 최근에 "진짜 설탕으로 만들어진!"이라고 극찬하는 새로운 제품 광고를 시작했다.

꿀도 설탕과 비슷한 대사 효과가 있으며 터비나도 설탕(사탕수수 착즙

액을 결정화한 뒤 증기로 정제한 설탕-옮긴이), 메이플시럽, 데메라라 설탕(원당을 부분적으로 정제한 황갈색의 설탕 결정-옮긴이), 현미시럽 같은 자연식품이나 건강에 좋은 식품으로 가장한 무수히 많은 종류의 설탕도 마찬가지다.[39] 사실 FDA 표시 규정은 이처럼 다양한 설탕들을 식품 포장 라벨에 별개의 성분으로 나열할 수 있도록 허락한다. 따라서 식품회사는 설탕을 영양성분표 첫 항목으로 표시하지 않기 위해 여러 비슷한 감미료를 나열한다. 실제로 식품과학자들은 56종이 넘는 다양한 설탕을 만들었는데 덱스트란, 과즙농축액, 트리클, 맥아당처럼 설탕 같지 않은 이름을 붙여놓았다. 이는 건강에 좋은 식품인지 평가하기 위해 영양성분표 맨 위 칸에서 '설탕'이란 단어를 찾아보는 평범한 소비자들을 혼란스럽게 만든다.

식품산업은 설탕이 자연식품이라고 우리를 설득하려 할 뿐 아니라 설탕이 없으면 죽을 수도 있다는 정보를 넌지시 흘리기까지 한다. 최근 설탕의 나쁜 영향을 밝힌 연구들이 발표되자 이에 대응하려는 미약한 시도로 코카콜라 부사장이자 '과학과 규제' 최고 책임자인 로나 애플바움 박사는 영국 일간지 〈데일리메일Daily Mail〉 기사를 인용해 무설탕 식단이 "당신을 죽일 수 있다"라고 경고하는 트윗을 보냈다. 애플바움 박사는 기사의 맥락을 제시하지 않았는데, 원래 그 기사에서 과학자들은 고기와 지방으로만 구성된 극단적 저탄수화물 식단의 위험을 언급했다. 이 과학자들이 죽음을 초래할 수도 있다고 경고한 식단은 구체적으로 우유와 견과류, 과일 같은 음식에서 '자연스럽게' 생기는 당이 없는 식단이지 코카콜라 제품의 첨가당 없는 식단이 아니다. '과학과 규제 최고 책임자'라는 직함을 가진 사람이 과학적으로 타당한 건강 정보라고 확신하면서 그런 정보를 SNS에 올렸을 것이라고 보기는 어렵다. 이는 이윤을 높이기 위해 혼란과 두려움을 퍼뜨리려는 선동적 조작임에 틀림없다.

● 수분 섭취가 필요하다는 거짓말

비슷한 관행은 내가 '수분 섭취 거짓말'이라 부르는 현상으로도 나타난다. '수분 섭취 거짓말'은 다음 장에서 자세히 다룰 음료 문화의 시대를 열어젖힌 광고다. 미국음료협회 웹사이트는 "수분을 꼭 섭취해야 한다"면서 "수분은 체온을 조절하고 산소와 필수 영양소를 세포로 운반하는 데 필요하다. … 우리는 호흡과 땀, 소변으로 끊임없이 수분을 잃는다. 적당한 수분을 유지함으로써 건강을 지키려면 이렇게 배출된 수분을 보충해야 한다"라고 말한다.[40] 음료산업은 돌팔이 '수분 보충 과학'으로 수분 섭취에 관한 거짓말을 창조하고 탈수증을 염려해야 하며 "미리 수분을 섭취해서" 탈수 증세를 피해야 한다고 설득한다. 또 수돗물이 아니라 병에 든 생수나 주스, 스포츠음료, 청량음료를 마시라고 권한다. 돈을 지출해서 일회용 플라스틱 병에 담긴, 대개 당을 넣어 달게 만든 음료를 마시라는 말이다. 어떤 꼼꼼한 소비자가 탈수증을 막기 위해 탄산음료를 먹는 게 좋은 생각인지 아닌지 물어볼까봐 미국음료협회는 웹사이트에서 이렇게 확언한다. "물은 탄산음료의 주요 성분이다. 일반적인 탄산음료는 90퍼센트가 물이고 칼로리가 아예 없는 다이어트 탄산음료는 99퍼센트가 물이다."

그러나 수분 섭취를 연구하는 진짜 과학자들은 미리 수분을 보충

할 필요가 없다고 말한다.[41] 인체는 탈수 증세가 있을 경우 갈증이라는 걸 느낀다. 따라서 인류가 늘 그랬던 것처럼 갈증을 느낀 '뒤' 물을 마셔도 충분하다. 그뿐 아니라 탈수증의 발생과 영향도 음료산업이 사람들에게 말하는 것보다 훨씬 덜 심각하다. 운동과학과 스포츠의학 전문가 티머시 데이비드 녹스는 탈수증으로 쓰러지려면 사막에서 길을 잃고 물 없이 적어도 48시간은 있어야 한다고 언급했다.[42] 그러나 스포츠음료산업은 마라톤 같은 장시간 경주에서조차 심각한 탈수증을 겪는 선수가 매우 적은데도 탈수증에 대한 두려움을 창조하고 지속시킨다.[43] 그러면서 대개 당분으로 단맛을 낸 스포츠음료를 엄청나게 만들어낸다.[44]

'스포츠 영양학 2014Sports Nutrition 2014'라는 식품산업 행사의 웹사이트를 보면 300억 달러 규모의 스포츠 영양식품 시장을 "아마추어에서부터 프로에 이르기까지 모든 체육인들 그리고 여러 이유로 스포츠 영양식품을 구매하는 사람들"을 위해 만들어진 시장이라고 설명한다. '스포츠 영양학 2014'는 스포츠 영양식품 시장이 '무한해 보이는 기회'를 품고 있다면서 "체육인 외에 스포츠 영양식품을 구매하는 사람들은 누구인가?"라는 질문에 답하겠다고 말한다. 바로 이 질문에 무한한 가능성이 있다. 체육인 '외에' 다른 소비자에게 '운동'이라는 환상을 제공해 스포츠 영양식품을 판매하는 것. 역설적이게도 건강과 체력을 해치는 상품으로 말이다. 여기에서도 우리는 가차 없이 돌고 도는 소비의 순환을 본다. 사람들은 과소비로 체중이 늘면 살을 빼기 위해 운동을 하고, 운동을 하면서 특별 식품과 특별 음료를 산다. 그런데 이런 특별 식품과 음식은 대개 당류 함량이 높고 값도 비싸다.

이런 스포츠음료의 먼 친척이 코코넛워터를 비롯한 단풍나무, 자작나무, 보리, 선인장, 아티초크 같은 '천연 워터'류 음료다. 천연 워터는 전통 스포츠음료처럼 수분과 전해질을 보충해준다고 약속할 뿐 아니라 천연 성분으로 만들어졌다고 알려져서 건강 후광이라는 덕을 본다. 전 세계 코코넛워터 판매량만 한 해 4억 달러에 이른다.[45] 이제 음료산업은 음료 시장의 블록버스터가 될 차세대 천연 워터를 찾아내는 경쟁에 몰두하고 있다. 펩시는 인도 곳곳에서 캐슈애플(캐슈나무 열매로 끝에 캐슈넛이 달린다—옮긴이)을 대량으로 사들여 캐슈 주스 개발에 사운을 걸고 있다. 금세 발효되는 데다 맛이 떫고 쓰기 때문에 캐슈넛을 따낸 뒤 캐슈애플을 버렸던 농부들은 캐슈애플에 몰린 갑작스러운 관심에 어리둥절해 한다.[46] 이 경우에는 새로운 상품에 대한 투자가 음식 쓰레기를 줄인다는 (또는 적어도 예전에 버려지던 음식 자원을 활용하는) 이점이 있다. 하지만 더 큰 맥락에서 보자면 차세대 블록버스터가 될 음료 개발에 엄청난 자원이 들어간다는 점이 중요하다. 그리고 이런 음료는 건강 후광 현상이나 영양정보에 대한 사람들의 혼란을 이용할 때가 많다.

스포츠음료나 천연 워터와 살짝 다른 혜택을 약속하는 것이 레드불과 록스타 같은 에너지음료다. 이런 음료는 정신이 번쩍 들게 하고 집중력을 높여준다고 말한다. 미국에서 에너지음료 판매는 현재 연간 122억 달러이며 앞으로 2년 안에 135억 달러로 증가할 것으로 보인다.[47] 이런 음료들은 커피 한 잔 정도의 각성 효과가 있을 뿐이지만 훨씬 높은 가격에 팔린다. 이렇게 높은 가격에 문제없이 팔리는 이유는 제조업체들이 에너지음료를 개발할 때 인공적으로 약을 먹을 때와 비슷한 맛을 만들어서 강장제나 치료약을 먹는 듯한 플라세보효과를 내기 때문이다. 사실 시장조사에 따르면 에너지음료라는 걸 모르고 레드불을 마신 소비자들은 맛이 이상하다며 형편없는 평점을 주었다. 또 에너지음료인데도 과일 맛만 나고 '약 맛'이 나지 않는 음료에도 매우 낮은 평점을 줬는데, 아마 효과 있는 에너지음료라는 생각이 들지 않았던 듯하다.[48] 사실 과일 맛을 내든, 의약품 맛을 내든 진짜 과일이나 약과는 관련 없는 그냥 만들어진 맛일 뿐이다. 이런 맛들은 욕망을 이끌어내기 위해 실험실에서 화학적으로 창조된 환상이다. 에너지 증대 효과를 약속하는 상품을 원하는 소비자들의 욕망이 워낙 커서 이제 업체들은 에너지 치약까지 개발하고 있다.[49]

● 엄마와 아이를 이용하기

식품산업이 판매를 늘리기 위해 건강과 상식을 훼손하면서까지 엄마와 아이들을 착취한 것도 오래되었다. 가장 많은 논란을 일으켰고 통탄할 만한 사례는 영아용 조제분유 제조사들이 어떻게 엄마들, 특히 교육받지 못한 가난한 엄마들이 분명 더 좋은 모유를 저버리고 조제분유를 선택하게 만들었는가 하는 점이다. 조제분유 제조사들은 건강 전문가들을 동원해 제품을 홍보했고 글을 읽고 쓸 줄 모르는 여성들에게 모유보다 분유가 우수할지 모른다는 입소문을 냈으며 광고판과 그림책까지 동원해 홍보했다.[50] 이처럼 엄마들을 착취하는 전략은 오늘날까지 지속되어 거대 식품회사들은 엄마들을 광고와 마케팅의 주요 대상으로 삼는다. 엄마가 가정의 영양을 관리하는 자리에 있다는 것을 잘 알기 때문이다. 예를 들어 거대 기업 몬산토는 최근 '스스럼없는 대화형 토론회'에 참가하는 '엄마 블로거'들에게 각각 150달러를 제공했다.[51] 분명 소셜미디어에 강력한 영향력을 행사하려는 계획이다. 마케팅 담당자들은 폭넓은 독자를 보유한 엄마들의 블로그에서 거대한 가능성을 본다. 엄마 블로거들이 영양에 관련된 상품을 추천하는 객관적이고도 믿을 만한 정보원으로 여겨지기 때문이다. 식품산업이 자사 상품에 호의적인 글을 게시하도록 엄마 블로거들의 마음을 움직인다면 광고 느낌이 나지 않는 게시물로 엄청나게 많은 대중에 접근할 수 있을 것이다.

엄마들을 이용하는 것 말고 아이들에게 직접 정크푸드를 마케팅한 역사도 길다. 아이들은 제품에 장난감이 들어 있거나 재미있는 모양으로 만들어진 특별한 음식을 먹어야 한다는 '신화'가 있었기에 가능한 일이었다.[52] 발달 단계상 아이들은 무척 순진하기 때문에 소비자 메시지에 취약하다. 연구에 따르면 아이들은 텔레비전 프로그램과 유료 광고를 구분하지 못할 정도다.[53] 게다가 요즘 기업들은 정규 텔레비전 프로그램이나 게임, 영화에 상품을 등장시켜 오락물과 광고를 자연스럽게 뒤섞는다. 광고가 광고처럼 보이지 않는 사례가 더 많다 보니 광고와 프로그램의 구분이 점점 흐려지고 있다. 또 시장 연구자들은 '조르기 요인nag factor' 만들 수 있도록 일부러 아이들을 겨냥한 광고를 제작한다. 곧 광고를 본 아이들이 부모에게 원하는 것을 사달라고 조르게 만든다.[54] 이런 광고는 만화나 어린이 프로그램을 보지 않는 부모들을 따돌리고 기업과 아이들 사이의 은밀한 소통을 창조한다. 대부분의 나라는 이런 광고를 금지하거나 제한하지만 미

국은 어느 연령대든 아이들을 직접 겨냥한 광고를 전혀 규제하지 않는다.[55]

크래프트식품회사의 중역 마이클 머드는 텔레비전 광고를 시청하기에 적절한 어린이 연령을 어떻게 생각하느냐는 질문에 6세라고 답하면서 6세 아이들은 "더 성숙했으며" "판단능력이 더 높다"라고 말했다.[56] 어린이 식품 시장의 블록버스터인 런처블(Lunchables, 아이들이 직접 재료를 얹거나 소스를 발라서 먹을 수 있는 피자, 핫도그, 치킨너깃 등에 음료수 같은 간식이 첨가된 일회용 점심 도시락-옮긴이)을 개발한 것도 크래프트사다. 크래프트사 최고경영자 밥 에커트는 이렇게 말한다. "런처블은 런치가 핵심이 아니다. 아이들이 먹고 싶은 것을 언제 어디서든 먹을 수 있도록 하는 게 핵심이다."[57] 초기 런처블 광고는 아이들의 자율적인 의사결정권을 더욱 찬양했다. "하루 종일 어른들이 말하는 대로 해야 하지만 점심시간만큼은 여러분만의 시간입니다." 내가 고리타분한 사람인지 모르겠지만 내가 알고 있는 세상에서는 여섯 살짜리 아이가 부모의 보살핌 없이 혼자만의 시간을 가질 수는 없다.

― 우리는 왜 시키는 대로 할까

3장에서 언급했던 실존주의심리학자들은 심리적 행복의 핵심은 개인의 책임과 책무라고 이야기한다. 자유는 자기 행동과 자기 자신에 책임을 져야 하는 부담과 함께 온다. 실존주의심리학자들은 무의식에 자리 잡은 생물학적 충동이 우리를 몰고간다는 프로이트의 초기 이론을 거부한다. 실존주의심리학자들이 보기에 프로이트의 무의식은 개인의 책임을 최소화하는 지나치게 결정론적 설명이다. 프로이트의 무의식 이론은 다윈 연구의 영향을 강력히 받은 이론인 동시에 억압적인 빅토리아시대 문화에 대한 거부이기도 하다. 빅토리아시대 문화에서 자아는 섹슈얼리티와 공격성이라는 어둡고 원시적인 힘에 지배되는 동물 세계의 구성원이 아니라 신의 대리인으로 여겨졌다. 자아를 이해하는 이런 이론 하나하나를 당대의 시대정신과 함께 생각해보면, 우리는 자아라는 현상의 진화 과정을 볼 수 있다. 자아는 대단히 종교적인 집단 정체성을 지닌 빅토리아시대의 자아에서 더 세속적이며 심리학적인 프로이트의 자아로, 결국에는 오늘날 우리가 경험하는 대단히 개인화되고 고립되어 있으며 거만한 텅 빈 자아로 변화했다.

분명 식품산업은 상품을 팔려는 기만과 착취로 얼룩졌지만 과식의 모든 책임을 식품산업에 돌리는 것은 우리가 그들과 공모한 것을 감추고 또 나쁜 결정을 내린 자신의 책임을 회피하려는 일일지 모른다. 우리를 식품산업의 불쌍한 피해자로만 본다면 우리는 자신을 비인간화하는 꼴이며, 결국 우리의 행위자 의식을 약화시키는 것과 같다. 영양과 관련된 기만과 싸우려면 그 기만에 우리가 공모하게 만드는 복잡한 무의식적 메커니즘을 이해해야 한다. 이 점을 염두에 두고 이 장 후반부에서는 어떻게 심리적 기제가 우리를 유혹의 길로 이끄는지 살펴보겠다.

부인과 합리화로서 기능하는 '건강 후광 현상'

건강 후광 현상은 제조업체들이 고안해낸 명백한 영양 효과와 관런한 선전으로만 치부할 수 없다. 한편으로는 어떤 음식에 좋은 특징이 있다는 상상을 사람들에게 불어넣어 건강에 해로운 특징들을 쉽게 부정하도록 만들어주는 방편이기도 하다. 이런 부정과 자기기만 덕분에 우리는 음식에 '후광'을 씌워 탐식을 정당화하고 건강에 해로운 음식에 탐닉할 때 느끼는 죄책감을 누그러뜨린다. 달리 말해 건강 후광 현상은 인지왜곡이자 심리적 방어기제다.

몇 년 전 남편과 휴가를 갔다가 간식을 먹으러 빵집에 들어간 적이 있다. 우리는 점원에게 빵을 추천해달라고 했다. 그녀는 시나몬롤과 초콜릿 크루아상이 가장 인기 있지만 건강에 좋은 빵을 찾는다면 당근과 건포도가 들어간 당근 컵케이크를 추천한다고 했다. 그러나 안타깝게도 당근과 건포도 몇 그램이 더해진다고 해서 설탕과 밀가루, 버터, 크림치즈가 들어가고 당의를 입은 과당 제품이 건강에 좋은 음식으로 변하지는 않는다. 앨리슨이 패스트푸드를 먹고 나서 느끼는 나쁜 감정을 '무효화'하기 위해 주스를 이용하는 것처럼, 우리도 건강에 좋은 성분 하나가 들어 있으니 그 상품이 건강에 좋을 거라고 스스로를 설득하고 싶어질 때가 있다.

이와 비슷하게 최근 한 친구가 내게 메일을 보내 컵케이크 요리법을 물어보면서 "건강에 좋은 유형이면 더 좋겠다"라고 덧붙였다. 나는 친구의 말에 어리둥절했고 건강에 좋은 컵케이크라는 개념이 세상에 돌아다닌다는 사실에 놀랐다. 나는 내가 좋아하는 컵케이크 요리법을 보내면서 장난기 있게 덧붙였다. "건강에 좋은 컵케이크를 만들고 싶다면 이 요리법에서 버터와 설탕, 밀가루를 뺄 것." 혹시 빵을 구워보지 않은 사람을 위해 덧붙이자면 버터와 설탕, 밀가루를 빼고 나면 바닐라와 베이킹소다만 남는데, 그 재료만으로는 컵케이크를 만들 수 없다. 스낵웰(나비스코사가 1990년대 출시한 무지방 건강 스낵 브랜드. 높은 탄수화물 함량 때문에 일반 쿠키만큼이나 비만에 기여했다는 것이 나중에 밝혀졌다. 저지방 음식이나 에너지 절약형 조명처럼 무해하다고 보이는 상품을 사람들이 더 많이 소비하는 경향을 일컫는 '스낵웰 효과'라는 용어를 탄생시켰다–옮긴이)처럼 '건강에 더 좋은' 쿠키와 컵케이크를 만들려는 1990년대 실험에서 우리는 건강에 좋은 쿠키를 만들려다가 당을 더 많이 첨가하게 되었다는 사실을, 이런 '건강한' 간식으로는 포만감을 느끼지 못하므로 결국 전체 소비가 늘어났다는 사실을 배웠다. 간단히 말해 우리는 건강에 좋은 컵케이크처럼 건강에 좋은 탐식이 있다고 믿고 싶어 하고, 더 많이 먹기 위해 현실을 부정하며 스스로를 기만하고 있는 것이다.

초개인화와 나르시시즘

심리학자 미하이 칙센트미하이와 유진 로츠버그 할튼은 소비사회의 사물에는 두 가지 기능이 있다고 주장한다. 하나는 차별화다. 곧 사물을 소유한 사람을 다른 사람과 구분해주며 남과 다른 개성을 강조해주는 기능이다. 다른 하나는 유사성으로 "사물을 소유한 사람이 사회적 상황에 통합되어 있음을 상징적으로 표현"하는 기능이다.[58] 소유물이 자아의 확장된 일부로 종종 인식되므로 사람들은 상품과 브랜드로 자신의 개성과 고유함을 표현한다.[59] 사실 장 보드리야르 같은 포스트모더니스트들은 소비자 선택의 '유일한' 목적은 구분과 구별이라고 말하는데,[60] 이런 현상을 소비자 심리학자들은 '독특성 요구need for uniqueness'라 부른다.[61] 나는 '독특성 요구'라는 생각을 확장해서 특정 식품을 선호하는 것과 특별 식단도 '독특성 요구'의 관점에서 이해할 수 있다고 본다. 아마 우리가 먹는 음식으로 자신의 복잡한 정체성을 표현하려는 욕망을 가지고 있어서 슈퍼마켓 선반에 특별 상품이 가득하게 되었을 것이다

채식주의나 비건주의(veganism, 육류만이 아니라 생선, 우유, 유제품, 계란 등 동물성 식품을 먹지 않을 뿐 아니라 동물성 제품도 쓰지 않는 생활방식-옮긴이) 같은 몇 몇 식습관은 분명 중요한 정체성을 정치적으로 나타내는 행위지만, 그 밖의 특별 식단은 독특성을 갈망하는 데서 비롯된 듯 보인다. 예를 들어 셀리악병(celiac disease, 보리나 밀 등 곡류에 존재하는 불용성 단백질로 빵, 면 등에 쫄깃한 식감을 주는 글루텐을 처리하는 효소가 몸 안에 없어서 글루텐을 섭취했을 때 생기는 알레르기 질환-옮긴이)이나 글루텐불내증을 앓는 사람이 매우 적은데도 요즘 들어 판매대 선반에 가득한 '글루텐 프리Gluten free' 상품이 예상치 못한 인기를 끌고 있다. 많은 사람이 정제 곡물을 상당히 멀리하지만 글루텐 프리 상품에 쓰인 타피오카나 쌀, 옥수수 대체 전분이 글루텐과 유사한 대사 효과를 갖는다는 것은 모른다.[62] 소비자들이 글루텐 프리 상품을 구매하는 가장 큰 이유는 건강에 더 좋아 보여서다.[63] 그러나 셀리악병이나 글루텐불내증이 없는 일반인에게도 글루텐 프리 식단이 건강에 더 좋다는 실험 결과는 없다.[64] 마찬가지로 사람들에게 알려진 수많은 음식 알레르기나 불내증도 '특별함' '나다움'의 표현일 수 있다. 그러니까 다른 사람과 자신을 구분하는 새로운 방법일 수 있다는 것이다. 지난 30년 사이 음식 알레르기가(또는 음식 알레르기를 발견하는 능력이) 엄청나게 늘어난 게 사실이지만,[65] 음식 알레르기 가운데 상당수는 상상에서 비롯된 증상이라는

연구도 있다.[66] 대개 이런 특별 식품의 조달원은 고급 식료품 가게다. 고급 식료품 가게를 찾는 부유층 소비자들이 특별 상품을 구매할 만한 영양 지식과 경제력을 가지고 있기 때문일 수도 있다. 하지만 어찌 보면 특별 식품을 선호하는 성향도 상류층에서 더 뚜렷이 나타나는 특권의식과 권리의식의 반영이지 않을까. 중요한 점은 식품산업이 제품을 더 팔기 위해 알레르기와 불내증, 특별 식단을 이용한다는 점이다. 유행에 뛰어들어 영양 효과를 선전하면서 건강 후광 현상을 창조하는 식품산업은 이제 '글루텐 프리 워터'까지 시장에 내놓기에 이르렀다.[67]

거대 식품회사를 희생양으로 삼기

프로이트가 쾌락 원칙이라 부른 것을 만족시키는 일에는 무거운 대가가 따른다. 우리가 쾌락을 좇는 욕망에 탐닉하는 동안 자아와 자아가 지닌 심리적 방어기제에는 죄책감과 수치라는 청구서가 배달된다. 우리가 정크푸드를 탐닉하게 된 책임을 전가하기에 마케팅 전문가와 광고 전문가처럼 좋은 대상이 또 있을까? 사악하다고 익히 알려진 광고 전문가들은 우리의 증오를 한 몸에 받는 악당이 된다. 그들은 우리가 자신에게 해로운 행동을 할 때 느끼는 실망과 자기혐오를 덮어씌우기에 적합한 희생양 역할을 맡는다. 거대 식품회사나 광고·마케팅 전문가들을 우리를 조종하는 비도덕적 존재로 치부하기는 쉽다. 하지만 어쩌면 우리는 온갖 나쁜 것들에 대한 비난을 표출하기에 알맞은 표적을 만들기 위해 뒤틀린 악당 이미지를 창조하고는 그들에게 모든 것을 투사하고 있는지도 모른다. 거대 담배산업 사례에서 드러난 것처럼 이윤을 늘리기 위해 의도적으로 사람들의 건강을 희생시키는 산업계의 거물과 광고업자, 마케팅업자도 사실 많지만, 이들 중에는 자신이 부린 마술에 우리 못지않게 기만당한 사람들도 있다.

문화 비평가 레이먼드 윌리엄스는 광고는 실제 지시 내용이 없는 인간의 욕망을 소비와 연결하는 '마술'의 시도라고 표현한다. 윌리엄스는 "마술사들(이 경우에는 광고 대행업자들)이 자신들의 마술을 믿지 않는다고 가정해서는 안 된다"라고 말한다. "그들은 몇몇 속임수가 어떻게 일어나는지 알고 있으므로 어느 정도는 마술에 직업적 냉소를 품을 수 있다. 그러나 마술은 그들도 다른 사람들과 함께 근본적으로 뒤얽혀 있는 혼란에 대한 반응일 뿐이다. … 수많은 사물을 성적 만족이나 성행위 전 만족의 원천으로 바꾸는 것은 분명 광고업자들의 머리에서 벌어지는 과정일 뿐 아니라 많은 에너지가 뒤얽힌, 깊고 일반적인 혼란이기도 하다."[68] 달리 말해 마케팅과 광고가 창조한 끝없는 욕망은 마술사 자신조차 그 환상에 속아 넘어가는 마술 같은 것이다.

그러나 더 중요한 것은 소비자들이 이 마술사들의 이미지를 구성하는 방식이다. 그들은 비난을 쌓아둘 저장소를 만들기 위해 그들에게 사악한 특징을 투사한다. 그러나 우리를 속인 비난을 전적으로 마술사에게만 돌린다면 결국 우리는 자유의지를 헐값에 판 꼴이 되며 스스로를 깎아내리는 것이나 마찬가지다. 그럴 때 우리는 스스로 통제할 수 없는 행동의 물살에 무력하게 휩쓸리는 느낌을 받는다. 심리학자들은 이런 귀인양식(attributional style, 자신이나 타인의 성공이나 실패의 원인을 설명하는 양식-옮긴이)을 외적통제위치external locus of control라 부른다. 곧 외부 요인이 자신의 행동에 책임이 있다는 믿음이다. 반면 내적통제위치internal locus of control는 우리에게 영향을 미치는 사건을 우리가 통제할 수 있다는 느낌을 말한다.[69] 영양통제위치nutritional locus of control는 식품 마케팅과 조세, 영양 표시와 관련한 규제 논쟁의 핵심이다. 왜냐하면 주요 질문은 늘 '누가 과식에 책임이 있는가'이기 때문이다.

물론 여기에서 나는 과식을 하는 과정에서 우리가 식품산업과 공모한다고 말했지만, 현실을 들여다보면 식품산업의 무기고에는 워낙 강력한 재료가 많기 때문에 공모가 거의 필요치 않은 게 사실이다. 특히 거의 모든 초기호성식품과 초가공식품에 들어가는 설탕을 중독 약물로 여기는 과학자들이 갈수록 늘고 있다.[70] 사실 우리가 다음 장에서 살펴보겠지만 설탕은 과식과 소비주의 문화를 잇는 핵심 고리라 할 만하다.

The Psychology
of Overeating

6

달콤한 설탕의 대가

설탕은 사악하고 유독하고 치명적인 물질이라 불리기도 하지만 순수하고 신성한 물질이라 일컬어지기도 한다. 설탕의 생산과 소비만큼 과식의 심리와 소비주의 문화가 만나는 지점을 뚜렷하게 보여주는 것도 없다. 생물학적으로 타고난 단맛 선호 현상 덕분에 설탕은 세계시장 역사상 그 어떤 식품보다도 급격한 상승 곡선을 그리며 생산이 증가했다.[1] 이처럼 유례가 없었던 설탕의 역사와 전 세계 식품공급시장에서 설탕이 차지하는 압도적 위치 때문에 우리는 설탕을 통해 소비자 문화와 초기호성식품의 개발, 과식의 신경내분비학, 음식중독의 기제를 비롯해 세계 산업식품의 소비를 조장하는 규제 실패까지 검토해볼 수 있다.

3장에서 제시했던 소비의 깔때기를 다시 살펴보자. 소비의 깔때기는 서구의 소비 자본주의와 그것이 자아낸 노동과 자원 착취가 어떻게 아래로 압력을 행사해 개인 차원의 과소비와 과식, 파멸을 낳는지 보여준다. 다음 두 장에 걸쳐 우리는 설탕 무역이라는 거대한 경제 압력이 어떻게 설탕 과소비를 낳았고, 더 많은 설탕을 넣어 단맛을 낸 상품의 생산을 늘렸으며, 결국 우울증과 비만, 당뇨, 지방간, 암, 심지어 알츠하이머로 개인을 파멸시키기에 이르렀는지 살펴보겠다.

— 설탕 무역

인류 역사에서 지금처럼 설탕을 일상적으로 쓸 수 있었던 적도, 또 높은 농도로 소비된 적도 분명 없었다. 역사적으로 당분은 과일이나 종종 꿀을 통해서만 얻을 수 있었다. 그뿐 아니라 초기 인류가 먹던 과일은 고농도 과당을 얻기 위해 의도적으로 개량하는 요즘 재배 과일보다 훨씬 덜 달았다.[2] 옛날 야생 과일은 당 함유량이 훨씬 낮았을 뿐 아니라 섬유질이 무척 많아서 위에서 당이 흡수되는 속도를 늦춰 주었다. 요즘 생산되는 초가공식품들은 정제 과정에서 섬유질을 분리하기 때문에 이런 효과가 드물다. 심지어 가공되지 않은 사탕수수도 우리가 요즘 식탁에서 보는 정제된 흰 설탕과는 닮은 구석이 거의 없는 섬유질이 대단히 많은 줄기다.

서양의 설탕 무역을 훌륭하게 다룬 정치·역사적 분석이 많지만,[3] 설탕 소비의 심리학을 이야기할 때 중요한 몇 가지 핵심 요인만 간략히 살펴보겠다. 초기에 설탕은 비옥한 초승달 지역에서 아랍인들이 재배하며 전성기를 맞았다. 이후 1492년 크리스토퍼 콜럼버스는 아메리카 대륙으로 두 번째 항해를 떠날 때 사탕수수를 가져갔다. 카리브 해 연안 산토도밍고 섬에서 사탕수수 경작이 시작되었고, 곧 처음으로 노예가 된 아프리카 사람들이 사탕수수 농장에서 일하기 위해 끌려왔다. 1516년 무렵에는 정제 설탕이 유럽으로 실려 갔다. 1650년부터 설탕은 유럽 식탁의 사치품에서 가장 흔한 식품으로 변모했다. 이런 현상은 특히 영국에서 심했는데 영국인의 설탕 섭취량은 꾸준히 늘어서 1900년 무렵 영국인은 칼로리의 거의 5분의 1을 설탕으로 채웠다.[4]

영국의 다른 산업이 자발적 노동에 토대를 둔 반면 카리브 해 지역의 영국 설탕농장은 노예 노동에 토대로 둔 점을 생각해보면, 설탕 생산은 처음부터 식민제도의 인종차별적 강제노동이라는 테두리 안에 있었다. 인류학자 시드니 민츠는 이렇게 표현한다. "광범위하게, 심지어 보편적으로까지 보이는 인간의 단맛 애호를 만족시켜줄 유일한

상품 소비의 끊임없는 증가를 건강한 경제의 토대로 옹호하는 원칙

소비자 상품 구매의 지나친 강조나 몰두

상품이나 서비스, 물질, 에너지 구매와 사용

소모적 지출(시간, 돈 등)

고갈(특히 상품이나 자원) 또는 소모

(상품이나 서비스의) 구매나 사용
(상품이나 서비스의) 소비자 되기

먹거나 마시기, 소화시키기

지나친 소비
(또는 먹기)로
자신을
파멸하기

• 소비의 깔때기

재료(사탕수수에서 추출한 수크로오스〔자당〕)는 유럽이 힘과 군사력, 경제력으로 세상을 바꾸던 시절에 유럽인의 취향으로 자리 잡았다."[5] 그러므로 서양이 재배하고, 서양에서 거래되던 설탕을 좋아하는 미각은 서양의 노동 착취와 우월의식, 정복과 팽창의 역사에서 싹텄고 그런 요소들에 의존했다. 또는 규제 완화와 더 높은 생활수준을 추구하는 욕망으로 초국적 기업과 세계 자본주의를 발전시킨, 가브리엘과 랭이 '경제 이데올로기로서 소비주의'[6]라 부른 것 속에서 싹트고 자랐다고 할 수 있다.

수많은 학자와 언론인에 따르면 오늘날에도 도미니카공화국의 설탕농장에는 사실상 노예제나 다름없는 '계약 노예indentured servitude' 형식이 존재한다.[7] 사탕수수농장 일꾼의 90퍼센트는 누추한 오두막에 사는 아이티 이민자들로, 농장을 떠날 수 없는데다 회사 상점에서 부풀려진 가격을 지불하고 빈약한 생필품을 사야 한다.[8] 위키리크스가 입수한 미국 외교전문[9]에 따르면 일반적으로 설탕 기업은 사탕수수 1톤을 수확할 때마다 미화 약 3달러를 지불한다. 매우 힘센 노동자는 하루에 사탕수수 2톤(6달러)을 자를 수 있지만, 나이가 든 많은 노동자는 하루 수확량이 1톤에 미치지 못할 때도 많기 때문에 도미니카공화국 노동법이 정한 사탕수수농장 노동자의 하루 최저임금인 2.5달러도 받지 못한다. 게다가 노동자들은 다른 수입처가 없기 때문에 농장에서 계속 고된 노동을 해야만 한다. 위키리크스에 입수된 외교전문은 이렇게 보고한다.

이 지역의 많은 노동자는 미국으로 수출되는 상품을 생산한다. … 노동자들은 주로 아이티인이거나 아이티 혈통으로 불법 이민자도 있고 취업 허가증을 받은 사람도 있다. 법을 위반한 사례로 가장 흔하게 보고되는 것은 법에 어긋나게 도미니카공화국 사람이 아닌 사람을 고용하는 것, 노동계약서를 요구하는 피고용인에게 계약서 작성을 거부하는 것, 법정 최저임금에 미치지 못하는 임금을 주는 것, 법을 위반해 어린이를 고용하는 것, 법적으로 허가되지 않은 형태로 임금을 삭감하는 것, 법적으로 보장된 수당을 피고용인들에게 지불하지 않는 것, 관련 정부 기관에 사회보장 공제를 제출하지 않는 것, 노동자의 생산량을 실제보다 줄여 평가하는 것, 국적과 성에 따라 노동자를 차별하는 것, 노동조합 결성을 막는 것 등이다.

설탕 대기업 중 하나인 플로 선Flo Sun 소유주는 쿠바계 미국인 판줄 형제다. 플로리다에 본사를 둔 판줄그룹은 공화당 의원, 민주당 의원 가릴 것 없이 모두 관대하게 후원한다. 여러 국회의원과 친밀한 관계를 맺고 있을 뿐 아니라 몇몇 보고서에 따르면 대통령 집무실에도 직통 전화를 넣을 수 있다.[10] 독립연구기관이자 언론인 〈플로리다 인디펜던트The Florida Independent〉에 따르면 플로 선은 2010년 한 해 동안 미 하원과 상원, 농무부 로비 비용으로 69만 5000달러를 썼고, 2005년 이래 연방정부에 대한 로비 비용으로는 총 365만 달러를 지출했다.[11] '도미니카공화국-중앙아메리카-미국 간 자유무역협정the Dominican Republic-Central America-United States Free Trade Agreement'처럼 미국의 무역과 외교 이익이 자사 이익과 어긋나는 경우에는 자사 이익을 보호하기 위해 도미니카공화국 관료들을 매수하기도 했다.[12] 거대 설탕기업 모두 이와 비슷한 로비를 벌인다. 〈워싱턴 포스트The Washington Post〉에 따르면 5년 동안 설탕산업은 연방 선거운동 기부금과 로비에 4900만 달러를 썼다.[13] 설탕산업은 이런 로비 활동과 기부금으로 설탕 생산을 위한 보조금정책이나 설탕무역보호정책으로 이득을 챙길 뿐 아니라, 식품 포장 표시, 어린이 대상 마케팅, 가당 식품의 병원과 학교 보급에 대한 규제 법안이 통과되는 것을 막아 자유롭게 가당 식품을 홍보하고 판매한다.

— 설탕의 생화학

인류를 비롯해 수많은 동물은 다른 어느 맛보다 단맛을 더 강력하고 광범위하게 선호한다.[14] 설탕은 맛이 좋을 뿐 아니라 연구에 따르면 우울증과 월경전증후군을 완화시키고 스트레스를 조절한다.[15] 물론 문화마다 다르고 여러 요인의 영향을 받지만 단맛에 기분 좋은 반응을 보이는 것이 보편적인 현상이며 이런 단맛 선호는 갓난아기가 엄마 젖을 빨게 하는 진화적 적응으로 여겨진다.[16] 단맛은 음식이 안전하며 먹기 좋다는 신호이며, 반대로 악취나 쓴맛은 상하거나 유독한 음식이라는 신호로 인식되어 그런 음식을 피하도록 도와줄 때가 많다.[17] 사람은 태어나는 순간 단맛을 접할 뿐 아니라,[18] 자궁에 있는 태아도 어머니의 식사에 노출되므로 단맛을 경험한다.[19] 단맛 수용기는 혀만이 아니라 입과 내장, 췌장 전체에서 발견된다.[20] 단맛은 아이들의 고통을 줄여주거나 진정시키는 효과가 있으며,[21] 단맛에는 내인성 아편유사물질계(endogenous opioid system, 엔돌핀 같은 아편 유사물질의 체내 분비체계-옮긴이)를 활성화시키는 기능이 있어 중독성과도 연결된다.[22] 이 점에 대해서는 다음 장에서 더 자세히 다루겠다.

주요 설탕 작물은 사탕수수와 사탕무지만 수액과 사탕야자, 옥수수 같은 곡물에서도 설탕과 시럽이 생산된다.[23] 이를테면 액상과당은 생산을 증대할 더 싸고 더 좋은 방법을 찾던 설탕산업이 미국의 옥수수 생산 장려금을 이용해 개발한 상품이다. 포도당과 과당으로 구성된 액상과당은 설탕보다 더 달고 생산비가 덜 들며 더 적은 양으로 설탕과 똑같은 단맛을 낸다. 하지만 〈킹 콘King Corn〉 같은 다큐멘터리가 옥수수 재배에 대한 충격적 사실을 폭로한 뒤 많은 소비자가 인공 액상과당을 미심쩍게 여기면서 설탕이 상대적으로 더 좋은 음식처럼 보이는 불행한 결과를 낳았다.

우리는 생물학적으로 설탕을 좋아하는 취향을 타고났을 뿐 아니라 어린 시절에 단맛과 무척 친밀한 관계를 형성한다. 착한 일에 대한 보상이나 생일 혹은 휴일을 축하할 때 단 음식을 먹기 때문이다. 행동주의 관점에서 이런 관계를 해석하면 고전적·조작적 조건화가 우리의 단맛 애호를 강화시킨다고 말할 수도 있다. 고전적 조건화, 곧 파블로프의 조건반사는 두 가지 자극을 연결하는 것을 일컫는다. 파블로프의 개가 벨소리와 음식을 연결한 것처럼 유기체는 학습된 반응으로 두 자극을 연결한다. 대체로 어린 시절에 경험한 단맛은 사랑과 축하와 연결되므로 우리 대부분은 단맛을 쾌락과 애정 어린 돌봄과 연결 짓도록 학습받는다. 반면 조작적 조건화는 긍정적이거나 부정적인 결과를 가져오는 행동의 횟수를 늘리거나 줄이는 것을 뜻한다. 단맛이 주는 쾌락적 보상은 행동을 강화하는 데 쓰인다. 아이들이 착한 일을 하면 대개 부모나 조부모, 학교가 보상으로 단 음식을 주기 때문에 단맛을 보상으로 찾는 경향이 강화된다.

정신분석적 관점으로도 인간과 단맛의 관계를 설명할 수 있다. 단맛은 어린 시절에 대한 퇴행적·유희적 판타지를 자극한다. 예를 들어 최근 컵케이크가 엄청난 인기를 끄는 현상은 이 알록달록하고 기발한 당과 제품이 우리 상상력을 얼마나 휘어잡는지 보여준다. 물론 컵케이크는 맛으로나 성분으로나 케이크 한 조각과 조금도 다르지 않지만, 컵케이크의 감각적이고 장난스러운 이미지에 비하면 조각 케이크는 솔직히 재미가 없다. 특히 인기 있는 여러 컵케이크 가게나 요리책은 복고 디자인과 이미지를 사용하면서 1950년대 베티 크로커(제너럴밀스 광고에 등장한 가공의 여성 인물로 요리와 살림에 대해 조언해주는, 아는 것 많고 따뜻한 어머니 같은 이미지를 지님—옮긴이)에 대한 향수를 불러일으킨다. 마찬가지로 설탕산업도 갓 구운 따끈한 파이와 케이크를 내놓는 어머니를 등장시킨 광고로 우리를 따뜻하게 보살피는 어머니에 대한 판타지를 오랫동안 착취했다. 어린 시절 '실제로' 케이크를 구워주던 다정한 엄마가 있어야만 단맛에 퇴행적 향수를 느끼는 것은 아니다. 텔레비전과 광고에 자주 등장하는 어머니와 가족의 이상적 이미지는 우리가 실제로 겪지 못한 경험도 그리워하게 되는, 강력한 노스탤지어 판타지를 창조한다.[24] 달리 말해 우리가 겪고 싶은 경험에 대한 갈망을 만들어낸다.

《찰리와 초콜릿 공장Charlie and the Chocolate Factory》이라는 책과 그것을 영화화한 〈초콜릿 천국Willy Wonka and the Chocolate Factory〉[25]만큼 설탕의 퇴행적이며 매혹적인 위력을 잘 묘사한 이야기도 없다. 이 이야기에서 어린 찰리 버킷은 음울하고 가난한 삶을 탈출해 윌리 윙카의 환각적인 총천연색 판타지 세상으로 들어간다. 영화는 어른들의 캐묻는 시선 없는 환상적인 유년기로 관객을 이끈다. 그곳에서는 매 끼마다 캔디를 먹을 수 있고, 또 초콜릿으로 만든 강도 볼 수 있다. 흥미롭게도 영화는 설탕을 생산하는 식민지의 과거와 현재를 환기시킨다. 이야기에서 지배자 윌리 윙카가 창조한 독특한 당과 제품들은 영국 아이들을 위해 캔디공장에서 밤낮으로 힘들게 일하는 작은 유색인종 움파룸파 족의 노동으로 생산된다.

― 세계 식단의 감미화

배리 팝킨이 '세계 식단의 감미화'라 부르는 현상을 보면, 제2차 세계대전 이후 일인당 소득이 오르고 도시 거주 인구가 늘어나면서 설탕 소비가 전 세계적으로 증가했다.[26] 세계 감미료 시장의 규모는 현재 백설탕 약 1억 9000만 톤에 상당하는 것으로 추정되며, 세계 설탕 무역의 연간 가치는 240억 달러, 곧 6000만 톤을 넘어선다.[27] 자연적으로 생성된 설탕 말고 칼로리가 들어 있는 모든 당류 감미료를 일컫는 '칼로리 감미료caloric sweetener'가 요즘 미국인의 식생활에서 매우 큰 몫을 차지한다.[28] 미국에 공급되는 식품 가운데 60만 개 품목, 곧 80퍼센트에 첨가당이 들어간다.[29] 미국심장협회는 첨가당 섭취를 하루 재량칼로리(discretionary calories, 2005년 미국인을 위한 식단 가이드라인에서 도입한 개념으로 1일 칼로리 필요량에서 1일 영양소 필요량을 채우기 위해 섭취하는 칼로리를 뺀 것으로, 고영양 저열량 식사를 하거나 신체 활동량이 많을수록 재량 칼로

리가 많아진다-옮긴이) 섭취량의 절반 이하로 제한하라고 권고한다.[30]

국립건강영양조사 자료에 따르면, 미국인들은 현재 총 칼로리의 평균 16퍼센트를 첨가당으로 섭취한다. 미국농무부는 첨가당을 가공이나 조리 과정에서 음식에 첨가되는 설탕과 시럽을 뜻한다고 정의한다. 첨가당을 많이 함유한 식품으로는 탄산음료와 에너지·스포츠음료, 과일에이드, 과일펀치, 곡물이 원료인 후식과 캔디가 있다.[31] 첨가당에는 백설탕, 황설탕, 원당, 옥수수시럽, 고형분 옥수수, 액상과당, 물엿, 메이플시럽, 팬케이크시럽, 과당 감미료, 액체과당, 꿀, 당밀, 무수결정 포도당, 결정 포도당이 포함된다. 우유의 젖당이나 과일의 과당처럼 자연적으로 생긴 당은 첨가당에 포함되지 않으며 이렇게 자연적으로 생긴 당은 심각한 건강 문제를 일으키지도 않는다.

— 설탕의 유독성

1972년 영국의 영양학자 존 유드킨은 선견지명 있게도 《달콤하고 희고 치명적인Sweet, White, and Deadly》이라는 책을 출판해 설탕이 건강에 해롭다고 주장했다.[32] 이제는 설탕 연구자들이 숭배하는 고전의 경지에 오른 《달콤하고 희고 치명적인》은 설탕이 유독하다는 생각을 처음으로 제기한 책이었다. 유드킨의 연구는 출판되자마자 설탕 산업의 악평에 시달리다 잊히고 말았지만, 최근 과학자들이 유드킨의 초기 주장과 일치하는 설탕의 충격적 진실을 발견하면서 재조명되었고 그 타당성이 입증되었다. 설탕 섭취는 심혈관계질환,[33] 비만, 고혈압, 뇌졸중[34] 같은 많은 만성질환과 관련 있다. 게다가 첨가당을

다량 섭취하면 영양소가 풍부한 음식 섭취가 줄어든다.[35]

설탕은 과체중과 비만에 뚜렷한 역할을 할 뿐 아니라 요즘에는 대사증후군질환(2형 당뇨병, 고혈압, 지방질 문제, 심혈관계질환, 비알콜성 지방간)과 암, 다낭성난소증후군, 알츠하이머병을 포함한 여러 질병의 결정인자 또는 영향인자로 여겨진다.[36] 비만과 암의 관계를 입증한 역학연구들도 있지만[37] 비만만이 아니라 당 섭취가 특정 유형의 암세포, 특히 인슐린 수용체가 있는 암세포의 성장을 돕는다는 연구가 점점 늘고 있다.[38] 달리 말해 당 섭취는 잉여 칼로리나 과체중, 비만과 관계없이 질병을 일으키는 독립적인 1차 위험요소인 것이다.[39]

당 섭취는 암만이 아니라 다른 질병에도 영향을 주는 것으로 보인다. 브라운대학교의 수잰 드 라 몬테 박사는 알츠하이머병과 비알콜성 지방간, 다낭성난소증후근, 2형 당뇨병을 인슐린 저항성(insulin resistance, 혈당을 조절하는 인슐린의 기능이 떨어지는 것-옮긴이)의 유사 증상으로 보며, 서구 식단의 변화, 곧 초가공식품 섭취에서 나온 결과일 수 있다고 생각한다.[40] 몬테 박사는 알츠하이머병을 '3형 당뇨병'이라 부르며 "알츠하이머병이 대뇌 포도당 사용과 인슐린 민감성, 인슐린 유사 성장 인자의 실질적·점진적 장애를 동반하는, 근본적으로 대사질환이라는 생각을 입증하는 증거가 점점 늘고 있다"고 지적한다. 몬테 박사의 연구는 초기 단계이므로 설탕이 다낭성난소증후군과 알츠하이머병을 일으킨다는 가설은 나중에 정식 가설로 채택되지 않을 수도 있다. 과학 연구는 인과관계를 확실히 주장하는 데 필요한 증거를 확보하기 위해 여러 해에 걸친 반복 검증 통제시험을 거쳐야만 한다. 그렇다 해도 당 섭취가 건강에 파괴적 영향을 미친다는 것은 의심의 여지가 없다. 그뿐 아니라 당 섭취가 단지 개인의 건강 문제만이 아니라 어마어마한 재정적 부담이 따르는 대중 건강에도 위기를 일으킨다는 인식이 늘고 있다. 세계적 투자은행 크레딧 스위스Credit Suisse는 최근 한 보고서에서 전 세계적 당 소비 때문에 세계의 의료보험제도는 매해 4700억 달러를 지출하는데, 이는 총 의료보험 비용의 10퍼센트를 넘어서는 규모이며 2020년까지 7000억 달러로 증가할 것이라고 내다봤다.[41]

그 정도는 약과다. 설탕의 중독성을 지적하는 연구도 점점 많아지고 있다. 신경과학자들과 동물행동학자들이 설탕의 잠재적 중독성을 연구했는데, 몇몇 연구는 실험실 쥐들이 코카인이나 심지어 헤로인보다 설탕을 좋아한다는 사실을 발견했다.[42] 이런 발견은 설탕을 소량만 섭취해도 더 먹고 싶은 강렬한 갈망을 느낄 수 있다는 사실을 보여준다. 이 결과는 인공 감미료 수크랄로스Sucralose로도 반복 검증되었다.[43] 설탕과 단맛에 반응하는 중독 행동은 실험쥐 모델로 확실히 입증되었지만 사람을 대상으로 한 연구로는 아직 반복 검증되지 않았다.[44] 이 주제는 음식과 중독 행동에 대한 다음 장에서 더 자세히 이야기하겠다.

— 음료의 문화

지난 40여 년에 걸쳐 일어난 세계 식단의 감미화는 지금은 방향을 바꿨다. 이제는 주로 음료 형태로 단맛 소비가 증가하고 있다.[45] 내가 '음료의 문화'라 부르는 이런 현상 덕분에 음료산업은 연간 420억 달러의 수익을 올리는 중이다.[46] 지난 수십 년간 칼로리를 함유한 감미료의 사용 증가분의 반 이상이 가당 음료 때문이며 이제 연령대 전반에서 총 에너지 필요량의 10~15퍼센트를 가당 음료로 섭취한다.[47] 특히 어린이들이 가당 음료를 무척 많이 먹는다. 2~5세 어린이는 열량의 15.9퍼센트를(하루 60그램), 6~11세 어린이는 열량의 18.6퍼센트를(하루 90그램) 첨가당으로 섭취하는 것으로 추정한다.[48]

가당 음료 소비가 무척 걱정스러운 이유는 당 같은 탄수화물을 액체 형태로 흡수하면 고체 형태로 흡수할 때보다 포만감을 덜 느끼므로 자신도 모르게 칼로리를 지나치게 섭취해서다.[49] 포만감을 덜 느끼기 때문에 우리는 뒤이은 식사에서 열량을 더 섭취해 부족한 포만감을 보상하려 한다.[50] 달리 말해 가당 음료를 마시면 더 많이 먹게 되어[51] 체중이 증가한다[52] (가당 음료와 비만의 관계를 부정하는 몇 안 되는 연구자들은 음료산업과 관계가 있는 것으로 밝혀졌다).[53]

그뿐 아니라 가당 음료에 주로 쓰이는 액상과당과 자당은 많이 섭취하면 신진대사에 영향을 미쳐 비만과 2형 당뇨병, 심혈관계질환을 유발할 위험을 높인다. V. S. 말릭과 F. B. 후는 가당 음료의 영향을 다룬 최근 연구를 검토하면서 "가당 음료 섭취가 체중 증가로 연결되는 주요 메커니즘은 액체 칼로리가 주는 포만감이 낮아서 뒤이은 식사의 칼로리 섭취가 충분히 줄어들지 않았기 때문에 총 에너지 섭취 증가로 이어지는 것이다. 또 가당 음료는 그 자체만으로도 당부하지수를 높여 신진대사에 영향을 미치는데 이는 염증과 인슐린 저항성, B세포 기능 손상을 유발한다. 게다가 가당 음료의 일상적 섭취는 고혈압과 내장지방 축적, 이상지질혈증, 간의 새로운 지방산 합성 증가와도 관련 있다"라고 지적한다.[54] 달리 말해 주스와 에너지음료, 스포츠음료, 맛 우유, 탄산음료 소비량의 놀랄 만한 증가는 전 세계 사람들의 비만을 비롯한 수많은 건강 문제 증가율과 관계가 있다.[55]

음료 문화의 등장으로 설탕은 에너지음료와 커피의 형태로 카페인을 실어 나르는 수단이 되었다. 수업 시간에 교실을 둘러보면 생크림이 덮인 핑크색과 초록색 음료가 그득 담긴 스타벅스 플라스틱 컵의 바다가 물결친다. 스타벅스는 커피 음료 형태로 설탕을 파는 방법을 그 누구보다 잘 터득했다. 이제 '인스턴트 차와 커피'라 불리는 스타벅스의 병 음료는 포장 소비재의 선두 주자가 되었다. 스포츠음료와 에너지음료가 2위와 3위로 그 뒤를 잇는다.[56] 과거에는 스타벅스의 매출이 사람들이 커피를 찾는 아침에 집중되었다. 따라서 스타벅스는 오후 매출을 늘리기 위해 여러 방법을 시도했다. 그리고 결국에는 엄청나게 성공한 프라푸치노를 개발해 고유 상표로 등록한 뒤 커피 장사에서 설탕 장사로 변신했다.[57]

— 인공 감미료

인공 감미료는 1800년대 후반에 등장했지만 제2차 세계대전 이후 식품과학이 발달하고 소비주의가 확산되기 전까지는 널리 쓰이지 않았다. 성장하는 다른 산업과 달리 식품산업은 한 사람이 하루에 소비하는 칼로리가 제한되어 있기 때문에 소비자 문화의 끝없는 욕망을 즐기지 못한 것이다. 해결책은 인공 감미료였다. 인공 감미료는 아무런 결과도 남지 않는 끝없는 소비를 약속했다.[58] 플라스틱 신용카드와 디지털 거래가 금전적 결과를 외면하는, 쉬운 구매라는 환상을 제공하는 것처럼 '칼로리로 계산되지 않는' 단맛 소비는 소비자에게 극한의 만족, 곧 끝없는 욕망과 끊임없는 만족을 가져다주었다. 폭식증은 과식의 부작용을 피하거나 줄이면서 나타나는, 끝없이 음식을 섭취하려는 증상이다. 《텅 빈 쾌락: 사카린부터 스플렌다까지 인공 감미료의 역사Empty Pleasures: The Story of Artificial Sweeteners from Saccharine to Splenda》에서 역사가 캐럴린 드 라 페냐는 인공 감미료 소비를 사회적으로 용인된 일종의 폭식증이라고 표현했다. 그는 인공 감미료 덕분에 우리는 원하는 대로 소비하면서 욕망의 대상인 음식이 미칠 부정적 영향을 잊게 되었다고 말한다.[59] 우리는 4장에서 재무 계산과 영양 계산을 끊임없이 포기한 결과 사회 전체에 책임성 위기가 만연해졌다는 것을 살펴보았다. 인공 감미료는 이런 계산 포기의 또다른 사례라 할 만하다.

물론 설탕산업은 인공 감미료 산업을 시장 위협으로 보고 인공 감미료가 건강에 미치는 부정적 영향에 대한 연구를 오랫동안 지원했으며, 인공 감미료 제조업체에 소송을 제기하고 인공 감미료의 해로움을 알리는 웹사이트도 만들었다.[60] 이런 시도에도 아랑곳없이 식품 과학자들은 인공 감미료의 성배를 계속 탐색했다. 기호성 있는 무칼로리 감미료의 잠재 이윤이 워낙 크다 보니 식음료 회사는 새로운 감미료 개발에 많은 투자를 했다. 닥터페퍼 스내플사Dr. Pepper Snapple의 연구개발 부사장 데이비드 토머스는 과학자와 엔지니어, 식품 조향사를 포함한 70명의 연구팀을 이끈다. 그는 "우리는 어느 때보다 감미료 기술 개발에 더 많이 투자하고 있다. … 감미료 기술만 집중적으로 연구하는 박사학위 소지자들이 있다"라고 말한다.[61] 한편 경쟁업체 펩시코PepsiCo도 연구개발 비용을 늘려 2011년 이래 감미료 연구비를 6억 6500만 달러까지 27퍼센트나 증액했다.

고강도 감미료 혹은 저칼로리 감미료라 불리는 인공 감미료는 미국에서 차츰 사용량이 늘었는데,[62] 요즘은 소득과 교육 수준이 높은 사람들이 인공 감미료를 더 선호한다.[63] 그러나 이런 감미료 섭취는 부작용 없이 설탕의 쾌락을 즐기는 것과는 거리가 멀며, 오히려 악마와 거래하는 것에 가깝다. 쥐와 사람을 대상으로 한 모든 연구에서 이런 감미료는 다른 음식으로 칼로리를 더 섭취하게 만들었고,[64] 설탕처럼 비만, 대사증후군, 심혈관계질환에도 영향을 미쳤다.[65] 연구자들은 또한 인공 감미료 섭취가 포도당불내성(glucose intolerance, 포도당 대사를 제대로 하지 못해 혈당치가 비교적 높아지는 증상으로 당뇨전기로 여겨짐-옮긴이)과 장내 미생물의 기능 변화를 일으켜 대사 이상과 질환에 더 쉽게 노출시킨다는 사실을 발견했다.[66]

인공 감미료 사용이 증가하는 것 역시 돌고 도는 소비의 순환이다. 우리는 한 가지 소비 형태(설탕)의 문제를 풀려고 또다른 형태(인공 감미료)의 소비에 의존한다. 폴에게 빌린 돈을 갚기 위해 피터의 돈을 훔치는 것과 같은 이치다. 이 책 전반에서 주장하겠지만 과소비의 해결책은 마케팅과 광고 전문가들이 우리를 설득하는 것처럼 또다른 형태의 소비가 아니라 소비를 줄이는 길밖에 없다.

내 상담실을 찾아온 환자들이 살을 빼기 위해 꼭 해야 할 딱 한 가지가 무엇이냐고 물으면 나는 망설임 없이 대답한다. "설탕을 끊으세요." 환자들은 늘 이 방법이 불가능하고 바람직하지 않다며 단호하게 거부한다. 지난 여러 해 동안 나와 상담했던 환자 가운데 설탕을 끊은 사람은 단 한 명도 없었다. 나는 사랑하는 사람을 떠나보낸 상실감을 이겨내거나, 지독한 불안을 극복하거나, 자살 충동을 일으키는 우울증에서 벗어나거나, 학대하는 사람과 안전하게 관계를 끊도록 여러 환자를 도왔지만, 첨가당이나 정제 설탕을 끊는 일에는 성공적으로 도움을 주지 못했다. 대개 아무도 설탕을 끊고 싶어 하지 않기 때문이다. 미국인 대부분에게 첨가당을 끊는 일은 생활방식의 대혁명을 뜻한다. 엄청난 행동 변화가 필요한 일이다. 아마 담배나 알코올, 커피를 끊는 일과 비슷할 것이다. 사람들 대부분은 소비주의 문화라는 테두리 안에서 세계 산업식품을 즐기는 동시에 살을 빼고 과식하지 않기를 원한다. 물론 성공하는 사람도 있지만 나를 비롯한 많은 사람이 설탕이 신경화학과 대사에 미치는 영향에 볼모로 잡혀 있는 탓에 초가공식품을 조금만 먹으면서 그 소비를 절제하는 것이 대단히 힘들다. 살을 빼려고 할 때 첨가당을 완전히 끊는 것 다음으로 좋은 방법은 단 음료를 먹지 않는 것이다.[67] 내가 아는 대부분의 영양학자와 내분비학자들은 환자들을 상담할 때 가장 먼저 그리고 종종 유일하게 하는 일이 설탕과 인공 감미료로 단맛을 낸 음료를 멀리하도록 조언하는 일이다.

— 달콤하고 쓸쓸한 진실

어렸을 때 아버지가 언니와 나를 위해 나이가 많아 비틀거리는 말 두 마리를 사와서는 이름을 각각 커피와 슈거라 붙여주었다. 커피와 슈거 중 내가 무엇을 원했을까? 커피라는 이름의 말에 마음이 끌릴 여섯 살 여자아이는 없을 것이다. 어른들이 마시는 그 씁쓸한 음료에는 마음을 끄는 점이라곤 하나도 없었다. 게다가 1970년대 오클라호마 시골에서 마시던 커피는 이 책을 읽는 독자들이 요즘 마시는 그런 커피가 아니었다. 나는 말을 바꿔달라고 언니에게 조르고 사정하면서 온갖 감언이설로 구워삶았다. 심지어 말은 그냥 둬도 좋으니 이름만 바꾸자고 했다. 헛수고였다. 물론 지금이라면 커피를 택하고 슈거는 싫어했을 것이다.

커피와 슈거가 한 쌍의 말 이름으로 너무나 잘 어울리는 이유가 있다. 커피의 씁쓸한 맛은 우리가 후천적으로 익힌 기호인데, 대개 사람들이 더 좋아하는 설탕과 한 쌍으로 묶여 학습된다.[68] 사실 씁쓸한 액체를 설탕과 함께 자주 섭취할수록 그 씁쓸한 액체에 대한 기호도는 높아진다.[69] 설탕을 포기하기 힘든 이유 하나도 여기에서 나온다. 설탕이 들어간 디저트와 달달한 간식 맛이 너무 좋을 뿐 아니라 많은 음식과 음료에 첨가된 설탕은 몇몇 사람들이 싫어하는 씁쓸한 맛을 상쇄한다.

예를 들어 나와 상담하는 리자와 릴리는 둘 다 적어도 27~36킬로그램 정도 과체중인데 몸무게를 줄이려고 애쓰고 있다. 우연히도 두 사람 모두 설탕 42그램이 들어간 250칼로리짜리 스타벅스 차이라떼로 하루를 시작한다. 물론 리자와 릴리는 잠을 깨기 위해 카페인을 마시는 것이다. 그래서 설탕이나 인공 감미료가 들어가지 않은 커피나 홍차로 카페인을 섭취하면 어떻겠냐고 제안했지만 두 사람 모두 커피와 홍차는 너무 써서 설탕 없이는 마시지 못한다고 했다. 두 사람 모두 쓴맛에 민감하다고 했기 때문에 나는 혹시 그들이 초미각자supertaster가 아닌가 하는 생각이 들었다. 초미각자는 서로 관련된 두 화합물인 페닐티오요소Phenylthiocarbamide, PTC와 6-n-프로필티오우라실6-n-propylthiouracil, PROP를 극도로 쓰다고 지각하는 사람들인데[70] 주로 여자가 많다.[71] PTC와 PROP은 방울양배추 같은 진녹색 채소와 카페인, 맥주, 포도주스에 자연스럽게 생긴다. 쓴맛 나는 카페인을 단맛 없이 섭취하는 일은 초미각자들에게 몹시 힘든 일이다. 나는 리자와 릴리에게 각각 간단하고 비용도 덜 드는 초미각 테스트를 권했다. PTC 종이를 혀에 올려놓는 테스트였는데 두 사람 모두 초미각자로 드러났다. 최근 연구 결과에 따르면 초미각자면서 단맛을 무척 좋아하는 사람들은 대사증후군에 걸릴 위험이 더 높기 때문에 우려스러운 결과였다.[72]

리자와 릴리는 분명 언젠가 건강한 체중을 되찾고 건강질환의 위험을 낮추기 위해 단맛을 포기해야 할 때가 있겠지만, 단맛이 주는 정서적 위로를 포기하기는 무척 힘들 것이다. 두 젊은 여성의 또다른 유사점은 두 사람 모두 무척 똑똑하고 수줍음을 타며 혼자 지낸다는 점이다. 사회관계가 많지 않고 연애 경험도 별로 없었다. 두 사람 모두 체중 때문에 자기 몸에 대한 자의식이 생겨 사회관계를 맺거나 연애를 할 엄두를 내지 못하는 것이다. 하지만 과체중을 유발하는 행동(설탕 섭취)은 두 사람이 누리는 몇 안 되는 작은 즐거움 가운데 하나였다. 두 사람의 마음을 이해하는 심리학자로서 나는 장기적 관점에서 자신감과 건강을 되찾고 사회관계를 확장하며 연애 가능성을 높이기 위해 차이라떼나 아이스크림, 초콜릿 같은 일상의 즐거움을 포기하라고 말하기가 힘들었다. 체중 문제로 씨름하는 환자들을 상담하는 많은 임상심리학자가 나와 같은 문제에 부딪힌다. 우울하고 불안하고 고립된 사람에게는 좋아하는 음식을 먹는 순간이 하루 중 흔치 않은 만족의 순간이지만, 궁극적으로 그런 음식들 때문에 건강을 해치고 스스로를 우울과 고립, 불안에 가두게 된다. 알코올의존증이나 마약중독 증상과 비슷하게 들릴지 모르겠다. 그러나 '음식중독'은 진단으로 인정되지 않는다. 음식을 중독성 물질로 인식하자는 움직임이 최근 설득력 있는 많은 연구를 낳았지만 여전히 뜨거운 논쟁거리다. 이른바 '음식중독'을 둘러싼 논쟁을 다음 장에서 살펴보겠다.

The Psychology
of Overeating

7

음식도 '중독'이 되는가

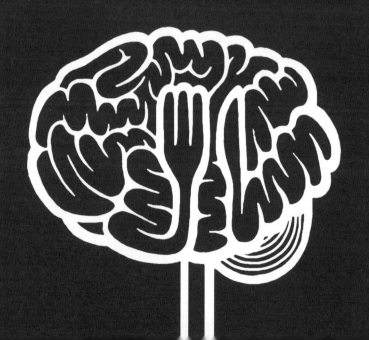

어느 날 아침 앨리슨이 눈물이 맺힌 얼굴로 휘청대며 상담실로 들어왔다. 그녀는 의자에 푹 주저앉으며 껌이 있냐고 물었고 지금 숙취 때문에 기분이 끔찍하다고 울먹였다. 전날 밤 시작은 좋았다. 앨리슨은 친구들과 행복한 시간을 보내면서 포도주 두 잔에 가벼운 애피타이저를 먹었다. 그녀는 충동과 소비를 절제하는 자신의 모습에 만족했고 집에 차를 가지고 돌아가야 했기 때문에 알코올 섭취를 신중하게 자제하면서 미리 계획한 만큼만 먹는게 어렵지 않았다고 말했다. 그러나 집에 돌아온 그녀는 와인 한 병을 땄고 집 뒤편 테라스에 앉아 그것을 다 마셨으며 담배 한 갑을 거의 다 피웠다. 그러고는 근처 패스트푸드 식당으로 걸어가 탄산음료 큰 사이즈와 치킨너깃, 에그롤, 브라우니를 주문했다. 아침에 일어나자 몸이 붓고 목이 쉬고 갈증이 났으며 머리가 아팠다. 그녀가 이야기하는 동안 나는 그녀에게 일어난 일이 연쇄적인 호르몬의 혼란이라는 것을 이해시키려 했다. 앨리슨이 충동을 조절하는 데 실패한 것은 알코올을 섭취했기 때문이다. 숙취는 알코올과 담배, 설탕, 초기 호성식품이 만들어낸 금단현상이었다.

앨리슨은 과식이 인지, 행동, 심리에 미치는 부정적 결과를 자주 경험하면서도 과식을 멈추지 못했다. 다른 물질에 중독된 사람들처럼 앨리슨 역시 어떻게 과식이 자기 삶에 문제를 일으키는지 알고 있었지만, 그 문제 때문에 생긴 고통을 달래기 위해 다시 문제의 근원에 의존해버렸다. 미국정신의학회는 '물질 의존substance dependence'을 물질과 관련된 중대한 장애를 겪으면서도 계속 그 물질을 사용하는 인지, 행동, 심리적 증상으로 다음과 같이 정의한다.[1]

· 원래 의도했던 것보다 물질을 더 많이, 또는 더 오래 섭취한다.
· 물질 사용을 줄이거나 절제하려는 꾸준한 욕망을 표현하면서 사용을 줄이거나 끊으려고 여러 번 애썼지만 성공하지 못했다고 말한다.
· 물질을 얻고, 사용하고, 그 효과로부터 회복되는 데 많은 시간을 소비한다.
· 물질을 사용하고픈 갈망을 경험한다. 물질을 사용하고픈 강렬한 욕망이나 충동이 언제든 표출되는데 주로 예전에 물질을 얻거나 사용했던 환경에서 일어날 가능성이 더 많다.
· 물질의 영향 때문에 생기거나 악화된 사회관계나 대인관계 문제가 지속되거나 재발하는데도 물질을 계속 사용한다.
· 물질 때문에 발생하거나 악화되는 것으로 보이는 육체적·심리적 문제가 지속되거나 재발하는 걸 알면서도 물질을 계속 사용한다.
· 원하는 효과를 얻기 위해 두드러지게 증가된 양이 필요하거나 평소만큼 섭취했을 때 효과가 두드러지게 감소하는 내성을 경험한다.
· 물질을 장기적으로 많이 사용한 사람의 혈중 또는 조직에서 물질의 농도가 떨어질 때 금단현상을 경험한다.

음식은 중독 물질로 인정되지 않지만 앨리슨의 사례를 생각해보라. 앨리슨은 과식을 줄이거나 절제하고 싶다는 욕망을 끊임없이 표현하면서 여러 번 시도했지만 성공하지 못했다고 말한다. 음식을 사오거나 외식을 한 뒤(물질을 얻고) 과식 때문에 육체적·정서적으로 불쾌함을 느끼며(효과로부터 회복되는 데) 많은 시간을 보낸다. 앨리슨은 음식, 특히 단 음식과 튀긴 음식에 강렬한 욕망(갈망)을 표현한다. 연애에 실패한 것과 우울증(계속되거나 재발하는 사회관계나 대인관계 문제)의 원인을 과식과 과체중 탓으로 돌리면서도 식습관을 바꾸지 못한다. 마지막으로 시간이 흐를수록 초기호성식품 섭취량이 늘었으며(내성) 과식한 뒤에는 끔찍한 불쾌감을 느낀다(금단현상). 달리 말해 앨리슨은 중독의 많은 진단 기준을 충족하지만 현재로서는 '음식중독'이라 불리는 질환은 없다.

앨리슨이 어떻게 음식에 대한 갈망과 충동 앞에서 절제력을 잃고 무력해지는지 이해하려면 신진대사와 신경화학, 중독의 과학에 대한 기초 이해가 필요하다. 이 장에서는 허기와 포만감을 통제하는 식욕조절 호르몬, 쾌락적 보상을 규제하는 신경전달물질, 음식중독에 대한 새로운 과학을 검토하겠다. 이 모든 것이 각각 소비자 문화와 세계 산업식품과 연결돼 있다.

— 식욕을 조절하는 호르몬

신경내분비학이 소비주의 문화와 어떤 관계인지 한눈에 들어오지는 않겠지만 둘은 굉장히 밀접하게 관련돼 있다. 과식을 낳는 신경화학

물질장애와 호르몬조절장애는 식품과학, 마케팅, 소비주의의 증가, 세계 산업식품이 낳은 결과다. 구체적으로 말해 세계의 음식 환경을 장악한 초가공식품은 칼로리만 높은 게 아니라 신경화학적으로도 강력한 영향을 미쳐 인체의 정교한 자기조절 메커니즘을 방해한다.

포도당, 인슐린, 당지수

포도당이 인체에서 하는 주요 역할은 에너지 공급이다. 식사 후에 혈중포도당(혈당)이 오르면 간세포는 잉여 포도당 분자를 연결해 글리코겐이라는 긴 사슬을 만든다. 글리코겐은 포도당의 단기 저장고다. 나중에 간은 이 글리코겐을 몸에 필요한 포도당으로 다시 전환한다. 당장 필요한 에너지를 보충하고 글리코겐 저장고를 채운 뒤에도 남은 포도당은 모두 지방으로 바뀐다. 췌장은 혈액에 인슐린을 분비해 혈당 증가에 반응하는데, 인슐린 분비량은 포도당 섭취량에 상응한다. 예전에는 포도당이나 과당이 높은 식품은 대개 섬유질 함량이 높아서 당이 소화되고 흡수되는 속도를 늦춰주었다. 그러나 요즘 과일주스나 쿠키 같은 산업식품은 가공 과정에서 섬유질을 제거한다. 이런 식품에 함유된 농축된 과당은 당장 에너지로 소비될 수 없으므로 빨리 흡수된 잉여 칼로리가 지방으로 축적된다.

포도당이 흡수되는 속도를 혈당반응glycemic response이라 부른다. 혈당반응은 포도당이 얼마나 빨리 흡수되는지, 혈당이 얼마나 높이 오르고, 얼마나 빨리 정상으로 되돌아가는지 나타낸다. 이와 관련된 당지수glycemic index는 데이비드 젱킨스 박사가 개발한 것으로,[2] 음식을 먹은 뒤 혈당치가 올라가는 정도에 따라 음식에 0부터 100까지

등급을 매긴다. 달콤한 간식과 탄수화물 함량이 높은 패스트푸드, 정제된 빵은 높은 혈당반응을 이끌어낸다. 또 빨리 소화되고 흡수되어 혈당을 급상승시키고 소화 직후에는 혈당을 기준치 밑으로 뚝 떨어뜨려 허기를 느끼게 한다.[3] 반대로 콩과 식물, 유제품, 고기류, 견과류처럼 당지수가 낮은 음식은 천천히 소화되고 흡수되어 혈당과 인슐린 수치를 점진적으로 상승시킨다. 그러므로 당지수가 낮은 음식을 먹으면 포만감이 오래 지속되고 포도당이 에너지로 전환되는 데더 많은 시간이 걸리므로 포도당이 체지방으로 저장되기보다는 에너지로 소모된다.[4]

그렐린과 렙틴

인슐린만이 아니라 그렐린ghrelin과 렙틴leptin도 식욕을 조절하는 주요 호르몬이다. 이 두 호르몬은 함께 움직이면서 식욕과 체중의 항상성을 유지한다. 공복 호르몬이라고도 불리는 그렐린은 위에서 생산되어 짧은 시간 동안 작용하는 호르몬으로 위가 비었을 때 식욕 자극 신호를 대뇌 시상하부로 보낸다.[5]

렙틴은 1994년에 발견된 호르몬으로 포만감 호르몬이라고도 불린다.[6] 지방세포나 지방조직에서 만들어져 오랜 시간 지속되는 호르몬인데 총 체지방량을 뇌에 전달한다. 체지방이 증가하면 렙틴도 증가해서 뇌가 허기를 느끼지 못하게 하고 체지방 항상성을 회복하기 위해 에너지 소비를 증가시킨다. 달리 말해 체중이 늘면 렙틴이 증가해 뇌에 음식 섭취를 줄이라는 신호를 보내 결국 체중을 감소시키는 것이다. 그러나 과체중과 비만인 사람은 렙틴이 증가된 체지방량의 균형을 잡기 위해 칼로리 섭취를 줄이라는 메시지를 뇌에 효과적으로 보내지 않는 게 분명하다. 왜 그럴까? 연구에 따르면 과체중과 비만인 사람들은 렙틴 수치가 높지만 뇌가 렙틴 수치를 읽어내지 못한다. 곧 렙틴에 저항하는 것이다.[7] 따라서 체지방을 많이 축적하고 있는데도 계속 허기를 느낀다. 사실상 식욕과 체지방을 조절하는 장치가 고장난 셈이다. 집에 있는 온도 조절장치를 겨울에 20도에 맞춰놨는데 조절장치 온도계가 고장났다고 상상해보라. 집 기온이 20도까지 올라갔는데도 계속 난방이 작동할 것이다. 집이 오븐처럼 뜨거워졌는데도 온도 조절장치는 툰드라처럼 온도가 낮다고 인식하는 것과 같다.

무엇이 렙틴 저항성을 만들어내는 걸까? 초기 가설은 비만인 사람은 렙틴 수용기에 선천적이거나 유전적으로 결함이 있어서 식욕 조절에 실패할 수 있다는 것이었다. 그러나 연구 결과 비만인 사람 가운데 그런 유전적 결함이 있는 경우는 매우 드물었다.[8] 비만인 사람 대다수는 렙틴 수용기의 양과 질이 모두 정상으로 보인다.[9] 더 최근에 진행된 연구에 따르면 렙틴 저항성에 여러 메커니즘이 관련되었을 가능성이 있지만,[10] 이 책의 맥락에서 주목할 만한 연구 결과는 많은 요인이 환경이나 행동과 관련이 있다는 점이다. 이 결과에 주목할 필요가 있다. 이를테면 과당과 탄수화물 함량이 높은 음식을 과잉 섭취하는 환경이 렙틴 저항성을 유발한다는 말이다.[11] 달리 말해 렙틴 저항성은 부분적으로 식단이 낳은 결과다. 구체적으로 요즘 서구 식단처럼 탄수화물 함량과 열량이 높은 식단이 낳은 결과다.

렙틴 저항성이 식습관 때문에 생긴 문제라면 식습관을 바꿔서 렙틴 수치를 정상으로 되돌릴 수도 있지 않을까. 곧 당과 탄수화물 함량이 높은 식단에서 벗어나면 체중이 줄고 렙틴 수치가 떨어져 렙틴 민감성이 높아질 것만 같다. 불행하게도 문제는 그렇게 간단하지 않다. 체중을 줄이면 사실상 렙틴 수치는 낮아지겠지만 비만 수준으로 축적된 지방을 유지하려는 생리 반응이 동시에 일어난다. 곧 비만 유발 음식을 섭취하면 에너지 균형을 조절하는 신경체계에 장기적인, 어쩌면 영원한 변화를 일으켜 지방 과다나 비만 상태를 확고히 지속시키게 된다.[12] 이처럼 체중 감소에 저항하고 지방을 지키기 위해 개조되는 뇌의 특성을 보면, 초기호성식품을 개발하고 생산하는 것이 더욱 위험한 일처럼 보인다. 초기호성식품이 유발한 렙틴 증가와 렙틴 저항성이 돌아올 수 없는 비만으로 가는 길을 닦기 때문이다. 그래서 체중을 줄이거나 줄어든 체중을 유지하기가 그토록 어려운 것이다. 우리 뇌가 과체중 이전의 렙틴 수치와 렙틴 민감성을 회복하는 일에 강력히 저항해서다.

— 모든 칼로리는 동등한가

식욕 조절 호르몬을 연구하는 과학은 '모든 칼로리는 동등한가?'라는 영양학 논쟁을 확실히 해결했다. 다이어트하는 사람과 영양사들 사이에 오랫동안 공유된 상식은 체중을 유지하려면 섭취한 칼로리만큼 소비해야 한다는 것이다. 이런 상식은 당연한 두 가지 결론으로 이어진다. 바로 잉여 칼로리는 체중 증가로, 칼로리 부족은 체중 감소로 이어진다는 믿음이다. 근래까지도 '들어온 칼로리 빼기 나간 칼로리' 모델에 문제를 제기하는 과학자가 거의 없었다.[13] 이런 모델은 흔히 열역학 모델이라 불린다. 열역학의 제1법칙이 에너지 형태는 바뀔 수 있어도 총량은 항상 보존된다는 것이기 때문이다. 그러니까 칼로리를 적게 흡수하면 몸에 있는 지방을 태우면서 체중이 줄고, 반대로 칼로리가 남으면 지방으로 저장되면서 체중이 는다는 생각이다. 그러나 렙틴과 그렐린의 발견으로 특정 음식은 '전체적인 칼로리 균형에 관계없이' 포만감과 지방 축적에 영향을 미치며 대사를 활성화한다는 사실이 드러났다.

특히 당지수와 탄수화물 함량이 높은 음식을 섭취하면 인슐린이 증가해 에너지를 지방으로 축적하지만 공복 호르몬 그렐린이 억제되지 않으므로 우리는 여전히 허기를 느낀다. 그뿐 아니라 일상적으로 과식을 해서 체중이 늘기 시작하면 렙틴 저항성이 생겨 뇌가 잉여 지방을 인식하지 못한다. 결국 뇌는 식욕이나 열량 섭취를 조절하는 데 실패한다. 열역학 모델이 타당하지 않다는 말이 아니다. '들어온 칼로리 빼기 나간 칼로리'라는 수학적 단순성으로는 신체가 항상성을 유지하는 복잡한 시스템을 설명하지 못한다는 말이다. 나는 당지수가 높은 음식의 대사작용을 설명할 때 총 급여는 1000달러지만 600달러만 즉시 사용할 수 있고, 나머지 400달러는 공제된다는 비유를 든다. 총 급여에서 보이지 않게 공제되는 액수는 당지수가 높은 식사를 했을 때 간이 지방으로 바꿔 저장하는 당과 같다. 당지수가 적당히 낮은 음식을 먹으면 뇌의 항상성 기제가 파괴되지 않기 때문에 모든 '급여', 곧 칼로리를 다 써서 조금도 지방으로 저장되지 않는다. 달리 말해 1000달러 모두 공제받지 않고 쓸 수 있다(이런 신생지방합성de novo lipogenesisa 모델에 의문을 제기하는 연구자들도 있다. 그들은 식이 탄수화물이 지방으로 전환되지 않고 대신 식이지방의 산화를 일으키는데 이런 산화가 지방 저장 증가로 이어진다고 주장한다).[14]

— 보상의 신경화학

음식 보상(특정 행동을 강화하고 동기를 유발하는 음식의 효과)과 쾌락적 가치(초기호성과 쾌락을 주는 특성)라는 두 메커니즘 때문에 음식을 잠재적인 중독성 물질로 연구하는 학자들이 늘고 있다. '초기호성'과 '보상'은 같은 뜻으로 쓰이기도 하지만 사실 함께 일어날 때가 많은 서로 다른 과정이다. 신경학자 켄트 베리지는 음식의 동기 유발 효과를 '좋아함 liking'으로, 음식의 쾌락적 측면을 '원함wanting'으로 설명한다.[15] '좋아함'과 '원함'의 구분은 중요하다. 우리가 강렬히 원하는 행동과 물질에서 얻는 즐거움은 갈수록 줄어들기 때문이다. 달리 말해 우리는 무언가를 무척 원하거나 갈망하지만, 막상 욕망하는 물질을 얻고 난 뒤에는 기대했던 것만큼 그것을 좋아하지 않는다는 사실을 알게 된다. 마약중독에서 종종 드러나듯 욕망의 대상은 우리가 기대했던 보상을 제공해주지 않는다. 더 간단히 말해 우리는 자신이 진짜 좋아하지 않는 것을 원할 수도 있다.

좋아함과 원함이라는 신경학적 경험이 2장에서 다룬 소비자 윤리와 일치한다는 점에 주목할 필요가 있다. 2장에서 우리는 현대 욕망의 쾌락주의가 신상품을 소비하는 백일몽에 의지한다는 것을 살펴봤다. 중독자들이 남용 물질을 좋아할 때보다 원할 때가 많은 것처럼 소비자 문화에 속해 있는 소비자도 마찬가지다. 소비자는 상품을 소비하면 만족을 얻으리라 기대하지만 실제로는 상품을 소비해도 욕망이 충족되지 않으므로 실망한다. 사회학자 지그문트 바우만은 욕망이 보상보다 더 강렬하다고 말한다. "욕구와 만족 사이의 전통적 관계가 뒤집혔다. 만족에 대한 약속과 소망이 욕구에 선행하며 실제 존재하는 욕구보다 늘 더 크다."[16] 소비자 문화가 불필요한 상품과 경험들로 소비자를 사로잡기 위해 쾌락적 욕망에 의존하는 점을 생각해보면 이런 소비자 욕망의 윤리는 '좋아함'과 '원함'이라는 신경학적 토대와도 통하는 점이 있다. 달리 말해 "욕망은 만족을 욕망하지 않는다. 반대로 욕망은 욕망을 욕망한다".[17]

이 모든 이야기가 어떻게 보상의 신경화학을 설명해줄까? 지복점을 자극하도록 정교하게 설계된 식품은 맛이 너무 좋기 때문만이 아니라 대개 렙틴을 파괴해 결코 포만감을 느끼지 못하게 만들기 때문에 과식을 유발하는 것이다. 시간이 흐르면 그 결과로 생긴 뇌의 렙틴 저항성 때문에 우리는 배가 부르다고 생각하면서도 계속 먹는다. 다른 말로 하자면 세계 소비 자본주의가 생산한 식품들은 렙틴 저항성을 널리 퍼뜨려 과소비와 과체중, 비만을 일으킨다고 할 수 있다. 당과 지방, 소금 함량이 높은 음식을 먹으면 그런 음식을 더 찾게 된다. 곧 욕망이 욕망을 욕망하는 것이다. 여기에서도 우리는 상품의 끊임없는 소비 증가를 옹호하는 원칙이 음식과 음료의 과잉 소비를 낳고, 결국 지나친 소비와 식사로 스스로를 해치게 만드는 소비자 문화의 깔때기를 볼 수 있다.

— 음식과 중독

대중문화에서 흔히 사용되는 표현을 보면 음식에는 분명 중독성이 있을지도 모른다는 생각이 든다. 예를 들어 '과식자 모임Overeaters Anonymous'의 12단계 프로그램은 음식에 중독성이 있다는 생각을 알린 지 오래인데, 알코올의존증 치료 모델을 '음식중독자' 치료에 사용한다. 과학적으로는 꽤 최근까지만 해도 음식에 중독성이 있다는 사실을 입증할 결정적 증거가 없었다.[18] 이유는 단순하다. 코카인 같은 마약이나 니코틴, 알코올과 달리 우리는 생존하기 위해 음식이 필요하기 때문이다.

그러나 이제는 쥐와 사람을 대상으로 초기호성식품에 대한 신경반응을 연구한 결과를 토대로 세계 식품산업이 제공하는 초가공식품이 우리가 예전에 섭취했던 자연적 에너지원보다는 남용되는 약물과 더 비슷하다고 주장하는 연구자가 많다.[19] 특히 이런 제조식품들은 효능을 강화하고 혈류에 빨리 흡수되도록 중독성 약물과 비슷한 방법으로 변형된다. 마이클 모스는 불법 마약이 정제되고 제조되는 과정과 가공식품 제조 과정을 빗대어 이렇게 표현했다.[20]

… 소금과 설탕, 지방이 가공식품에서 하는 역할에서 몹시 흥미롭고 충격적인 측면은 식품산업이 이 성분들의 외양과 구조를 바꿔 효능을 증대하기 위해 애썼다는 점이다. 네슬레의 과학자들은 요즘 지방입자의 흡수율과 식품산업에서 말하는 이른바 '질감'을 바꾸기 위해 지방입자의 형태와 분포로 실험을 하고 있다. 세계에서 선두적인 소금 공급업체

카길의 과학자들은 소금의 형태를 바꾸는 중이다. 미뢰를 더 빨리, 더 세게 자극할 수 있도록 소금을 가루로 분쇄해 이른바 '맛 충격flavor burst'이라 부르는 것을 개선하는 중이다. 설탕도 수많은 방식으로 변형되고 있다. 단순당에서 가장 달콤한 성분인 과당을 첨가제로 결정화해 더 유혹적인 제품을 만들기도 했다. 과학자들은 설탕의 단맛을 자연 상태보다 200배 강화할 수 있는 강화제도 만들어냈다.

이런 화학 변형이 마약의 주특기라는 것은 말할 필요도 없다. 예를 들어 코카나무 잎은 가벼운 흥분제일 뿐이지만[21] 코카인이나 크랙으로 고도로 정제하면 기하급수적으로 강한 쾌락적 보상을 제공하며 중독성이 훨씬 강화된다.[22] 마찬가지로 마리화나는 가벼운 황홀경만 느끼게 해주지만 이제는 농축유나 '식용'으로 흡수되어 굉장히 강력한 환각을 일으키는 물질로 개량되었다.[23] 설탕처럼 고도로 정제된 식품이 더 중독성 있다는 생각을 뒷받침하는 연구들은 더 있다. 쥐를 대상으로 한 연구에서 연구자들은 달콤한 용액의 보상 가치가 정맥으로 투여하는 코카인보다 더 크다는 사실을 발견했는데,[24] 헤로인보다 더 큰 경우도 있었다.[25]

마약과 초기호성식품은 정제 과정과 생산 과정이 비슷할 뿐 아니라 뇌에 미치는 영향도 유사하다는 신경과학 연구도 등장했다. 고지방·고당 음식은 쥐와 사람을 대상으로 한 연구 모두에서 다른 남용물질과 비슷하게 오피오이드opioid나 도파민 경로의 변화와 관련 있다는 사실이 밝혀졌다.[26] 예를 들어 식욕을 증진하는 그렐린 호르몬은 뇌의 콜린도파민경로cholinergic-dopaminergic pathways에 있는 보상

인식, 그리고 복측피개영역ventral tegmental area과 콜린도파민경로의 상호작용을 조절하는 일에 개입한다. 복측피개영역은 성욕이나 중독과 관련 있는 부분이다.[27] 또 알코올의존증 치료에 이용되는 의약품인 날트렉손Naltrexone이 폭식자들의 고설탕, 고지방 음식 섭취를 줄여준다는 것이 밝혀지기도 했는데, 원래 날트렉손은 오피오이드수용체를 차단하고 보상을 줄여 알코올의존증 환자들의 알코올 섭취를 감소시키는 기능을 한다.[28]

음식중독자는 다른 물질을 남용하는 사람들과 비슷한 인성 특징을 지니며, 기분을 조절하기 위해 음식을 이용한다는 것을 보여주는 증거들도 있다. 특히 충동성이 중독적 음식 섭취와 관련 있으며, 다급한 감정을 느낄 때 성급하게 행동한다고 답한 사람일수록 중독적인 식사 습관을 더 많이 보였다.[29] 또다른 연구에 따르면 스스로 음식중독자라 밝힌 많은 사람이 나쁜 기분에서 벗어나기 위해 음식을 이용했는데,[30] 특히 지방 함량이 높은 단 음식들을 기분을 조절하는 데 이용했다.[31] 게다가 이처럼 기분을 조절하는 효과가 떨어질 때 탄수화물을 더 먹고 싶어하는 증상도 약물중독자들이 기분을 달래기 위해 약물을 더 갈망하고 사용하는 증상과 유사하다.[32]

자신을 위로하기 위해 과식하는 사람과 상담할 때 겪는 흔한 임상적 딜레마는 과식 행동을 줄이려면 음식 대신 다른 위로 수단을 찾아야 한다는 점이다. 내 경험에 비춰보면 믿을 수 없을 만큼 힘든 일이다. 최근 출산 문제로 나를 찾아온 베터니라는 환자가 있다. 베터니는 마흔두 살 비혼 여성으로 누군가를 진지하게 사귄 적이 없었다. 그런데 혼자서 아기를 키우고 싶어 했다. 인공수정 전문병원과 익명의 정자

제공자의 도움으로 베터니는 여덟 차례나 인공수정을 시도했지만 번번이 실패했고, 그 이후에는 비용이 많이 들고 더 힘든 시험관아기 시술로 마음을 돌렸다. 그러나 시험관아기 시술마저 네 차례나 실패하고 6만 달러를 쓴 뒤에는 다음 단계인 기증 난자를 이용한 시험관아기 시술을 시도해야 할지 결정을 내리지 못한 채 심리 상담실을 찾았다.

베터니가 상담실에 처음 왔을 때 나는 그녀가 극도로 비만인 상태여서 놀랐다. 나는 출산 문제로 고민하는 많은 여성을 상담했는데, 심한 과체중은 임신 가능성을 굉장히 감소시킨다. 여자는 서른다섯 살이 넘으면 수정력이 급격히 떨어지므로 이 연령대 여성들은 수정 가능성을 최대한 높이기 위해 할 수 있는 모든 일을 시도한다. 그뿐 아니라 시험관아기를 시술할 때는 난자 채취를 위해 전신마취를 해야 한다. 많은 의사는 합병증 위험 때문에 비만이 심한 사람들에게는 전신마취가 필요한 시술은 하지 않으려 한다. 베터니는 시험관아기 시술을 위해 32킬로그램을 뺐지만 최근에 다시 살이 쪄서 몸무게가 136킬로그램이 넘었다.

베터니는 나를 만나자마자 영양과 식사 문제를 도와달라고 말했다. 내가 그녀의 식습관이 어떤지 알아가는 동안 우리는 그녀가 음식을 이전과 다르게 '생각'하기 위해 밟아야 할 몇 가지 기초 단계를 놓고 이야기를 나눴다. 나는 식습관을 바꾸고 싶은 환자와 상담할 때 이러저러하게 행동을 바꾸라고 구체적인 충고를 먼저 하기보다는 그들과 음식의 관계, 음식에 대한 생각을 놓고 먼저 대화한다. 베터니는 요리는 좋아하지만 일인분 요리는 좋아하지 않았다. 또 약 두 시간마다 먹지 않으면 걸신들린 듯한 불쾌한 허기에 사로잡힌다고 말했다. 아침으로 베이글과 크림치즈를 먹은 뒤 오전 중에 에너지바 한두 개를 더 섭취했고, 점심은 그녀가 직접 싼, 건강에 상당히 좋은 도시락으로 해결했다. 그리고 오후 다섯 시에 저녁을 먹지 않으면 극심한 허기를 느꼈다. 저녁으로는 뭔가를 요리해 먹거나 건강에 좋은 식품을 사먹어야겠다고 생각은 하지만 실제로는 포장 음식을 즐겨 먹는다. 동네에 그녀가 좋아하는 군만두 가게가 있는데 종종 군만두와 매콤한 닭날개 튀김을 포장해와 먹는다. 그러고 나서는 아이스크림과 스낵을 함께 먹거나 둘 중 하나만 먹으며 저녁을 마무리한다.

베터니가 생각해볼 만한 작은 행동 변화에 대한 이야기를 처음 꺼냈을 때 나는 그녀가 마음 내켜하지 않는다는 걸 느꼈다. 우리는 먼저 어떤 변화를 시도하려 애쓰기보다는 그녀가 먹는 음식을 블로그나 다이어리에 기록해보기로 했다. 그냥 무엇을 먹는지 추적하는 습관을 들이려는 시도였다. 다음 상담 시간에 베터니는 지난 밤부터 기록을 시작했다고 부끄러워하며 말했다. 나는 숙제를 검사하는 선생님이나 감시자가 된 기분이었고 그녀가 솔직하게 털어놓지 않는다는 느낌이 들었다. 이런 역전이(counter-transference, 치료자가 과거의 경험으로부터 환자에게 의식적·무의식적으로 어떤 태도나 감정을 지니게 되는 현상, 또는 좁은 의미로는 환자의 전이에 대한 분석가의 반응을 뜻함-옮긴이) 느낌은 우리가 음식 문제에서 갑자기 서로 겉돌며, 의미 있는 변화를 이끌어낼 만한 치료를 위해 동지적 관계를 맺지 못했다는 신호였다.

나는 베터니의 상황을 더 생각해봤다. 그녀는 고독했고 진지한 연애를 한 번도 해보지 못했으며 어쩌면 아이를 갖지 못할 수도 있었다. 게다가 심한 비만은 사람을 대단히 고립시키는 법이다. 비만인 많은 사람이 매일매일 쌓여가는 작은 모욕들로 경험되는 수치에 대해 말한다. 예전에 나와 상담하던 심하게 비만인 여성은 다른 사람이 자신을 어떻게 대하는지 묘사하며 자신을 '뚱뚱한 나병 환자'라 표현했을 정도였다. 베터니의 삶을 상상하니 상실감과 외로움, 절망감이 나를 숨 막히게 내리 눌렀다. 저녁에 먹는 튀긴 음식이 삶의 유일한 낙인데 어떻게 그걸 포기할 수 있겠는가? 자기가 엄마가 된다고 즐겁게 상상할 때는 그런 위로 음식을 끊을 수 있었을 것이다. 그러나 엄마가 될 가능성이 줄어들면서 그녀에게는 음식 말고 다른 정서적, 실존적, 신경적 즐거움이 사라져버렸다. 음식이 그녀의 온 세상이었다.

역설적이게도 베터니는 몸무게 때문에 그녀가 원하는 많은 것들, 이를테면 연애 관계, 아기, 더 풍요로운 사교생활, 더 나은 일자리를 얻지 못하는지도 모른다. 그래도 그녀는 자신의 유일한 위안을 포기하지 못한다. 식습관을 바꾸기 위해 필요한 신념의 도약이 너무 큰 탓에 베터니는 초기호성 위로 음식 없는 삶을 황량하고 결핍된 삶으로 상상할 정도였다. 이러지도 저러지도 못하는 베터니의 상황을 생각하다 보니 나는 식품산업에 화가 치밀었다. 베터니는 식품산업이 누리는 성공의 피해자다. 폐암으로 죽은 많은 사람이 담배산업의 피해자이며 마약중독자들이 마약상과 마약 제조업자의 피해자인 것처럼 말이다. 그녀의 상황을 중독이라 부를 수 있는지는 분명치 않지만 음식으로 기분을 달래는 식습관이 분명 그녀의 심리적·사회적 '웰빙'을 뒤흔들고 있는 것은 분명하다. 그녀는 뚱뚱하다는 것 때문에 비인간적 대접을 받았고 사회적으로 버려졌다. 약물중독자들이 존재감 없는 비인격적 존재로 추방되듯 말이다.

— 음식중독도 질병인가

최근까지도 음식에 중독성이 있다는 결정적 증거가 없었기 때문에 미국정신의학회는 음식중독을 물질장애로 인정하지 않았지만, 요즘 들어 많은 음식 연구자가 음식중독을 물질장애로 인정하라고 요구하고 있다. 음식에 대한 여러 연구가 음식에 중독 효과가 있다는 사실을 보여준다. 예를 들어 초기호성식품을 먹인 쥐들은 금단현상과 내성을 보였고 부정적 결과가 나와도 섭취를 지속하려 했다.[33] 음식중독 증상이 있다고 인정한 사람들은 음식에 대한 갈망을 더 많이 경험하며 기호성이 굉장히 높은 음식을 섭취할 때 신경이 더 강렬하게 활성화하는 것으로 나타났다.[34]

체질량지수와 불법 약물 사용이 서로 반비례한다는 사실을 발견한 연구도 있다.[35] 비만인 사람들은 물질사용장애substance use disorder에 걸릴 위험이 더 낮고,[36] 니코틴과[37] 마리화나[38] 남용도 적다. 이런 사실을 보면 아마 음식 자체가 약물처럼 기능하기 때문에 과식 습관이 있는 사람은 다른 약물을 덜 사용하는 듯하다. 요즘 중독전이addiction transfer[39]라 불리는 증상에서 보듯 알코올이나 마약을 끊은 뒤 약물 대신 음식으로 중독이 전이되어 회복기에 접어든 중독자들의 체중이 증가하기도 한다.[40] 반대로 체중 감량을 위해 대사수술을 받은 환자 가운데 많지는 않지만 상당수 환자에게 물질 남용 위험이 증가했다.[41] 이 모든 연구는 음식, 또는 특정 종류의 음식이 다른 남용물질만큼 중독적일 수 있다는 걸 입증한다.

미국정신의학회가 발간하는《진단통계편람》(DSM)의 물질사용장애

부분에는 음식중독이 실려 있지 않지만 섭식및식이장애feeding and eating disorder를 다룬 부분에는 이렇게 명시되어 있다.

이 장에 묘사된 장애를 지닌 몇몇 사람이 묘사하는 식습관 관련 증상은 물질사용장애를 지닌 사람들이 전형적으로 인정하는 증상과 닮았다. 이를테면 강렬한 갈구와 강박적 사용 양식을 드러낸다. 이런 유사성으로 보건대 두 장애는 자기 통제와 보상체계를 비롯해 같은 신경체계와 관련 있을 수 있다. 그러나 식이장애와 물질사용장애의 발생과 지속에서 서로 같은 요소와 다른 요소의 상대적 기여도는 아직 충분히 이해되지 않은 상태다.[42]

이 문단으로 보건대 DSM 다음 판은 음식에 중독성이 있다고 인정할지도 모른다. 많은 과학자가 새롭게 등장한 탄탄한 연구들을 토대로 음식중독을 인정하라고 미국정신의학회에 분명히 요구하고 있다.[43] 연구자 애슐리 기어하르트와 동료들은 음식중독을 인정하라고 요구하며 초기호성식품과 중독성 물질의 유사성을 몇 가지로 요약했다.[44] 그들에 따르면 중독성 물질과 초기호성식품은 다음과 같은 점에서 유사하다.

1. 도파민과 오피오이드 신경회로를 활성화한다.
2. 인위적으로 보상 수준을 높인다.
3. 혈류에 빨리 흡수된다.
4. 신경생물학적 체계를 바꾼다.

5. 내성을 유발한다.

6. 보상을 강화하는 첨가제와 결합한다.

7. 계기자극cue으로 갈망이 일어난다.

8. 부정적 결과가 생겨도 소비된다.

9. 줄이고 싶은 욕망에도 소비된다.

10. 빈곤한 계층에 편중된 영향을 미친다.

11. 높은 공공의료비 지출을 유발한다.

12. 태아기에 노출되면 장기적인 변화를 유발한다.

음식중독이 진단 범주로 공식 인정되면 공공정책에 상당한 영향을 미친다. 담배와 알코올을 비롯한 중독성 물질도 모두 DSM에서 남용 물질로 인정되었고, 대중의 건강 문제로 규제를 받게 되었다. 초기호성식품도 위험한 중독성 물질로 인정된다면 입법자들이 초기호성식품에 대한 과세와 규제, 식품 표시 법안을 제정할 때 더 확고한 근거를 제시할 수 있다.

그러나 최근 들어 음식중독을 잘못된 용어라고 지적하면서 식사중독eating disorder이 과학적으로 더 타당한 표현이라고 제안하는 과학자들이 있다.[45] 그들은 '음식중독'이라는 용어는 중독성 있는 음식을 생산한 책임을 식품산업에 돌리는 표현이며, 음식에 '초기호성' 식품이라고 표시하는 것은 본질적으로 중독성 있는 물질을 포함하고 있다(사람을 대상으로 한 실험에서는 결정적으로 입증되지 않은)고 표시하는 셈이라고 주장한다. 그들은 '식사중독'이라는 용어가 물질이 아니라 행동을 강조하기 때문에 더 적합하다고 제안한다. 이른바 행동중독behavioral addiction에는 도박을 비롯한 여러 중독이 있으며 이는 DSM도 인정한다.[46] 식사중독이냐 음식중독이냐를 둘러싼 논쟁은 미묘한 차이 같지만 카지노(도박이라는 행동중독) 규제와 담배(니코틴이라는 물질에 대한 중독) 규제의 차이를 생각해보면 그 함의가 중대하다. 앞으로 더 많은 연구가 진행돼 두 표현 중 어느 쪽이 더 정확하고 타당한지 보여줄 것이다.

'종교로서 시장과 소비주의 문화'로 되돌아가보자. 이제 우리는 정교하게 설계된 세계 산업식품들이 어떻게 눈덩이처럼 불어나는 소비주의의 순환을 창조하는지 이해할 수 있다. 곧 만족하기 위해 더 소비해야 하는 소비주의의 쳇바퀴를 만들어내는 것이다. 이런 음식들이 신경내분비학적으로 어떤 영향을 미치는지 이해하지 못하면, 곧 어떻게 포만감을 느끼지 못하고 저장 지방을 늘리는지 이해하지 못한다면, 개인의 음식 소비와 더 많이 소비하도록 부추기는 문화 사이의 근본적 관계를 놓치고 만다. 음식중독을 연구하는 새로운 과학에 따르면 초기호성식품의 정제 과정은 코카인과 헤로인처럼 빨리 흡수되는, 대단히 강력한 마약을 정제하는 과정과 무척 닮았다. 그런 점에서 산업식품 제조자는 대중의 건강을 해치는 위험하고 저항하기 힘든 상품을 창조하는 마약상과 다르지 않을지 모른다. 그러므로 음식중독 또는 식사중독을 진단 범주로 포함시키는 일은 이런 상품들에 대한 인식과 규제 강화를 위해 무척 중요한 조치다. 그러나 DSM을 수정하는 일은 대단히 복잡하다. 부분적으로 거대 제약회사들 때문이다. 사실 거대 식품산업과 거대 제약산업은 우리가 뒤에서 살펴보겠지만 소비자 문화의 강력한 동지다.

The Psychology
of Overeating

8

폭식장애와 소비자 문화의 관계

5판까지 나온 《진단통계편람》(DSM)[1]은
지난 60년간 정신의학 분야에서 가장 권위 있는 참고문헌이었다. 미
국정신의학회가 발간하는 DSM은 거의 모든 정신장애를 망라하는
데, 심리학자, 간호사, 사회복지사만이 아니라 정신건강과 관련 있는
전 세계 여러 지역의 수많은 의료 전문가가 이 책을 참고한다. 또 학
부의 이상심리학이나 대학원의 심리학 수업 혹은 정신의학 수련 과
정에서 교재로 사용된다. 그뿐 아니라 임상 치료를 결정하거나 건강
보험을 청구하는 문제가 생길 때는 그 근거로 쓰인다. DSM의 기준
은 이렇게 임상적으로 널리 이용되며 미국국립정신보건원, 국가보훈
처, 교도소, 교육기관 같은 연방조직이나 장애인법 같은 법률에도 적
용된다. 간단히 말해 DSM이 정신장애를 설명하고 분류하는 방식은
과식, 과체중, 비만, 중독을 포함한 여러 질병과 행동치료, 각종 규제
에 널리 영향을 미친다.

— 식이장애와 DSM

2013년 DSM 5판이 약간의 논쟁을 겪으며 출판될 때까지 거의 20년

간 4판이 사용됐다. 4판에서 미국정신의학회는 서로 다른 식이장애 두 가지를 인정했다. 신경성식욕부진증(Anorexia Nervosa, 일명 거식증)과 신경성식욕항진증(Bulimia Nervosa, 일명 폭식증)이다. 신경성식욕부진증의 특징은 현저한 표준체중 미달(건강 체중의 85퍼센트 이하)로, 제한형restricting type과 폭식·제거형bingeing·purging type이라는 두 진단형이 있다. 제한형은 음식이나 칼로리를 심하게 제한하는 사람을 일컫고, 폭식·제거형은 극도로 과식한 뒤 구토나 설사, 과도한 운동 같은 강박행동을 하는 사람을 이른다. 신경성식욕항진증은 폭식 후 강박행동을 하는 증상으로 표준체중 미달이 아닌 사람에게 일어난다(이 두 장애에 대한 흔한 오해는 폭식증에만 폭식과 제거가 일어난다는 생각이다. 사실 두 장애는 모두 폭식과 제거와 관련 있다. 중대한 차이는 행동이 아니라 몸무게다).

달리 말해 구토나 강박행동을 하지 않는 폭식 진단법은 없다. 그러나 구토하지 않는 폭식을 다룬 중요한 연구가 등장했다. 구토 없는 폭식(아마 거의 모든 사람에게 퍼진 과식에서 비롯됐을)도 있다는 과학적 인식이 늘면서 DSM 5판 편찬위원회는 강박행동 없이 폭식하는 사람들도 신경성식욕부진증이나 신경성식욕항진증을 진단받은 사람들과 마찬가지로 '장애'로 봐야 하는지 결정해야 했다. 편찬위원회는 연구를 검토한 뒤 셋째 진단 범주를 뒷받침할 만한 증거가 있다고 결론을 내렸고, 폭식장애Binge Eating Disorder, BED를 2013년 DSM 5판에 명문화했다. DSM은 폭식장애를 다음과 같이 정의한다.[2]

A. 폭식 증상의 반복 발현. 폭식 증상의 발현은 다음 두 가지 특성을 모두 보인다.

1. 일정한 기간 동안(예를 들어 두 시간 동안) 사람들 대부분이 비슷한 환경에서 비슷한 시간 동안 먹을 양보다 분명히 많은 양의 음식을 먹는다.

2. 폭식 증상이 발현되는 동안 통제력을 잃은 느낌(예를 들어 먹기를 멈출 수 없거나 무엇을 또는 얼마나 많이 먹을지 스스로 결정할 수 없는 느낌)을 받는다.

B. 폭식 증상 발현 양상이 다음 세(또는 그 이상의) 조건과 관련 있다.

1. 평소보다 훨씬 빨리 먹는다.

2. 불쾌할 정도로 포만감을 느낄 때까지 먹는다.

3. 육체적으로 배고픈 느낌이 없어도 많은 양의 음식을 먹는다.

4. 먹는 양에 부끄러움을 느끼기 때문에 혼자 먹는다.

5. 폭식 후 우울해지거나 죄책감을 느끼거나 자신을 혐오한다.

C. 폭식과 관련된 두드러진 고통이 있다.

D. 적어도 세 달간 평균 일주일에 한 번은 폭식을 한다.

당연히 물어볼 만한 질문은 '폭식장애를 단순한 음식중독이나 식사중독으로 볼 수 있는가'다. 만약 그렇다면 앞 장에서 논의한 대로 물질장애나 행동중독으로 분류하는 것이 더 적절하지 않을까? 초기 연구에 따르면, 많은 유사점이 있긴 하지만 폭식장애는 지속적이 아니라 간헐적 폭식을 포함하는 독특한 증상을 보인다.[3] 반면 음식중독·식사중독은 상습적 과잉 섭취와 관련 있다. 그뿐 아니라 다른 식이장애처럼 폭식장애도 식사에 대한 인지왜곡과 신체 이미지에 대한 걱정에서 시작된다. 이런 점은 생리적 의존성에서 비롯되는 중독장애에서는 항상 나타나지 않는다. 진단 타당성이나 질병 분류와 관련된 이런 질문들은 시간이 흐르면서 해결되겠지만, 이 책의 맥락에서 더 중요한 질문은 다음과 같다. 첫째, 폭식장애와 소비자 문화의 관계는 무엇인가? 둘째, 이 새로운 진단은 의도하지 않은 어떤 결과를 낳는가?

— 정상을 치료하다

미국정신의학회는 정신병리를 '서술'하는 과학기관이라 자부하지만, 서술하는 과정에서 증상 목록을 사람들에게 제시함으로써 정신병리를 '생산'하기도 한다. 일단 새로운 진단이 무엇이든 명문화되고 나면 문화 구성원들이 겪을 수 있는 증상이 하나 더 늘어난다. 이런 일은 어떤 면에서는 고통을 표현할 인정받는 수단을 제공하기 때문에 더 많은 진단이 내려지도록 만든다. 곧 폭식장애를 DSM에 추가하면 문화적으로 인정된 증후군을 제시한 것이므로 많은 사람이 이 진단 아래 새롭게 들어간다는 말이다. DSM 4판 편찬위원회 위원장이었던 앨런 프랜시스는 DSM 5판을 공공연하게 비판하면서 자신의 책《정신병을 만드는 사람들Saving Normal》에서 이렇게 말한다.

나는 폭식장애 기준에 꼭 들어맞는다. 내가 기억하는 한 거의 그랬다. 십대 초반이 시작이었다. 먹을 게 가득한 찬장과 터질 것 같던 냉장고를 밤중에 몰래 뒤져 혼자 엄청나게 먹어댔다. 대학 시절 나는 80킬로그램급 레슬링 선수였지만 시합 뒤에는 이틀간 폭식을 했다. 그래서 월요일이 되면 86킬로그램까지 몸무게가 불었다. 그러고는 밥을 굶고 수분을 빼서 토요일까지 80킬로그램으로 되돌리곤 했다. 나는 항상 뷔페와 무제한 식당의 민폐 고객이었다. 단 한 주도 괴물처럼 폭식하지 않고 지난 적이 없었다. 지금 내가 그나마 우아하게 11킬로그램 과체중을 유지할 수 있는 유일한 비결은 아침과 점심을 매일 굶고 하루에 몇 시간씩 운동하기 때문이다. 나는 끔찍한 식습관과 형편없는 절제력을 지닌 흔하디흔한 대식가인가? 아니면 DSM 5판에 명시된 폭식장애를 지닌 환자인가?[4]

프랜시스는 폭식장애가 문턱 낮은 진단이라고 주장한다. 그러니까 진단을 받기 위해 심한 증상이 필요치 않다 보니 너무 많은 사람들을 진단명 아래 쓸어 담는다는 것이다. 이는 어떤 《진단통계편람》을 쓰든 있을 수밖에 없는 문제를 보여준다. 새로운 과학 지식에 따라 책이 수정될 때마다 새 진단이 나타나거나 사라진다. 예를 들어 내 환자 한 사람은 2013년 5월 전까지 어떤 장애 진단도 받아본 적이 없다. 그녀가 스스로 '몸의 문제'라고 부르는 현상이 있긴 했지만 어떤 식이장애 기준에도 부합하지 않았다. 그녀는 일주일에 한 번 빵집에 가서 커다란 시나몬롤 두세 개를 사서 폭식했고, 그러고 나서는 죄책감을 느끼며 후회했다. 폭식을 한 번 하고 나면 하루 이틀 정도는 음식 섭취를 어렵지 않게 조절할 수 있었으므로 체중은 늘지 않았다. 물론 건강한 식습관이라고 볼 수는 없지만 이런 행동이 과연 정신장애에 속하는 걸까? 그녀는 호리호리한 체형이긴 했지만 신경성식욕부진증 진단에 필요한 15퍼센트 체중 미달과는 거리가 멀었고, DSM

에 묘사된 병리적 강박행동도 하지 않았다. 탐식 때문에 고통을 조금 겪긴 했어도 일상생활에는 지장이 없었고 폭식을 한 뒤에는 절제했으므로 체중도 그대로였다.

내가 보기에 그녀의 가장 큰 문제는 시나몬롤을 먹어댈 때 설탕을 많이 섭취한다는 것이었지만, 설탕 과잉 섭취는 현재 정신질환이 아니다. 그렇게 그녀가 2013년 5월 17일 밤 잠자리에 들 때까지만 해도 그녀에게 들어맞는 진단은 없었다. 그러나 5월 18일 아침 눈을 뜨자 그녀는 폭식장애 진단 기준에 들어맞는 사람이 되었다.

분명 새로운 진단명이 DSM에 추가되거나 진단의 적용 범위가 넓어질 때마다 그 진단에 들어맞아서 그물에 '걸리는' 사람들이 나온다. 예를 들어 몇 년 전에는 자폐증 비슷한 증상으로 부대끼긴 하지만 자폐장애 기준에는 완전히 맞지 않는 아이들이 있었다. 그런데 DSM 편찬위원회가 아스퍼거장애Asperger's Disorder라는 진단을 만들어 이런 상황에 응답했다. 그때까지 어떤 진단에도 들어맞지 않던 한 무리의 아이들이 갑자기 진단을 받게 된 것이다. 아스퍼거장애가 DSM에서 인정받자 연구자들은 치료법과 의료 개입을 시험할 수 있었고, 학교는 특수교육에 필요한 자원을 추가로 지원받았으며, 고통받는 사람들에게는 의료비가 보험으로 보장되었다. 그러나 DSM에 수록되고 나서 몇 년 뒤 아스퍼거장애는 지나치게 많은 진단으로 과잉 약물복용과 과잉 치료를 낳았고, 학교는 아이들에게 특수교육을 제공하라는 무리한 요구를 받았다.[5] 아스퍼거장애 진단이 너무 유행해서 'aspy'라는 단어가 내향적이고 수줍음을 타며 사교적이지 못한 성격(신경발달장애 축에 끼지도 못할)을 묘사하는 형용사로 유행할 정도였다.

이처럼 만연한 과잉 진단에 대한 대응으로 DSM 5판 편찬위원회는 아스퍼거장애를 없애고 자폐스펙트럼장애Autism Spectrum Disorder의 범위를 상당히 제한했다. 이런 수정은 어떤 분류체계에나 있을 수밖에 없다. 태양계 행성들마저 30년 전과 다르게 분류되고 설명되지 않는가. 그러나 문제는 교도소와 학교, 의료보험사가 적격성을 심사하고 보험료 보장 범위를 결정할 때 DSM에 의존하는 데서 생긴다. 불완전한 분류체계가 감당하기에는 어마어마한 법적·사회적 책임이다. DSM은 교육과 정치, 의료 부문에서 그렇게 많은 결정을 내릴 권위를 부여받을 만큼 심리를 측정하는 일에 엄정함을 갖추지 못했다.

이런 과잉 진단과 과소 진단을 통계학자들은 '1종 오류Type I error' '2종 오류Type II error'라 부른다. 1종 오류는 참인 가설을 참이 아니라고 잘못 기각하는 것이다. 곧 실제로는 음성인 결과가 양성으로 나오는 '거짓 양성false positive'이다. 반대로 2종 오류는 틀린 가설을 기각하지 못하는 것이다. 곧 '거짓 음성false negative'이다. 진단이라는 관점에서 이 두 오류가 뜻하는 바는 DSM이 아스퍼거장애를 추가할 때처럼 진단을 더하거나 진단 범위를 확장할 때 '거짓 양성' 진단을 만들어낼 수밖에 없다는 점이다. 반대로 진단을 없애거나 진단 범위를 제거할 때는 '거짓 음성' 진단을 낳게 된다. 곧 진단받아야 할 사람들이 더이상 진단받지 못한다. 불완전한 분류체계 때문에 이런 진단 오류가 있다고 해서 이 잡느라 초가삼간 태우듯 분류체계를 없애야 한다는 말은 아니다. 어떤 분류체계든 오류가 있기 마련이며 DSM 편찬자들은 이 두 오류 사이에서 균형을 잡아야 하는 힘든 일을 맡았을 뿐이다. 그러나 현재 소비주의 문화에는 부적절한 진단과 불필요한

치료로 소비와 수익을 늘려주는 거짓 양성 진단이 많은 편이다.[6]

이런 과잉 진단과 과잉 치료는 정신의학만의 문제는 아니다. 미국 의료체계 전반에 걸쳐 입증된 심각한 문제다.[7] 의료보험이 이윤 추구 사업으로 발달하다 보니 의사들도 시장 점유나 환자를 두고 경쟁해야 하는 상황에 놓였다. 의사들은 상품, 곧 검사와 검진, 치료, 의약품을 많이 팔면 더 높은 수익이라는 보상을 얻는다. 게다가 비싼 장비를 구입하는 데 들인 돈도 되찾아야 하니 과잉 진단과 과잉 치료가 훨씬 늘었다. 미국의 의료보험제도는 이런 이윤 추구를 토대로 한다. 1종 오류, 곧 거짓 양성 진단을 자초하는 것이다. 반면 2종 오류를 저지르거나, 질병 진행 과정을 지켜보자거나, 보존적 치료(conservative treatment, 수술이나 의료 개입 없이 증상 완화를 목적으로 하는 치료-옮긴이)를 하자고 결정을 내리면 지출과 소비가 줄어들 수밖에 없다. 그러면 소비자 지출에 토대를 둔 경제가 성장하지 못한다. 달리 말해 끊임없는 소비 증가에 경제가 의존하는 소비자 문화의 깔때기는 과식만이 아니라 과잉 진료와 과잉 진찰까지 유발한다.

폭식장애 진단 문제로 돌아가보자. 고질적 폭식이 건강에 좋지 않은 것은 분명하지만 사실 모든 생물종은 '가끔씩' 폭식을 한다. 마찬가지로 인류의 진화사를 거슬러 올라가면 먹을 음식이 있을 때 많이 먹어두는 것은 진화 적응의 한 형태이며 많은 문화에서 의례와 축제로 자리 잡았다. 인간이 살아가는 조건의 일부인 증상을 장애로 정의하는 일은 위험하다. 하지만 미국정신의학회가 발간하는 DSM의 많은 진단이 그렇다. 이런 현상을 두고 앨런 프랜시스는 '정상을 치료하기medicalizing normal'라 부르며 DSM이 그런 일을 할 때가 많다고 지적한다. 그는 주의력결핍및과잉행동장애ADHD와 사회불안장애, 우울증을 그 예로 든다. 이를테면 최근 DSM은 애도우울증Bereavement exclusion이라 불리는 항목을 주요우울장애Major Depressive Disorder 진단에서 삭제했다. DSM의 이전 판들에서는 과거 두 달 동안 사별 경험이 있는 사람은 주요우울장애 진단에서 제외했다. 사별한 뒤 두 달 동안 나타나는 우울 증세는 정상적인 애도 표현이지 장애가 아니라고 봤기 때문이다. 그러나 DSM 5판에서는 기준이 달라졌다. 이제는 사별한 고통으로 슬퍼하는 사람도 주요우울장애 진단에 포함된다. 이런 기준은 정상적인 슬픔을 질병으로 만들고 비탄에 빠진 사람들에게 약을 처방하도록 의사들을 부추긴다. 결국 투약과 치료 소비는 증가한다.

우울과 애도를 구분하듯 우리는 극단적으로 폭식하는 사람들과 가끔 폭식하거나 그냥 과식할 뿐인 사람들을 구분해야 한다. 물론 폭식장애 치료로 혜택을 볼 사람도 많겠지만 폭식장애로 잘못 진단받게 될 사람들, 새로운 거짓 양성 진단을 받게 될 사람들은 어떻게 해야 할까? 가벼운 증상을 보이는, 경계선에 있는 사람들, 곧 가끔 시나몬롤을 폭식하는 내 환자 같은 사람이 제약회사의 마케팅에 취약하게 노출된다. 왜 그럴까?

폭식과 과식의 경계가 불분명하기 때문이다. 날씬한 몸매를 원하는 사회적 욕망 때문에 그리고 복잡하고 힘든 행동장애를 약으로 해결할 수 있다는 매력 때문에 가벼운 폭식은 이른바 '라이프스타일 드러그lifestyle drugs'로 치료하기에 이상적 조건이다. '라이프스타일 드러그'란 고통스럽지도 생명을 위협하지도 않는 질병을 치료하는 약을 말한다. 발기부전이나 탈모, 주의력 결핍 치료약들이 여기에 속한다. 제약회사들은 종종 소비자에게 '소비자 대상 직접광고direct-to consumer advertising'로 이런 약들을 공격적으로 마케팅한다. 1997년 미국은 제약회사가 소비자에게 텔레비전이나 잡지에서 직접 홍보하는 것을 허용하는 두 국가 가운데 하나가 되었다.[8] 제약회사의 소비자 대상 직접광고가 허용되기 전까지 브랜드 의약품에 관한 정보를 얻는 유일한 방법은 의사를 통하는 길밖에 없었다. 이제는 우울증과 사회불안장애, 성인 주의력결핍장애, 발기부전증을 치료한다는 수많은 의약품 광고에 "의사와 상의하세요"라는 후렴구가 붙는다. 이런 많은 약이 사실 플라세보효과(효과가 없는 가짜 약을 투여해도 병이 나을 것이라는 기대 때문에 병이 호전되는 현상으로 위약효과라고도 불림-옮긴이) 정도밖에 없으며, 간혹 그보다 못하다는 증거도 많다. 그런데도 제약회사는 계속 공격적으로 마케팅을 벌인다. 한 개인의 건강을 염려하거나 불필요하고 지나친 투약 결과를 염려하는 것보다 이윤을 추구하려는 욕망이 더 크기 때문이다.

식품산업과 건강보조식품산업이 장수와 젊음, 활기, 건강을 약속하며 부유하고 건강한 사람들의 욕망을 부추기는 방식은 앞에서 이미 살펴봤다. 많은 라이프스타일 드러그도 에너지바와 스포츠음료, 건강보조식품처럼 우리를 최고의 자본주의 시민으로 만들어주겠다고 약속한다. 젊음, 자유, 생산성을 손을 뻗어 붙들기만 하면 된다고 말이다. 예를 들어 예전에 주의력결핍및과잉행동장애나 기면증(narcolepsy, 낮에 이유 없이 졸리고 무기력감을 느끼며 렘수면에 빠지는 증세로, 잠이 들거나 깰 때 환각을 경험하거나 수면 발작, 수면 마비 증상을 보이기도 함-옮긴이) 같은 질병에 처방되던 많은 약들이 이제는 신경강화제neuroenhancer가 되어 생산성을 높이고 싶은 정상적인 개인에게 허가초과의약품(식약청에서 사용이 허가된 효능과 효과 외에 의료 현장의 필요와 재량에 따라 사용되는 약품-옮긴이)으로 공급되고 있다.[9] 엄밀하게 따지면 제약회사들은 이런 의약품을 신경강화제로 마케팅하도록 허가받지 않았지만, 이런 판매를 통해 분명 엄청난 수익을 올리는 중이다. 탈모증이나 질건조증, 발기부전 들에 쓰이는 약들도 사람들에게 생기 있고 아름답고 정력이 넘치는 사람으로 만들어주겠다고 약속한다. 이런 광고는 유한한 운명과 노화, 고립에 대한 인간의 깊은 실존적 공포를 이용한다. "더 나은 당신"이 될 수 있다고 말할 뿐 아니라 어쩌면 외로움이나 노화, 죽음도 막을 수 있다고 대중의 무의식에 호소한다. 라이프스타일 드러그 시장은 제약회사 경영진이 오랫동안 꿈꿔온 시장이다. 아픈 사람만이 아니라 건강한 사람을 대상으로도 시장을 넓힐 수 있기 때문이다. 사실 머크사의 전 최고경영자 헨리 개드센은 〈포춘Fortune〉에 머크사가 껌 제조업체 위글리스사와 비슷해졌으면 좋겠다고 말한 적도 있다.[10] 약을 껌처럼 팔기 위해 거대 제약회사들은 지난 수십 년 동안 치료제만이 아니라 질병에도 브랜드를 붙여 팔려고 애썼다. 예를 들어 선택적세로토닌재흡수차단제selective serotonin reuptake inhibitors라 불리는 계열의 약물은 가장 널리 처방되는 라이프스타일 드러그다. 불안장애와 식이장애, 중독, 준임상적 우울증(subclinical depression, 우울 증상이 있지만 우울장애 진단 기준을 충족하지 않는 상태-옮긴이), 심지어 폐경을 비롯한 많은 정신의학적 증상에 처방된다. 프로작, 졸로프트, 팩실 같은 이런 약들은 처음에 우울증 치료제로 허가되고 처방되었지만,

효능 검사에서 대단히 엇갈린 결과를 보였다. 가벼운 우울증, 중간 우울증, 심한 우울증 모두에서 위약과 비교했을 때 뚜렷한 치료 결과가 입증되지 않은 것이다.[11] 사실 세로토닌 부족으로 우울증이 생긴다는 '화학물질 불균형' 이론은 널리 받아들여지긴 했지만 결코 결정적으로 입증된 적이 없다. 발표하거나 발표하지 않은 임상시험 10여 건을 평가한 메타분석에 따르면, 선택적세로토닌재흡수차단제를 비롯한 관련 약품은 미화된 플라세보에 불과할지 모른다. 하지만 그런 약들은 분명 잘 팔린다.

폭식장애처럼 문턱이 낮은 진단이 추가되면 수백만 명이 처방의약품의 잠재적 사용자가 될 수 있다. 초기 연구에 따르면 미국인의 3퍼센트가 생애 어느 시점에서는 폭식장애 기준을 충족하며, 또다른 7퍼센트는 가끔 폭식을 하지만 진단 기준을 완전히 충족하지 못하는 준폭식장애에 들어간다.[12] 이처럼 폭식장애 진단 기준에 들거나 조금 못 미치는 3000만 명이 이제 투약 사정권에 들어온 것이다. 특히 의사들이 진단 기준에 미치지 못하는 사례인데도 약을 처방하거나 허가초과의약품을 처방하는 경우가 잦아졌다. 이는 어떤 질병이든 약을 처방받기 위해 진단 기준을 완전히 충족해야 할 필요가 없어졌기 때문이다.[13] 그러나 프로작, 리탈린(Ritalin, ADHD 증상을 완화하는 신경자극제 약물-옮긴이), 애더럴(ADHD에 처방되는 일종의 자극제-옮긴이)처럼 흔히 처방되는 많은 약품은 체중 변화, 정신병, 자살 경향성, 중독 같은 심각한 부작용을 일으킬 수 있다. 요즘 무척 많은 사람이 이런 부작용에 노출돼 있다. 그중 수백만 명이 신경자극제를 복용하는 어린이들이며, 더 걱정스러운 점은 그 가운데 1만 명은 아직 유아들이라는 사실이다.[14]

— 질병 장사와 소비문화

소비주의 문화에서 진단은 그 자체로 강력한 통화다. 진단이 있다는 사실만으로 소비자 요구가 창조되고 필요가 만들어지기 때문이다. 달리 말해 DSM이 진단을 추가하거나 진단 범위를 넓히면 뒤이어 과잉 진료가 일어나고 치료 행위나 관련 책 구입, 약 처방, 식이요법 등으로 전체 소비가 증가한다. 질병 제조는 욕망 제조의 기이한 변형이다. 사실 누가 질병을 원하겠는가? 그러나 거대 제약회사의 마케팅, 광고, 질병 인식disease awareness 캠페인은 사람들에게 처방 치료가 필요한 질병이 있다고 믿게 만들어 거대한 이윤을 창출한다. 그래서 질병 장사라 불리는 것이다. 거대 제약회사의 질병 장사에 미국정신의학회도 어느 정도 책임이 있거나 적어도 알게 모르게 공모했다. 새로운 진단을 추가하거나 진단 범위를 확장하면 더 많은 처방이 생기고, 더 많은 처방은 더 많은 이윤으로 연결되기 때문이다. 물론 정신의학과 정신약리학은 중간 단계에서부터 심각한 단계에 이르는 정신질환 환자들에게 좋은 해결책과 치료법을 제공한다. 그러나 1997년부터 진단 기준의 끄트머리에 걸리는, 증상이 가벼운 사람들을 붙들고 약을 비롯한 다양한 치료법들을 판매하는 추세가 퍼지고 있다. 요즘 성인 다섯 명 가운데 한 명은 항우울제, 항정신병약, 항불안제 같은 정신의약품을 적어도 하나는 복용한다.[15] 또 일반 성인의 정신의약품 복용량은 2001년에서 2010년 사이 22퍼센트나 증가했다.[16] 이런 증가율은 소비자에게 직접광고를 허용한 느슨한 규제의 덕을 크게 봤다. 직접광고는 심지어 특정 질환을 언급조차 하지 않으면서 해변을 달리거나 꽃

밭 사이를 뛰어다니거나 요리를 하며 유행가를 따라 부르는 근심걱정 없는 삶을 보여주기만 할 때도 많다. 광고에서 보여주는 치료약만 있다면 그런 아름다운 삶을 살 수 있다고 암시하는 것이다. 코미디언 크리스 록은 코미디 프로그램에서 이를 예리하게 묘사했다.[17]

> 밤마다 텔레비전에 진짜 이상한 약 광고가 합법적으로 우리를 낚으려고 애를 씁니다. 근데 제기랄, 우리가 걸려들 때까지 계속 증상만 늘어놔요. 이렇게요. "슬퍼? 외로워? 무좀 있어? 더워? 추워? 증상이 뭐야? 이 약 먹고 싶지 않냐? 젠장! 넌 이 약을 먹어야 해." 약효가 뭔지 알려주지도 않아요. 화면에서는 여자가 말을 타거나 남자가 욕조에 누워 있죠. 그러면서 증상만 계속 늘어놓습니다. "우울합니까? 외롭습니까? 이가 아픕니까? 젠장! 문제가 뭡니까?" 요전에는 이렇게 말합디다. "밤에 잠자리에 들면 아침에 깹니까?" 아, 뭐야, 딱 나네! 바로 나야! 내가 아픈 거야. 난 저 약을 먹어야 해!

― 문화적 정신병리의 결정체인 폭식

DSM은 종종 정신의학의 경전이라 불린다. 기독교의 성경과 마찬가지로 DSM 신봉자들은 그 복음을 널리 퍼뜨린다. 그러나 DSM이라는 텍스트를 문화와 역사의 산물로 인식하지는 못한다. 사람이 만든 다른 것들처럼 DSM도 만들어진 지역이나 시대에만 유효할 뿐 보편적이지도 않으며 역사적 맥락을 초월하지도 않는다. DSM은 중요하지만 결함을 가지고 있으며, 자연과학의 타당성을 결코 제공하지 못하는 정신의학과 심리학의 정체성 속에 위태롭게 갇혀 있다. 이에 DSM 저자들은 타당성을 높이려는 노력으로 뇌와 정신을 과학이나 의학으로 이해해야 할 유기체로 여기는 생물의학적 행동모델을 제시한다.

반면 현상학자들은 '체험된 몸lived body', 곧 우리 자신의 주관적 경험을 성찰하며 어떻게 행동이 우리 자신과 문화를 표현하는지 고민한다. 그렇다고 DSM에 묘사된 심리적 고통이 타당하지 않다거나 사실이 아니라는 말은 아니다. DSM 진단에 생물학적 근거가 없다고 말하려는 것도 아니다. 단지 그런 질병의 표현과 현상학이 시간과 장소, 문화에 따라 형성된다는 말을 하고 싶을 뿐이다. 그러나 폭식을 정신 장애로 분류하면 과식이 자아의 실패 때문에 일어난다는 생각이 강화된다. 그러니까 우리 뇌가 고장 났거나 우리가 의지력을 상실했기 때문에 과식을 한다는 생각을 퍼뜨린다. 과식을 이렇게 이해한다면 과식이 문화적·경제적 영향에서 분리된, 자아의 심리 테두리 안에서 전적으로 일어난다고 생각하게 된다. 몸, 특히 여성의 몸은 다양한 문화와 역사에서 조작되고 통제됐다. 전족과 코르셋 착용이 그 예다. 1980년대 수전 보르도는 신경성식욕부진증(거식증)을 문화적 정신병리의 결정체로 보았다. 그녀는 거식증에 대해 "한 가지 성격 구조가 극단적으로 표현된 것이라기보다는 우리 시대의 다면적이며 불균질한 고통이 대단히 중첩된 증상으로 보인다. 거식증이 환자 한 사람 한 사람의 심리에서 다양한 역할을 하듯 다양한 문화적 추세나 흐름이 거식증으로 모여 각각 완벽하고 정확한 표현을 찾아낸다"라고 썼다.[18] 비슷한 논리로 우리는 폭식장애를 문화적 정신병리의 새로운 결정체로 볼 수 있을 듯하다. 폭식장애가 과식과 과소비라는 문화의 문제를 개인의 장애로 표현한다는 점에서 말이다. 한 문화에 극단적 가치나 관습이 있을 때마다 그 극단을 개인의 병리처럼 보이는 형태로 표현하거나 '수용하는house' 동시에 우리 모두의 대리인 역할을 하는 개인들이 있기 마련이다. 이런 대리장애는 간혹 '문화 관련 증후군culture bound syndromes'이나 '고통의 관용구idioms of distress'라 불린다. 이런 장애는 병을 알리는 일종의 인정된 특정 행동과 증상, 언어로 이뤄진 질병 은유다. 예를 들어 남아시아의 다트증후군Dhat syndrome은 정액을 잃을지 모른다는 두려움을 보이는 문화 관련 증후군이다. 아마도 정력에 대한 불안이나 성 충동, 자위에 대한 수치심을 표현하는 '장애'인 듯하다. 마찬가지로 일본의 다이진교부쇼Taijin Kyofusho는 자신의 체취나 불결함 때문에 다른 사람이 불쾌함을 느낄지 모른다는 두려움을 보이는 광장공포증을 가진 사회불안장애로, 질서와 청결을 중시하는 일본 문화를 반영하는 듯하다. 모든 문화에는 사람들이 고통을 표현할 수단이 되는 이런 암묵적 증상이 있다. 이를테면 살아가는 일이 힘들 때 무의식적으로 증상을 선택할, 내면화된 '메뉴' 같은 것이라 생각하면 된다. 화장이나 수술로 바비인형과 소름끼칠 만큼 비슷하게 자신을 변형한[19] '인간 바비인형'도 금발의 푸른 눈을 가진 날씬한 미인을 찬양하는 문화, 그리고 성형수술을 용인하는 문화의 결정체로 볼 수 있다. 인간 바비인형은 복잡한 문화 현상을 드러내는 대리인이긴 하지만 개인 차원에서는 신체이형장애(Body Dysmorphic Disorder, 자신의 외모에 큰 결함이 있거나 기형적이라는 생각에 사로잡히는 증상-옮긴이)라는 진단을 받을지 모른다. 이런 사례에서 우리는 DSM이 현대 미국이라는 시간과 장소의 산물이자 안내서라는 걸 확인할 수 있다.

DSM에 제시된 장애를 문화 관련 증후군으로 여긴다고 해서 질환을 일으킬 가능성이 있는 생물학적·신경학적 원인을 배제하자는 말이 아니다. 원인을 개인이나 개인의 내면에서만 찾지 말고 문화에서도 찾자는 것이다. 장애는 신경화학이나 신경해부학 병리에서 비롯될 수 있지만 문화적 병리 때문에 시작되거나 악화되기도 한다. 우리는 개인이 어떻게 문화를 대신해 병을 진단받는지 보지 못하는 사각지대에 있기 때문에 개인의 진단에 영향을 미치는 문화적 병리에 주목하지 못하는 경우가 많다.

미국인들은 세 가지 이유로 특히 이런 대리 진단의 피해를 입기 쉽다. 첫째, 오랫동안 심리학은 연구 단위로 개인에 지나치게 집중했기 때문에 자아를 구성하는 인종과 계급, 성, 지역 같은 맥락을 자주 무시한다. 둘째, 서구의 자아는 대단히 개인화되어서 각 자아를 서로 연결하지 못하게 제한하거나 집단 생태계로부터 분리시킨다. 또한 자아를 역사와 무관한 존재로 경험하게 한다. 셋째, 널리 퍼진 생물학·화학 불균형 이론 때문에 개인과 뇌를 진단과 치료의 단위로 보기 쉽다. 이 모든 영향이 한데 모여 문화적 질병을 내면적으로 경험하게 만들고, 진단을 외부 요인의 표출로 생각하지 못하도록 우리를 이끈다.

폭식장애의 문화적 병인은 과소비다. 더 구체적으로 말하면 몸에 해롭거나 몸이 감당하기에 너무 많은 음식을 과하게 먹는 풍조다. 그러나 DSM은 과식이 개인의 질병이라는 오해를 만들어낸다. 정신의학과 심리학은 과식의 책임을 개인에게 돌리고 다이어트나 약 복용,

수술처럼 개인 차원에서 해결책을 찾도록 몰아붙이는 강력한 메시지를 사람들에게 건네며 이런 오해를 더 견고하게 만든다. 이런 방식의 치료는 식품산업이나 식품정책 입안자들이 책임지지 않고 빠져나갈 여지를 만들어준다. 정신의학의 질병 패러다임이 이들에게 면죄부를 준 셈이다. 담배산업이 그랬던 것처럼 엄청난 수익을 올리는 식품산업도 모든 책임과 통제위치locus of control를 개인에게 돌린다. 수익성이 굉장히 높은 정신의학과 거대 제약회사도 이런 노력에 가세한다. 앨런 프랜시스는 이렇게 말한다.

폭식장애는 비만이 유행하는 현상에 대해 정신의학이 내놓은 해답이다(비만은 이제 대중 건강의 가장 치명적 위협으로 흡연문제를 빠르게 따라잡고 있다). 불행하게도 정신의학은 비만 문제에 해답을 갖고 있지 않다. 폭식이나 비만은 치유되지 않는다. 더 정확히 말해 폭식장애 진단은 비만을 치료할 진짜 방법으로부터 우리의 주의를 분산시킨다. 우리에게 필요한 것은 공공정책의 과감한 변화다. 우리 사회는 새로 만들어진 폭식장애의 유행으로 살찌고 있는 게 아니다. 값싸고 지나치게 맛이 좋고 편리한 데다 칼로리가 높고 지독하게 건강에 해로운 패스트푸드와 스낵, 탄산음료가 늘 눈앞에서 우리를 유혹하기 때문에 살이 찌고 있는 것이다. … 정신장애 때문에 비만이 유행하는 게 아니다. 가짜 정신장애 치료로는 이런 비만의 유행을 고칠 수 없다. 한심한 공공정책 때문에 피해를 입은 사람들에게 정신질환 딱지를 붙이는 것은 도움이 되지 않는다. 정책을 바꾸는 게 훨씬 낫다. … 돌팔이 정신장애 딱지는 어떤 도움도 되지 않는다. 폭식장애를 만들어내면 엉뚱한 범인에게 정신이 팔리게 된다. 아

픈 것은 개인이 아니라 공공정책이다.[20]

개인 차원에서 과식 문제를 치료하는 것은 다이어트를 하거나 처방된 의약품을 복용하는 것이 아니라 식품 환경이나 소비자 문화를 다시 생각하고 거부하는 것과 관련이 있다. 임상적 관점에서 보면 이런 일은 정말 힘들다. 자신을 변화시키겠다고 의기충천해서 나를 찾아온 환자들조차 식품을 선택하는 방식을 전부 다시 생각해야 한다는 것에, 소비자 문화와 자신의 관계를 비판적으로 재평가해야 하는 급격한 패러다임의 전환에 기가 꺾이고 만다.

— 저장 강박증은 또다른 소비 장애일까?

DSM 5판에 새로 추가된 또 하나의 장애는 저장장애Hoarding Disorder다. 저장장애는 소유한 물건의 실제 가치에 관계없이 물건을 버리거나 남에게 주는 일을 어려워하는 증상이다. 이런 증상은 그 물건들을 가지고 있을 필요가 있다고 느끼며 물건 버리는 일을 고통스럽게 여기기 때문에 생긴다. 물건이 너무 많이 쌓여 생활공간이 부족해지고 어수선해져서 물건을 원래 용도대로 사용하지 못할 정도에 이르는 것이다.[21] 폭식장애와 저장장애는 같은 범주로 분류되지도 않고, 병인이 서로 관련 있는 것으로 보이지도 않지만 둘 다 소비 과잉을 나타낸다는 점에서는 비슷하다. 두 장애가 동시에 DSM에 추가됐다는 게 놀랍지 않을 정도다. 두 장애 모두 자신을 달래거나 자극하기 위해 미친 듯이 물건을 사들이고 소비하는 것과 관련이 있다. 간단히 말해 둘

다 지나친 풍요와 번영으로 부대끼는 문화의 표현이다.

주류 심리학은 어떻게 우리의 소유물, 또는 고고학자들이 물질문
화라 부르는 것이 우리의 행복과 건강에 영향을 미치는지를 주로 다
루지 않는다. 물건을 손에 넣으려는 욕망, 물건에 대한 애착, 물건을
쌓아두고 관리하는 부담, 물건을 없애는 어려움은 심리에 대단히 큰
영향을 미친다. 최근의 미국 가족을 연구한 UCLA 연구자들의 연구
를 떠올려보라. 가족들은 장난감, 옷, 식품 같은 물건들이 주거공간에
잔뜩 쌓인 어수선한 가정에서 스트레스를 받고 있었다. 이 가족들은
저장장애로 진단받지도 않았고, 저장장애 진단을 받을 만큼 심한 증
상을 보이지도 않았지만 너무 많은 물건을 사고 소유하는 삶의 부작
용으로 고통받는다.[22] 《물질세계: 세계 가족의 초상Material World: A
Global Family Portrait》이라는 책에서는 사진가 열여섯 명이 30개국을
여행하며 각 나라의 일반 가정이 소유한 물건을 사진에 담았다. 집에
있는 물건들을 모두 밖으로 꺼내 가족과 나란히 찍은 사진도 있다.
짐작하겠지만 문화마다 소유물의 양과 질이 무척 다르다. 특히 개발
도상국의 많은 가족이 간단한 조리도구 같은 많지 않은 물건만 소유
한 반면, 북아메리카와 서구의 가족들은 놀랄 만큼 소유물이 많았다.
가족들은 종종 비니베이비인형(미국의 타이사가 1993년 출시한 봉제인형 제품
들로 새로운 디자인을 제한된 수만큼만 만드는 전략으로 인기 있는 수집품이 되었다-옮긴
이) 같은 방대한 수집품과 함께 포즈를 취해 문화와 물질주의가 우리
정체성에 개입하는 모습을 뚜렷이 보여주었다.

예전에 내가 상담했던 환자는 옷을 산더미처럼 산 뒤 집으로 가져
와 입어본 다음 다시 가게로 가져가 환불하곤 했다. 그녀는 이런 방

법으로 지출을 영리하게 조절할 수 있다고 생각했다. 새 물건을 구입하는 황홀감은 누리지만 개인 재정에는 해를 주지 않는 방법이다. 분명 눈에 보이는 부정적 결과 없이 충동을 만족시키는 효과적인 방법이긴 했지만 내게는 그 행동이 전형적인 쇼핑폭식증shopping bulimia으로 보였다. 소비의 즐거움과 만족감을 느끼기 위해 한바탕 먹어댄 뒤 과소비를 정화하기 위해 구토나 무효화 행동을 하는 폭식의 한 유형과 비슷했다. 그러나 폭식증의 보상 행동과 달리 사용하지 않은 물건을 환불하는 일은 물리적 해를 끼치지 않는다. 그리고 시장조사에 따르면 환불 규정이 느슨할 때 판매가 증가하므로 많은 가게가 느슨한 환불 규정을 채택한다.

이렇게 옷을 사들이고 환불하는 것은 폭식증의 증상인 폭식과 구토와 비슷하다. 마찬가지로 최근 쇼핑홀shopping hauls이라 불리는 현상도 폭식장애에 견줄 만하다. 언박싱 비디오와 비슷한 쇼핑홀 비디오는 대개 젊은 여성이 값싼 옷을 한바탕 신나게 사들이는 것을 찍어 인터넷에 올린 비디오다. 쇼핑홀 비디오를 몇 편 보다 보면 구입한 옷과 신발, 핸드백을 소개하는 모습에서 열광적인 환희를 엿볼 수 있다. 물건을 손에 넣은 승리감이 전해지는 것이다. 폭식장애에서 나타나는 폭식이 대개 몰래 이뤄지며 폭식한 뒤에는 수치심과 죄책감이 드는 것과 달리, 쇼핑홀에서 보여주는 쇼핑은 공개하고 자랑해야 할 일이 된다. 값싸고 해로울 수도 있는, 질보다 양으로 승부하는 상품을 삽화적으로 소비한다는 점에서 두 증상의 '발현'도 매우 닮았다.

사람들은 왜 물질적 대상을 소비할까? 초기 이론가들은 이렇게 설명한다. 물건을 손에 넣는 일은 불안을 달래주며, 대상을 소유하는 일은 이웃보다 더 많이 가짐으로써 안전과 지위를 추구하는 욕망을 드러내준다는 것이다. 대개 사람들은 자신감이 없을 때 소비하려는 경향을 보인다. 또 대상을 가지려는 욕망이 대상 자체에 대한 욕망일 때는 거의 없고, 대상과 대상을 욕망하는 사람, 다른 사람에게 미치길 원하는 영향 사이에서 상징적 삼각형을 이룬다.[23] 폭식장애와 저장장애는 제프리 코틀러가 '획득욕망장애disorders of acquisitive desire'라 부른 것에 속할지 모른다.[24] 약물 남용이나 식이장애와 마찬가지로 획득욕망장애는 불안과 우울, 충동성 같은 다른 증상들과도 관련된, 지속적인 인지, 행동, 사회적 요인이 다면적으로 결합된 문제다. 획득 욕망은 DSM에 실린 한 가지 장애와 관련이 있다기보다는 물건을 손에 넣고 소유하고 저장하려는 강렬한 욕망과 관련된 근본적 심리 현상이다.

저장장애와 폭식장애의 병인이나 진행 상황, 치료 과정, 결과는 매우 다르다. 내가 저장장애와 폭식장애를 연결하는 이유는 두 장애가 확산되는 문화적·경제적 상황이 비슷해서다. 두 장애 모두 욕망과 소유라는 근본적 충동과 관련이 있다. 콜레라와 말라리아의 유사점을 생각해보면 된다. 둘은 매우 다른 질병이지만 각 질병이 기승을 부리며 확산되는 데 필요한 기후조건은 비슷하다. 폭식장애와 저장장애도 마찬가지다. 이 두 장애가 기승을 부리려면 번영과 소비주의라는 경제적·문화적 조건이 필요하다. 하지만 개인에게 일어나는 폭식장애와 저장장애는 서로 다른 신경중추와 인지과정, 호르몬 메커니즘이 관여한다.

폭식장애 명문화를 통해 우리는 다음 그림에 묘사된 것처럼 소비주의에 내장된 수많은 순환 요소를 볼 수 있다. 우선 식품회사가 사람들이 거부할 수 없도록 설계된 초기호성식품을 개발해 시장에 내놓는다. 각 개인은 과식으로 과체중, 비만, 심리적 고통을 겪는다. 미국정신의학회가 이런 행동을 질병으로 성문화하고 자신들이 발행하는 수익성 높은 DSM이라는 책에 포함시키면, 제약회사에게는 새로운 시장이 생긴다. 절박한 개인들은 식품 대신 약물과 치료를 소비하려 하지만 저항할 수 없을 만큼 맛있는 초기호성식품에 둘러싸여 있

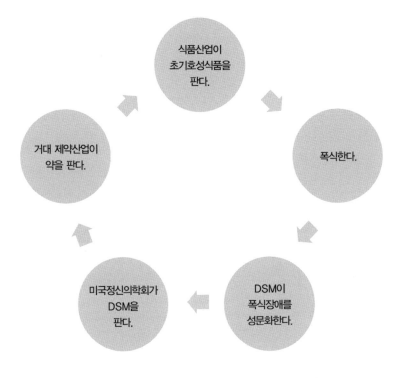

• 소비주의에 내장된 순환들

으므로 헛수고일 때가 많다. 달리 말해 질병과 치료는 모두 근본적으로 문화적·경제적 질병을 치료하지 않은 채 우리를 쳇바퀴에 가두는 과소비의 서로 다른 유형일 뿐이다.

이런 소비의 쳇바퀴에 책임이 있는 두 산업은 거대 식품산업과 거대 제약산업이며, 둘 다 FDA의 규제를 받는다는 점을 유념하자. 다음 장에서 보겠지만 FDA의 규제 결정은 소비자 문화의 한복판에 있으며 개인의 선택과 자유가 심리적·육체적 건강과 충돌하는, '도덕 원칙으로서 소비주의'와 '사회 운동으로서 소비주의' 간의 갈등을 중재한다.

The Psychology
of Overeating

9

식품산업과 제약산업이라는 짝패

소비자 문화에서 가장 규모가 큰 산업에 속하는 식품산업과 제약산업은 소비자의 욕망을 끌어내기 위해 비슷한 작전을 사용하며 똑같은 수법도 수없이 동원한다. 서양의학에서 쓰이는 여러 약품은 세계 식품산업이 생산한 초가공 브랜드 식품과 놀랄 만큼 비슷하다. 식품산업과 제약산업은 상품을 시장에 내놓고 수요를 창조하기 위해 같은 수법을 쓸 뿐 아니라 서로에게 수요를 만들어주며 공생한다. 예를 들어 과식과 과체중, 비만을 치료한다는 많은 약품은 과소비를 무효화하거나 과소비의 영향을 해결할 수 있다는 약속으로 사람들을 안심시키지만 실제로는 계속 과식하게 만든다. 물론 서양의학은 혁신과 과학이 거둔 승리지만 의료 '비즈니스'는 '학문'으로서 의학과는 다르다. 식품산업과 마찬가지로 제약회사 역시 주주들에게 의존하면서 끊임없이 이윤을 늘려야 하기 때문이다.

— 식품과 약품의 시장 확장

식품산업과 제약산업이 시장 점유율을 확장하는 방법을 살펴보는 것은 두 산업이 소비자 문화에서 어떻게 서로 짝패를 이뤄 욕망을 제조하는지를 이해하는 데 좋은 출발점이다. 두 산업은 이윤을 끊임없이 늘리기 위해 지속적으로 신상품을 개발하고 새로운 시장을 개척한다. 앞에서 살펴본 대로 식품산업은 시장을 확장하기 위해 무척 유혹적이고 맛있는 재료로 새로운 상품과 맛, 포장을 거침없이 개발한다. 제약회사도 연구개발을 통해 새 상품을 개발하지만 기존 약품을 이용해 시장을 확장하는 경우도 많다.

미투약품

많은 사람이 놀랄 만한 이야기를 하나 하겠다. 제약회사들은 새 약이 이미 시판되는 약보다 조금이라도 더 효능이 있다는 것을 증명하지 않아도 된다. 사실은 새로 나온 약이 이미 시장에서 팔리는 약보다 효능이 나쁠 수도 있다. 케파우버해리스수정안Kefauver-Harris Drug Amendment에 따라 약품 제조사는 새 약이 아무것도 먹지 않았을 때보다 효과가 있다는 것만 증명하면 된다.[1] 그래서 제약회사는 경쟁사가 이미 시판하고 있는 약품과 거의 동일한 모방약을 시장에 내놓아 경쟁할 수 있다. 이런 약품을 '미투약품me-too drugs'이라 부른다. 따라서 글락소스미스클라인사가 일라이릴리사의 프로작과 거의 비슷한 팩실을 출시해 경쟁할 수 있는 것이다. 펩시가 코카콜라와 경쟁할 탄산음료 신상품을 내놓거나 타코벨이 맥도널드와 경쟁할 새로운 세트 메뉴를 출시하는 것처럼 말이다. 사실 1998년부터 2002년까지 FDA 승인을 받은 신약의 77퍼센트가 미투약품으로, FDA의 분류에 따르면 같은 증상을 치료하는 기존 약보다 더 효과적이지 않았다.[2]

신약 판매를 허가하는 비교·효능 기준이 낮은 것도 문제지만, 이처럼 대단치 않은 효능조차 단 두 번의 임상시험을 통해 증명만 하면 되는 것도 문제다. 임상시험에서 여러 차례 효능을 증명하지 못해도 상관없다.[3] 달리 말해 FDA는 새로운 약과 관련된 연구 전체를 검토하지 않고 제약회사가 골라서 제출한 연구만 검토한다. 제약회사는 임상시험을 반복하고, 종종 부정적 자료를 삭제하거나 플라세보세척(placebo washout, 위약 통제실험에서 기존에 투여한 약물의 효과가 사라지도록 일정 기간 약물을 투여하지 않는 공백 기간을 두는 것-옮긴이) 기간의 자료를 제출하는 것 같은 악랄한 방법으로 결과를 부풀려서[4] 효능을 입증하는 연구 결과 두 개를 쉽게 끌어낼 수 있다. 가장 널리 처방되는 항우울제인 프로작은 수많은 통제실험에서 위약보다 나은 효과를 보여주지 못했다. 글락소스미스클라인사의 수익성 높은 약품 팩실도 효능이 그다지 없는 프로작의 모방약일 뿐이다.

미투약품이 시장 경쟁을 유도해 가격을 낮춘다는, 몇몇 경제학자의 지적은 옳다.[5] 그러나 제약회사는 미투약품을 출시하면서 대개 요란한 질병 캠페인을 벌인다. "의사와 상의하라"며 불필요한 약을 먹도록 사람들을 설득해 결국 소비를 늘리고 의료보험 비용을 증가시키는 것이다. 이런 걸 시장 효율성이라 부를 수는 없다. 제약회사는 특허가 곧 만료될 자사 상품과 비슷한 미투약품을 높은 가격으로 출시해 경쟁을 붙이기도 한다. 영국 제약회사 아스트라제네카는 자사의 블록버스터 약품인 위산억제제 프릴로섹의 특허 기간 만료가 가까워지자 넥시움을 출시해 프릴로섹과 경쟁을 붙였다. 넥시움은 프릴로섹보다 더 효과적이지도 않고, 프릴로섹의 특허 만료 뒤 출시될

저가 제네릭 약품(generic medicine, 약품의 특허 기간이 끝난 뒤 다른 제약사가 공개된 기술과 원료로 만든 복제약-옮긴이)보다 뛰어나지도 않지만, 어쨌든 느슨한 효능 입증 기준 덕분에 시장에 나올 수 있었다.

이런 미투약품이 성공하려면 비슷한 경쟁 약품을 여럿 수용할 만큼 시장이 넓어야 한다. 따라서 높은 콜레스테롤이나 고혈압처럼(과식, 과체중, 비만과 갈수록 밀접한 관계가 있는) 평생 약을 처방받는 질병이 필요하다. 이런 질환에 걸리면 몇 년, 심지어 몇 십 년 동안 매일 꾸준히 약을 먹어야 하므로 크고 꾸준한 시장 수요가 창조된다.[6] 미투약품으로 시장을 차지하기 위해 경쟁하는 제약산업의 모습은 식품산업이나 음료산업이 소비자의 욕망을 부추겨 창조한 광활한 시장에 엇비슷한 상품을 출시함으로써 소비자의 사랑을 얻으려고 경쟁하는 모습과 비슷하다. 서로 경쟁하는 식품과 음료는 맛이라도 다르지만 미투약품은 치료 효과에 아무 차이가 없는 경우도 있다. 약이 거의 비슷하기 때문이다. 대개는 좌우 이성질체라 알려진 화학적 거울상 이미지의 변형(대부분의 약 분자는 두 개의 거울상으로 이뤄지는데 그중 하나만 약리효과가 있다. 제약회사들은 두 분자를 개발하는 방법을 터득한 뒤 기존 약품에서 약효가 있는 이성질체만 분리해내 신약으로 출시하기도 한다-옮긴이)일 뿐이다.[7] 여러 미투약품 가운데 소비자가 무엇을 선호하느냐는 약의 이름이나 색깔, 광고의 영향 때문일 수 있다. 이런 미투약품을 두고 혁신의 승리라 말할 수는 없다. 궤변의 승리라면 모를까.

가짜 재단과 가짜 민간단체

식품산업과 제약산업이 시장을 확장하기 위해 쓰는 또다른 방법이 있다. 가짜 재단과 가짜 민간단체를 만들어 소비자를 오도하는 방법이다. 이런 재단과 민간단체는 겉보기에는 대중의 건강과 편안한 삶을 도우려는 비영리단체 같지만 실제로는 비영리단체의 탈을 쓴 기업일 뿐이다. 예컨대 1998년 FDA가 팩실을 사회불안장애 치료제로 판매할 수 있다고 승인했을 때 제조사 글락소스미스클라인사가 봉착한 문제는 사회불안장애라는 질환을 들어본 사람이 거의 없다는 것이었다. 칼럼니스트 브렌던 코너의 기록에 따르면 FDA가 팩실을 사회불안장애 치료제로 승인한 직후 사회불안장애연합Social Anxiety Disorder Coalition과 공포로부터의자유Freedom from Fear 같은 몇몇 '민간' 단체가 갑자기 생겨났다.[8] 이런 단체가 벌이는 '질병 인식 캠페인'에서는 팩실이나 글락소스미스클라인이 직접 언급되지는 않았다. 대신 "사람에게 알레르기가 있다고 상상해보세요"라는 문구와 함께 평범한 사람의 모습을 담은 포스터와 라디오, 텔레비전 광고를 내보냈다. 이런 캠페인은 글락소스미스클라인사가 사회불안장애라는 질병을 팔기 위해 고용한 광고회사의 솜씨였다. 그 뒤 수많은 '질병 인식 캠페인'이 줄줄이 등장했고 마찬가지로 알 듯 모를 듯한 병명을 가진, 종종 진단 문턱이 낮은 질환을 앓는 사람들로 구성된 가짜 민간단체들이 만들어졌다. 단체에 전화를 걸거나 웹사이트를 방문하면 하나같이 의사에게 특정 약품에 대해 물어보라고 안내한다. 이처럼 치료가 아니라 질병을 마케팅하는 일은 신약 개발만큼 노동과 비용이 많이 들지 않아서 제약회사들에게는 굉장히 효율적이다. 신약을 개발하는 대신 기존 약으로 새로운 시장을 찾아 새로운 질병에 처방하면 그만이기 때문이다.

식품산업도 대중의 건강을 위해 활동하는 비영리단체로 위장한 재단과 협회를 만든다. 예를 들어 국제식량정보협회International Food Information Council는 영어와 스페인어로 된 웹사이트에서 "과학을 토대로 공익을 위해 건강과 영양, 식품 안전에 대한 정보를 효율적으로 전달하는 임무에 전념"한다고 밝힌다.[9] 카길과 닥터페퍼 스내플, 크래프트, 몬산토 같은 회사로부터 자금을 지원받는 이 협회는 웹사이트에 명백히 잘못된 주장을 게시한다. 이를테면 "당뇨의 원인은 여전히 알 수 없다"라는 주장이다. 이와 비슷하게 코카콜라는 "음료와 음료 성분, 활동적인 생활방식이 건강과 웰빙에 미치는 중요한 역할을 실증적 연구로 이해하기 위한 지속적인 노력"의 일환으로 건강과 웰빙을위한음료연구소Beverage Institute for Health and Wellnss를 창설했다.[10] 건강과웰빙을위한음료연구소 홈페이지도 소비자를 오도할 만한 주장이 많다. 예를 들어 "어떤 환경에서는 설탕 섭취가 인지과제 수행을 향상시킬 수 있다는 연구 결과가 있다"라는 주장이다. 과학적으로 믿을 만한 정보인 것처럼 위장한 그 페이지 밑에는 학술자료 네 개가 참고자료로 달려 있지만, 어느 하나도 인간의 인지나 인지과제 수행과 관련된 연구가 아니었다. 이런 주장은 과학적으로 근거 있는 비영리 소비자 교육자료로 오인되도록 대단히 공들여 만들어졌기 때문에 일반 소비자가 타당성을 적절하게 평가하기 힘들다.

파머징 시장

식품산업과 제약산업의 최신 수입원은 새로운 중산층 소비자들의 억눌린 욕망이 폭발하는 신흥시장이다. 무역 세계화 바람이 거세던

1990년대에 급속히 팽창한 이런 신흥시장에 처음 응답한 것은 패스트푸드산업이다. 식품산업은 팽창하는 신흥시장을 탄산음료나 과자류를 비롯한 초가공식품을 실어 보낼 목적지로 여기고 있다. 예를 들어 2014년 1분기 코카콜라의 세계 판매량은 중국 12퍼센트, 인도 6퍼센트 증가에 힘입어 성장했다.[11] 근래 펩시는 선진국 시장에서 건강에 더 좋은 스낵을 파는 전략으로 방향을 전환했지만, 중국과 인도에서는 탄산음료와 기존 스낵 제품을 팔기 위해 대규모로 투자했다.[12] 달리 말해 식품산업의 음료와 가공식품이 선진국 사람들의 건강을 심각하게 해치자 선진국 소비자들은 비만을 비롯한 관련 질병의 물살을 막기 위해 '건강에 더 좋은 식품'으로 관심을 돌렸다. 식품산업도 여기에 발맞춰 '건강에 좋은' 새로운 선택지를 개발해 선진국 소비자들의 수요에 응답했다. 그러나 개발도상국에는 여전히 값싸면서 건강에 해로운 제품을 수출한다.

　새롭게 부상한 시장으로서 식품산업에 포착된 이 지역들은 이른바 '파머징 시장pharmerging markets'이라 불린다. '파머징 시장'은 제약산업 컨설팅 회사 IMS헬스사가 처음 만들어낸 용어다. IMS헬스사는 의약품 시장이 세계 평균 성장률의 두 배로 팽창한 7개국(중국, 브라질, 러시아, 인도, 멕시코, 터키, 한국)을 파머징 시장이라 불렀다. 2009년 판매 증가분의 20퍼센트를 차지하리라 예측되었던 이 7개국은 예상치를 훨씬 뛰어넘어 29퍼센트를 차지했다.[13] IMS헬스사는 제약회사들에게 파머징 시장을 눈여겨보면서 "높은 성장 기회와 지역 소비자의 요구에 발맞출 수 있도록 적절한 포트폴리오"를 선택하라고 조언했다. 또 "파머징 시장의 질병 인지도와 치료 패러다임, 진단 비율은 …

독특하다. 어느 나라도 단일 시장권으로 규정할 수 없다. … 유연성과 맞춤화가 열쇠"라고 이야기했다.[14] IMS의 또다른 보고서는 파머징 시장을 일컬어 제약회사 경영진이 도끼날을 갈 '처녀림'이라고 표현한다.[15] 물론 새로운 시장에 약품을 소개하면 사람들 건강에 도움이 되고 인류의 고통을 줄여줄 수 있다. 그러나 이런 보고서에서 불쑥불쑥 등장하는, 순결을 빼앗는다느니 집어 삼킨다느니 하는 조악한 표현들은 인도주의적 어조라 보기 힘들다.

의약품이 세계적으로 수익을 올리려면 치료 수요를 창조하기 위해 질병도 수출해야 한다.《미국처럼 미쳐가는 세계: 그들은 맥도널드만이 아니라 우울증도 팔았다Crazy Like Us: The Globalization of the American Psyche》에서 에단 와터스는 특히 정신건강 장애가 '전염병 속도로' 다양한 문화권 곳곳으로 퍼지며 토착 질병을 대체하고 있다고 주장한다. 예를 들어 와터스는 패스트푸드가 일본의 요리문화를 바꾼 것처럼, 우울을 대하는 일본인들의 문화적 이해가 최근 얼마나 크게 달라졌는지 묘사한다. 정신질환의 '미국화'는 미디어와 마케팅의 영향으로 한 문화가 정신장애를 이해하고 표현하는 방식을 바꾸는 질병 장사의 새로운 변주곡일 뿐이다. 종합해보면 식품산업과 제약산업은 종종 기만과 오도로 소비자 기반을 확장하지만 대체로 일반 소비자들은 이런 관행 앞에서 무력하다.

― 이해 충돌

식품산업과 제약산업이 자신들의 이익을 증진하기 위해 서로 비슷하게 사용하는 또다른 전략이 있다. 두 산업 모두 이해 충돌(conflicts of interest, 사익과 공익의 충돌로 연구자나 공직자의 공정성을 해칠 가능성이 있는 상황-옮긴이)을 이용해 판매를 늘리고 자사 제품에 불리한 과학적 증거를 은폐한다. 의사나 영양학 연구자들에게 지불하는 강연료만이 아니라, 영양과 약품에 대한 정보를 대중에 알리는 전문 단체와 기업 간의 협력관계도 이해 충돌의 대표 사례다. 기업이 과학자들에게 연구 보조금을 지원하는 관행도 널리 퍼져 있다. 전문가 심사를 거쳐 발표되는 과체중이나 비만을 다룬 학회 논문 중에는 패스트푸드 회사나 거대 음료산업으로부터 간접적으로 후원을 받은 논문이 굉장히 많다. 물론 제약회사의 지원을 받은 의약 효능 연구도 그 못지않게 많다.

기업으로부터 연구비를 지원받은 연구자들은 이제 이런 이해 충돌 관계를 의무적으로 공개해야 한다. 협력관계를 대개 비밀에 부치던 과거에 비하면 분명 나아졌다. 그러나 공개만으로는 이해 충돌이 가벼워지지도 않으며, 독자들이 연구 타당성을 평가하는 일에도 도움이 되지 않는다. 게다가 이런 공개는 대개 학술지 논문에 각주나 작은 글씨로 표기된다. 논문 초록에는 보통 포함되지 않는다. 학술지 구독자가 아니거나 전문가가 아닌 사람도 읽을 수 있는 유일한 부분은 논문 초록이다. 무엇보다 일단 활자로 인쇄되고 나면, 특히 학술지에 실리고 나면 무엇이든 진실처럼 보이기 쉽다. 기업과 맺은 협력관계가 연구 결과에 영향을 주었을지 모른다는 내용이 작은 글씨로 표기돼 있어도 말이다.

또다른 문제는 연구자들이 이해 충돌 상황을 제대로 밝히지는 않는다는 점이다. 한 번은 가당 음료와 비만을 다룬 학술지 논문에 영양학 연구자들이 이해관계를 공개하지 않은 적이 있다. 그런데 지역 신문이 논문 저자 가운데 한 사람이 맥도날드 주식을 가지고 있다는 사실을 폭로했다.[16] 나중에 학술지는 정오표를 끼워넣어 이해 충돌 사실을 공개했다. 하지만 웹에서 논문을 다운로드하면 그 정오표가 나오지 않는다. 그러니까 '정오표'를 보려면 나중에 찍힌 학술지를 뒤져서 이전에 찍힌 학술지의 실수나 누락을 표시한 '정오표'를 찾아야 하는 것이다. 곧 학술지의 모든 호를 정오표 부분까지 꼼꼼히 읽어야 이해 충돌 정보를 알 수 있다는 말이다. 하지만 펍메드(Pubmed, 미국국립보건원의 미국국립의학도서관이 운영하는 의학 전문 검색 사이트-옮긴이)나 다른 과학 데이터베이스에서 그 논문을 읽는다면 결코 그 사실을 알 수 없다. 이상한 일이다. 종이 학술지와 달리 전자 학술지 논문은 정보를 수정하기가 간편해서 많은 학술지들이 미래의 독자를 위해 정보를 수정하는데 말이다.

전문 단체가 회원들에게 재정적 이해 충돌을 공개하도록 요구한다 해도 그 정보가 항상 대중에게 공개되지는 않는다. 이를테면 식품산업과 많은 연분이 있다고 알려진[17] 미국영양학회American Society for Nutrition는 학회 임원들에게 이해 충돌 사항을 공개하는 증명서를 작성해 제출하라고 요구했다. 그러나 내가 영양학회에 편지를 보내 그 자료를 보고 싶다고 요청하자 정보를 공개하지 않았다. "내부용으로 이해 충돌 증명서를 수합할 뿐이며 일반적으로 대중에 공개하지 않는다"라는 말을 경영·마케팅 담당자라는 사람에게 들었을 뿐이다. 이런 정보를 보려면 정보공개법도 도움이 되지 않는다. 정보공개법은 부패와 이해 충돌을 폭로하는 도구로 종종 쓰이지만 민간 조직에는 적용되지 않기 때문이다.

제약산업도 광범위한 제도적 부패 때문에 객관성과 진실성을 손상 시킨다는 비난을 받는다. 법학자 마크 로드윈은 대중을 더 건강하게 만들 약품을 개발하리라는 일반적인 기대와 달리 제약회사는 그리 가치가 크지 않은 고수익 약품을 개발하느라 더 가치 있지만 수익은 덜한 신약 개발을 소홀히 해 대중의 건강을 해칠 때가 많다고 말한 다.[18] 이런 시장의 실패를 잘 보여주는 분야가 항생제 개발 분야다. 2003년부터 2007년까지 FDA로부터 판매 승인을 받은 새 항생제는 다섯 종밖에 없으며 지난 40년 동안 출시된 새로운 항생제는 네 종 에 불과하다.[19] 현재 시판되는 항생제들은 항균제 내성 슈퍼버그 앞 에 점점 힘을 쓰지 못해 전 세계인의 건강을 위협하고 있다.[20] 대중의 건강이 효능 좋은 항생제 개발에 달려 있지만 항생제는 수익성이 낮 은 약이어서 제약업체들은 새로운 항생제 개발에 거의 흥미를 느끼 지 못한다. 항생제는 사람들이 기껏해야 며칠 먹고 마는 저가 약품이 기 때문이다. 시장이 항생제 문제를 해결하지 못하므로 미국을 비롯 한 여러 국가들은 필요한 항생제 개발을 독려하기 위해 세금 감면, 임상시험 보조금 지원, 특허 기간 연장 같은 재정 혜택을 고려하고 있다. 이런 와중에도 제약회사들은 이윤을 늘리기 위해 의사들에게 재정적 혜택을 약속하거나 허가초과 처방을 권장하며 수익성은 좋지 만 꼭 필요치는 않은 약품을 홍보한다.

또다른 문제는 많은 의학연구와 영양연구가 대학에서 기업으로 옮 겨가고 있다는 점이다. 그러니까 기업이 자신들이 판매하는 바로 그 상품을 연구하는 것이다. 대학 연구자들은 적어도 이론상으로는 이해 충돌 사항이나 불리한 결과를 보고해야 한다. 그러나 민간 기업에서 종종 비밀스럽게 연구를 진행하는 이들은 그런 의무조차 없다. 과학 지식을 왜곡하고 상품화하는 행태만이 아니라 이런 이해 충돌도 진짜 과학을 갉아먹는다. 순수한 형태의 과학 연구는 아름답다. 윤리적으로 실행되는 위약 통제, 이중 맹검 실험이 제공하는 증거는 진실을 위해서나 대중의 건강을 위해서나 대단히 소중하다. 그러나 슬프게도 식품과 약품의 상업화는 기업의 후원과 연구비를 거부하는 진실한, 최고의 과학자들이 이룬 연구를 위태롭게 만든다.

― 과식이 창조한 새로운 시장

과식은 두 가지 방법으로 새로운 시장을 창조한다. 첫째, 과식으로 입은 피해가 클수록 심각한 건강 문제에 시달리며 결국 비싼 의료산업의 소비자가 된다. 둘째, 과식으로 부대끼는 거의 모든 사람은 다이어트와 다이어트 식품, 개인 트레이너, 영양사, 체중 감량 상품, 책, 운동 비디오, 피트니스클럽 회원권의 잠재적 소비자가 된다. 식품산업은 과체중과 비만의 최대 수혜자다. 체중 감량이나 더 건강한 삶을 약속하는 새로운 식품이 팔릴 거대한 시장이 창조되기 때문이다. 스키니카우(네슬레사의 저칼로리 아이스크림과 초콜릿 브랜드), 화이버원(제너럴밀스사의 저칼로리 브랜드), 후뉴(건강 쿠키 브랜드), 글루티노(글루텐 프리 제과제품 브랜드), 팝칩스(저지방 칩스 브랜드), 스키니걸칵테일(저칼로리 알코올음료 브랜드) 같은 브랜드는 과식의 부작용을 피하려는 소비자들의 절박한 노력에 응답한 대단히 수익성 좋은 상품들이다. 많은 식품회사는 이제 자회사를 만들어 체중 감량 사업에도 뛰어들었다. 네슬레는 제니크래이그 체중 감량 프로그램을 판매해 거대한 수익을 거둬들인다. 수많은 다이어트, 특히 유행하는 다이어트는 처음에 몸무게가 급속히 빠지도록 설계하기 때문에 효과가 있다는 착각을 일으킨다. 그러나 이는 그다음 유행하는 다이어트나 다이어트 상품을 계속 좇도록 만든다. 음식을 적게 먹는 가장 단순한 다이어트는 이 경쟁에서 밀려난다. 너무 당연한 방법인데다 공짜여서다. 공짜 다이어트는 값싼 상식보다 비싼 상품이 약속하는 것에 심리적으로 더 끌리는 소비주의 문화를 만족시키지 못하는 '상품'일 뿐이다.

예를 들어 앨리슨은 돈이 들지 않는 다이어트나 체중 감량 계획에는 조금도 관심이 없었다. 더 비싸고 더 복잡한 계획일수록 더 효과적이라고 생각했다. 앨리슨은 돈을 지출하는 것이 소비를 줄이는 데 도움이 된다고 늘 믿었고 그런 생각의 모순을 직시하지 못했다. 종교가 된 시장을 자기도 모르게 신봉한 앨리슨은 가치가 가격으로 적절히 표시된다는 걸 의심하지 않았다.[21] 따라서 돈이 많이 들수록 더 효과가 있는 체중 감량 프로그램이라고 받아들였다. 비슷한 논리로 앨리슨은 얼마 전 가격이 저렴하거나 공짜인 데이팅 서비스가 아닌 '이츠 저스트 런치It's Just Lunch'라는 데이팅 서비스에 5000달러를 지출했다. 그녀는 가격이 높은 데이팅 서비스니만큼 상류층 사람들만 이용할 것이라고 믿었지만 실제로 그런지 알아볼 방법은 없었다. 데이팅 서비스에 가입한 상대 남자들을 모두 보거나 평가할 수 없기 때문이다. 체중 감량을 위한 근사한 리조트나 스파가 고급스러운 환경에서 금방 살을 뺄 수 있다고 약속하듯, 고급 데이팅 서비스 역시 남과 다르기를 원하거나 특권을 누리고 싶어 하는 부유층 소비자의 욕구와 욕망을 활용한다. 반드시 우월한 상품을 제공하는 것도 아니면서 말이다. 수많은 다이어트와 데이팅 서비스 회사들은 아름다움과 몸무게, 성적 매력, 외로움과 관련된 두려움을 먹이로 삼아 사회 계급에 대한 환상을 판다. 약품이나 다이어트, 특별 식품, 심리 상담, 영양사에게 해결책을 구하는 관행의 근본 문제는 시장이 일으킨 문제를 시장이 풀 수 있다는 믿음이다. 그렇다고 과식 문제를 해결하도록 도와줄 자격이 있는 전문가와 서비스, 훌륭한 책이 없다는 말은 아니다. 문제는 자격이 부족한 전문가의 쓸모없는 서비스가 사고팔리는 미친 시장에서는 일반 사람들이 서비스의 좋고 나쁨을 의미 있게 구분하기 힘들다는 것이다.

— 식품과 약품을 이용한 자기 치료

식품과 정신의약품은 생산만이 아니라 소비 측면에서도 비슷하다. 플라세보효과와 건강 후광 현상은 일시적으로 기분을 좋게 만들어주지만 궁극적으로는 심리 건강과 육체 건강을 해친다는 점에서 똑같다. 액티비아 요구르트를 먹는 사람들이 건강한 음식을 먹는다고 생각하지만 실제로는 첨가당이 많이 들어간 요쿠르트를 먹는 것처럼, 프로작을 준임상적 우울증에 복용하면 플라세보효과로 당장 기분이 나아지는 듯하지만 해결하기 힘든 부작용이 생길 수도 있고 또 자기 문제를 스스로 해결할 수 있다는 생각이 약화되기도 한다. 이런 괴물을 소비할 때는 환상과 갈망, 왜곡이 가담해서 우리가 건강에 좋은 일을 하는 것처럼 느끼도록 만든다. 그러나 과학은 그렇지 않다고 알려준다.

약품과 식품을 소비하는 일은 복잡한 소망을 충족하고 욕망과 정체성을 드러내는 일이다. 우리는 소비로 우리가 어떤 사람인지, 어떤 사람이 되고 싶은지 이야기한다. 소비 증가는 소외와 불안, 공동체 상실에 대응하려는 방어기제로 볼 수 있다. 그렇다면 약품과 식품 모두 자기 치료의 수단으로 소비되고 있다는 결론이 나온다. 소비자 문화의 산물로 실존적 질병을 치료하려 애쓰는 셈이다. 이는 애초에 우리를 감염시킨 병원체로 질병을 치료하려 드는 꼴이다. 그러나 현대의 텅 빈 자아는 고통을 내적으로, 곧 개인의 문제로 경험하기 때문에 이런 가짜 치료로 우리를 자꾸만 이끈다. 게다가 장애와 고통을 자아나 뇌의 문제로 설명하는 정신의학의 생물학적·신경화학적 모델은 이런 현상을 더욱 심화시킨다. 그러나 역설적이게도 우리의 불안은 소비와 욕망을 만족시켜주겠다고 약속하는 상품으로는 결코 해결되지 않는다. 왜냐하면 그 상품들이 소비와 욕망을 결코 만족시킬 수 없는 소비자 문화에서 비롯됐을 가능성이 크기 때문이다.

거대 제약산업과 식품산업은 전체 소비를 줄여 문제를 해결하려 하지 않고, 한 가지 소비로 생긴 질병을 치료하기 위해 다른 형태의 소비를 끌어들임으로써 공생한다. 이런 두 산업의 관계는 '도덕 이데올로기로서 소비주의'가 '소비자 권리운동으로서 소비주의'를 이긴 또다른 사례다. 이런 '도덕 이데올로기로서 소비주의'의 승리 뒤에는 서로 결탁해 주주의 이익을 위해 대중의 건강을 갉아먹는 거대 식품산업과 제약산업, 담배산업 같은 강력한 기업들이 있다. 과식과 과체중, 비만으로 건강관리 비용이 증가하고, 아픈 사람이 계속 생기면 당뇨, 고혈압, 심혈관계질환, 대사증후군 치료를 위해 거대 제약산업의 약품과 치료를 구매하려는 소비자는 더 많아진다. 과식을 개인 차원에서 해결하려는 이른바 '하향' 해결책은 기업에 새로운 이윤을 만들어줄 뿐이지만 '상향' 해결책, 이를테면 과당음료에 세금을 부과하거나 영양정보 표시를 개선하는 방법은 과소비를 줄이고 광범위한 대중의 건강 문제를 해결하는 하나의 방법이 될 수 있다.[22] 달리 말해 하향 해결책은 질병과 행동 변화의 책임을 개인에게 지워 전체 소비를 증가시키지만, 상향 해결책은 소비자 문화 자체에서 병인을 찾기 때문에 전체 소비를 떨어뜨린다. 상향 해결책을 선택하느냐 하향 해결책을 선택하느냐를 둘러싼 갈등이 정부 규제에 대한 논쟁의 핵심이다. 이 걱정스러운 문제를 다음 장에서 다루겠다.

The Psychology
of Overeating

10

웰빙을 규제하라

앨리슨은 알약, 음료, 에너지바, 젤리, 셰이크 가루, 엘릭시르(좋은 향과 단맛이 나는 음료로 만든 약제-옮긴이)로 된 수많은 건강보조식품을 구입한다. 이런 제품에 신진대사 촉진, 지방 연소, 근육량 증가, 식욕 억제, 활기 증진, 피부 개선 기능이 있다고 말한다. 심지어 페로몬pheromone 생성을 활성화한다고도 이야기한 다(인체에 페로몬이 있다는 것을 과학자들이 밝히지 못했는데도 말이다).[1] 앨리슨의 구매는 뉴트라슈티컬(Nutraceutical, 영양을 뜻하는 nutrition과 약을 뜻하는 Pharmaceutical의 합성어로 질병 예방과 치료에 도움을 준다고 알려진 특정 성분을 함유한 식품 형태의 약제-옮긴이) 판매량이 급증한 지난 몇 년간의 동향과 일치한다.[2] 이처럼 건강보조식품 판매가 증가한 데는 규제가 느슨한 탓도 있다. 느슨한 규제 덕분에 제조사들은 건강보조식품을 의약품보다 더 쉽게 출시할 수 있고, 식품보다 엄격하지 않은 기준으로 라벨이나 홍보문구를 사용할 수 있다. 앨리슨은 건강보조식품 가격이 높을수록 더 사고 싶어 하는 듯했다. 높은 가격 때문에 플라세보효과가 더 커지는 탓이다. 앨리슨은 유별나게 꼼꼼한 소비자도 아니고, 라벨이나 홍보문구를 세심하게 살펴야 할 책임이 있는 사람도 아니다. 그렇다고 불쌍한 희생자라고 할 수도 없다. 그녀 역시 마법처럼 자신을 바꿔준다는 이런 상품의 기만을 즐기고 있으니 말이다. 이 상품들은 아름다운 거짓말을 한다. 하지만 아름다운 거짓말도 어쨌든 거짓말이다. 앨리슨이 이런 기만에 공모한다고 말할 수도 있다. 그러나 더 엄밀히 따지자면 그녀는 강력한 상대에게 기만당하고 이용당하고 있을 뿐이다. 내가 그녀에게 돌팔이 약을 팔도록 놔두는 느슨한 법규 문제를 언급하자 그녀는 내 말을 믿지 않았다. 효과가 검증되지도 않은 상품이 팔릴 수 있으리라 생각지 않은 것이다. "어떻게 그런 게 합법적으로 팔릴 수 있겠어요?" 그녀는 반복해서 내 주장에 반박했다. 대학에서 내 수업을 듣는 학생들도 의약품의 효능 자료를 보여주면 믿지 못한다. 그들 역시 이렇게 말한다. "어떻게 그런 게 합법적으로 팔릴 수 있어요?"

어떤 식품과 약품이 합법적으로 팔릴 수 있는지, 어떤 홍보문구를 사용할 수 있는지 결정하는 최전방에 있는 기관이 미국식품의약국 FDA이다. 여기에 소비자 이익을 보호하는 책임이 있는 여러 기관들도 참여한다. 오랫동안 FDA는 강력하고 엄정하게 소비자를 보호하는 기관이라는 명성을 누렸다. 지난 반세기 동안 이뤄진 수많은 설문조사에 따르면 FDA는 미국인들에게 무척 인기 있고 존중받는 기관이었다. 70~80퍼센트의 지지율을 보였는데, 이는 미국 연방정부의 어떤 기관이 받은 신뢰보다 훨씬 높은 수치였다.[3] 하지만 FDA를 지지하는 폭넓은 소비자들의 신뢰에도 영양과 보건에 관한 규제는 뜨거운 논란의 대상이다. 이런 규제 시도는 달갑지 않은 정부의 간섭이나 보모국가 정치로 종종 묘사된다. 규제에 반대하는 사람들은 그런 규제가 부당하다고 외치며 규제를 강화하는 것은 우리를 보모국가나 사회주의로 이끄는 것이나 마찬가지라고 주장한다. 있을 법하지도 않지만 미국이 스웨덴처럼 될 수 있다고 말이다.

매리언 네슬은《식품 정치Food Politics》10판 서문에서 초판을 냈을 때 자신에게 쏟아진 가혹한 비난을 언급했다. 미국의 '일류 보모'라는 소리를 들었는가 하면 영양을 돌봐야 할 개인의 책임을 무시한다는 비난을 듣기도 했다. 온라인 서점 아마존 독자평에는 이런 논평이 달렸다. "네슬은 '의지력'이라는 만만치 않은 힘이 있다는 것을 잊었다!" "이 나라 최고의 음식 보모 중 한 명이 비만, 당뇨, 심장질환의 탓을 식품회사, 마케팅 담당자, 심지어 학교 교장에게 떠넘기는 책을 썼다. 뱃살을 가진 사람들을 제외한 나머지 모든 사람이 그들의 뱃살에 책임이 있는 듯하다." "스스로 생각할 줄 모르는 사람들은 진심으로 …《식품 정치》를 즐겁게 읽을 것이다. 저자는 개인의 책임이나 운동, 적절한 식단에 대해 들어본 적이 없는가?"[4] 이런 분노는 자유의 지 대 보모국가 사이의 갈등과 관련된 강력한 정치적 호감과 반감을 보여준다. 이는 이 책 서두에서 밝혔던 다양한 형태의 소비주의[5] 간의 갈등과도 연결된다. 여기에서 소비주의 개념들을 다시 떠올려보자.

1. **도덕 원칙으로서 소비주의:** 선진국에서 소비자의 상품 선택과 구매는 개인이 자유와 행복 그리고 힘을 얻는 수단으로 인식된다.

2. **정치 이데올로기로서 소비주의:** 국민을 지나치게 보호하려는 성향의 보모국가와 반대로 현대 국가는 초국적 기업을 비호하며, 현대 국가에 팽배한 소비주의 이데올로기는 소비자가 화려하고 멋진 상품을 선택하고 구매할 자유를 찬양한다.

3. **경제 이데올로기로서 소비주의:** 공산주의의 엄격한 금욕주의와 반대로 소비주의가 자유무역의 동인으로 찬양되며 새로운 소비자를 키우는 일이 경제 발전의 열쇠로 여겨진다.

4. **사회 이데올로기로서 소비주의:** 사회 이데올로기로서 소비주의는 계급을 구분하는 기준을 만들기 때문에 물질적 상품은 그것을 소유한 사람의 사회 지위와 위신에 영향을 미친다.

5. **사회 운동으로서 소비주의:** 소비자의 권리를 증진하고 보호하기 위해 종종 규제를 통해 가치와 품질을 보호하는 운동 형태로 나타난다.

소비주의 개념들 사이의 갈등, 곧 '정치 이데올로기로서 소비주의'와 '사회 운동으로서 소비주의'의 갈등이 규제를 둘러싼 논란의 핵심이다. 총기 난사, 흡연, 비만, 당뇨, 서브프라임모기지 사태, 만연한 학자금 대출 채무불이행 같은 미국의 가장 심각한 사회문제 중 대다수가 어떤 면에서는 분명 규제 실패와 관련이 있다.

― 규제기관

연방정부의 복잡 미묘한 식품 규제정책은 임상심리학자인 내 책임 범위 밖에 있지만, 개인의 건강은 내 책임 범위 안에 있다. 수많은 연방 규제기관이 우리 건강을 보호해야 하는 책임을 지고 있지만, 나는 주로 FDA에 관해서만 논의하고 평가하겠다. FDA가 식품 표기 부문에서 가장 많은 감독 권한을, 의약품과 관련해서는 독점적 감독 권한을 가지고 있기 때문이다. 이번 장에서 묻는 핵심 질문이자 수년간 개인적으로도 해답을 찾고자 했던 질문은 FDA가 식약품 규제의 영웅인가 악당인가 하는 점이다. FDA가 해이하거나 심지어 부패한 기관이라는 비난도 있지만,[6] 이는 FDA에 책임을 전가하려는 주장에 불과하다. FDA는 의회가 부여하는 만큼의 권한밖에 갖지 못하며, FDA 규제에 반대하는 소송이 있을 때는 사법부의 심리 대상이 되기 때문이다.

  FDA는 1906년 식품및약품위생법Pure Food and Drug Act에서 출발했다. 식품및약품위생법은 불순물을 섞거나 허위로 표시한 식품과 약품을 미국 내에서 거래하지 못하도록 금지하는 법이다. 시어도어 루스벨트 대통령은 1906년 '자본주의를 계몽할' 방법으로 이 법안에 서명했다. 그는 미국의 기업과 혁신은 열정적으로 지지했지만, 시장의 잔인성과 이기주의를 우려했다.[7] FDA는 원래 소비자를 대신해 기업에 개입할 권한을 위임받은 화학자와 조사관으로 구성되었으며, 지금 우리가 알고 있는 형태의 FDA는 1930년에 만들어졌다. 현재 FDA는 미국 보건복지부에 소속돼 있고, 1938년 연방식품의약품화장품법Federal Food, Drug, and Cosmetic Act, 1990년 영양표시강화법 Nutrition Labeling Enforcement Act, 공중보건과바이오테러대응법Public Health Security and Bioterrorism Preparedness and Response Act, 식품안전현대화법Food Safety and Modernization Act을 비롯한 여러 법안이 통과되면서 식품, 건강보조식품, 음료에 대한 권한이 더 강화되었다. FDA의 권한은 계속 늘어나 지금은 미국 경제의 대략 4분의 1에 해당하는 9만 5000개 기업, 연간 1조 달러 이상으로 추정되는 상품들을 관리·감독한다.[8]

미국농무부도 FDA와 함께 식품 안전을 관리하지만 육류, 가금육, 달걀 제품만 해당한다. 이는 식품 공급량의 20퍼센트 정도이고 나머지 80퍼센트는 FDA가 관리한다. 미국농무부는 식품 안전 관리 말고도 몇 가지 다른 권한이 있는데 그중 몇 가지는 사실 서로 충돌한다고 할 수 있다. 예를 들어 농무부의 영양정책증진센터Center for Nutrition Policy and Promotion는 과학 연구와 소비자의 영양 필요를 연결시켜 식생활 지도를 개발하고 홍보해서 미국인의 건강을 개선하기 위해 일한다. 반면 마케팅지원청Agricultural Marketing Service은 미국 농산물시장을 강화하고 확장하는 일을 한다.[9]

식품 안전은 FDA와 미국농무부가 함께 관리하는 반면, 식품 표시와 광고는 연방통상위원회Federal Trade Commission, FDA, 미국농무부가 함께 관리한다. 1954년부터 연방통상위원회와 FDA는 연방통상위원회가 식품 광고를 주로 책임지고 FDA가 음식 표시를 주로 책임진다는 합의에 따라 활동했다.[10] 1990년 제정된 영양표시및교육에관한법Nutrition and Labeling Education Act에 따라 FDA는 식품 포장의 건강 홍보문구를 규제하고, 영양정보 표시 양식을 표준화하며, 식품과 건강보조식품의 상품 표시에 더 자세한 영양정보를 넣도록 기업에 요구하는 권한도 위임받았다.[11]

다음 표는 FDA와 미국농무부, 연방통상위원회의 규제 권한을 요약해 보여준다. 각 기관의 권한을 빠짐없이 제시하지는 않았고 이 책의 주제와 관련된 권한만 간략히 언급했다.

기관	FDA	USDA	FTC
육류, 가금육, 달걀, 달걀 제품의 가공 분류 및 검사 (미국 식품 공급의 20퍼센트)		O	
농산업 이익 증진		O	
대중 영양 교육		O	
식품 피라미드(Food Pyramid, 건강 유지에 필요한 영양 섭취량을 식품군별로 피라미드 모양으로 시각화한 자료-옮긴이) 마이플레이트(MyPlate, 건강한 식단을 위해 섭취해야 할 다섯 가지 식품군의 구성을 친숙한 접시 이미지로 시각화한 자료-옮긴이) 개발		O	
신선 과일, 채소, 유제품, 제과제빵류, 해산물 분류 및 검사 (미국 식품 공급의 80퍼센트)	O		
'과학을 토대로 한 정확한 식품 정보'를 소비자에게 제공해 대중 건강을 보호	O		
미국 농산물시장 강화 및 확장		O	
대다수 식품 라벨에 표기된 영양 표시, 건강 홍보문구 감독	O		
의무적으로 표시해야 하는 영양성분표 양식 개발 및 감독	O		
어린이 대상 식품광고 감시 및 보고			O
허위 표시 식품 민원 조사	O		
의약품 안전 평가(출시 전)	O		
건강보조제 안전 평가(출시 전)			
의약품 효능 평가(출시 전)	O		
건강보조제 효능 평가(출시 전)			
위해 식품 회수 감독	O	O	
위해 건강보조식품 회수 감독(출시 후)	O		
건강보조식품과 체중감량 상품 홍보문구 감독			O
입소문 마케팅처럼 새로운 광고 수단과 매체를 추적하고 효과적인 단속 방법 개발			O
담배(전자담배 제외) 라벨 표기 및 판매 감독			O
식품의 '건강 홍보문구' 검토 및 평가(출시 전)	O		

• 미국식품의약국FDA, 미국농무부USDA, 연방통상위원회FTC의 규제 권한

— 건강보조식품과 의약품

FDA가 생긴 이래 미국 의회는 FDA의 권한과 범위를 꾸준히 확장시켰다. 하지만 최근에는 거꾸로 FDA의 규제를 풀거나 제한할 방법을 찾고 있다. 가장 두드러진 분야는 건강보조식품 감독 권한이다. 1938년부터 1994년까지 FDA는 건강보조식품 규제 권한을 가지고 있었는데, 1990년을 시점으로 건강보조식품 제조업체에 상품 회수를 요청하거나 경고하는 일이 갈수록 늘었다. 이에 건강보조식품 제조업체는 감독 강화에 대한 반발로 의회에 엄청난 로비를 벌였고, 결국 1994년 건강보조식품건강교육법Dietary Supplement Health and Education Act을 통과시켰다. 의회는 "건강보조식품산업은 미국 경제에 없어서는 안 되는 부분"[12]이라고 인정하며 FDA의 건강보조식품 규제 권한 대부분을 박탈했다. 기업의 수익성을 소비자 보호보다 우선하도록 허락한 셈이다.

건강보조식품건강교육법에 따라 이제 제조업체는 건강보조식품 출시 전에 안전과 효능을 검증할 필요가 없어졌고, FDA도 제품 출시 전에 미리 점검하지 않는다.[13] 이는 건강보조식품을 출시하려면 사전에 FDA 승인을 받아야 했던 과거와 극명하게 대조된다. 또 예나 지금이나 의약품을 출시하기 전에 반드시 FDA 승인을 받아야 하는 것과도 비교된다. 대신 건강보조식품 제조업체들은 상품을 시장에 내놓기 전에 상품의 안전을 스스로 점검만 하면 된다. 다시 말해 제품 출시 전에 보조식품의 안전성을 입증해야 했던 기업의 책임이 사라졌을 뿐아니라, FDA는 상품이 시장에 나온 '뒤'에 안전하지 않고 소비자에게

피해를 준다는 사실을 입증해야만 상품 판매를 제한할 수 있다.[14]

건강보조식품건강교육법 통과는 규제 권한의 거대한 변화를 잘 보여준다. 이 새로운 법이 통과되면서 상품의 안전과 효능을 입증해야 할 법적, 과학적 책임이 기업에서 규제기관으로 넘어가버렸다. 의회가 '사회 운동으로서 소비주의'보다 '정치 이데올로기로서 소비주의'의 손을 들어준 셈이다. 결국 이런 변화 때문에 검증되지 않은, 종종 당이 가득 들어간 음료나 에너지바, 젤리, 알약 형태의 건강보조식품을 생각 없이 소비하도록 부추기는 시장이 창조된 것이다. 불필요할 뿐 아니라 어쩌면 해로울지도 모르는 건강보조식품 시장은 역시 불필요하고 어쩌면 해로울지도 모르는 모방약과 라이프스타일 약품이 차고 넘치는 처방의약품 시장과도 관련이 있다. 이들이 대중의 안전을 위협하는 동시에 먹고 마신 뒤 약을 복용하면 문제를 해결할 수 있다는 믿음을 키워 과소비에 기여하기 때문이다.

— 닭장을 지키는 여우

FDA의 규제에도 이해관계가 충돌하는 중대한 문제가 또 있다. 1992년 전문의약품허가신청자비용부담법Prescription Drug User Fee Act 통과로 FDA는 제약사로부터 일부 자금을 받게 되었다.[15] 약품이 승인되는 긴 절차를 신속히 처리할 수 있도록 의회는 제약사가 신약 판매 허가를 신청할 때마다 FDA에 적지 않은 신청비를 내도록 했다. 사실 단체나 기관이 신청서 처리에 드는 비용과 자원을 수익자 부담으로 해결하는 예는 드물지 않다. 대학교도 응시료를 받고, 국무부도

여권 처리 비용을 받지 않는가. 재정난에 처한 기관들이 사용자나 지원자 때문에 발생하는 비용을 수익자 부담으로 벌충하는 방법은 합리적이다. 그러나 규제기관이 규제 대상 상품을 평가하는 데 드는 비용을 수익자 부담으로 벌충하는 것은 전혀 다른 문제다. 다른 연방 규제기관 어느 곳도 자신들이 규제해야 하는 기업으로부터 운영 예산의 그토록 많은 부분을 지원받지 않는다.[16]

전문의약품허가신청자비용부담법의 통과로 FDA는 현재 예산의 많은 부분을 제약회사에게서 충당할 뿐 아니라, 엄격하게 규정된 시간 안에 새로운 약품을 승인해야 하므로 인력 상당수를 의약품안전부서Office of Drug Safety으로부터 재배정받았다. 전문의약품허가신청자비용부담법을 비판하는 의사 제리 에이본에 따르면, FDA 소속 한 과학자는 "위험한 의약품 자료에 지나치게 관심을 쏟는다고 비난받았으며 FDA의 고객은 제약회사임을 기억하라는 충고를 상사에게 들었다. 그 과학자는 '그거 이상한데요. 나는 우리 고객이 미국 국민인 줄 알았어요'라고 대답했다".[17] 전문의약품허가신청자비용부담법은 FDA가 책임감을 느껴야 할 대상을 미국 시민에서 기업으로 바꿔놓았다. 그 결과는 두 가지다. 하나는 기존 의약품의 안전 감독이 약화되었다는 것이고, 다른 하나는 의약품 승인 과정에 이해 충돌이 개입하게 되었다는 것이다.

— 건강에 좋고 영양가 있다는 홍보문구

6장에서 살펴본 것처럼 식품회사들은 더 많은 상품을 팔기 위해 수

많은 방법을 동원한다. 식품회사의 수익은 상품이 얼마나 시각적으로 매력적인지, 어떤 영양소가 들어 있다고 알려졌는지와 밀접하게 관련이 있기 때문에 상품을 디자인하고 포장에 새길 기발한 홍보문구를 고안하는 데 엄청난 시간과 돈을 들인다. 여기에서 우리는 FDA의 감독 권한과 관련 있는 식품 표시 문제를 다시 살펴보겠다.

FDA는 홈페이지에서 포장식품 라벨이 어떤 식으로든 허위로 표기되거나 오해를 불러일으키지 않도록 기업에 요구해 "여러분을 든든히 지키겠다"고 약속한다. 더 나아가 "식품 라벨이 허위 없이 올바로 표기되도록 감독한다"라고 선언한다.[18] 하지만 일반 소비자에게 결코 확실하게 알려지지 않은 사실이 있다. 식품 포장에 쓰이는 건강과 영양에 관한 홍보문구는 법적으로 수많은 유형으로 분류되며, 각 유형마다 따라야 할 규칙과 증명 기준이 다르다는 사실이다. FDA가 엄격하게 규제하기 때문에 사용 전에 반드시 승인을 받아야 하는 문구도 있지만, 허가나 사전 승인이 필요치 않은 문구도 있다. 게다가 FDA는 허위 정보나 오해를 유발할 정보를 막기 위해 과학적 근거를 어느 정도 제시해야 하는지도 명시하지 않는다.[19] 연구에 따르면 당연히 소비자들은 홍보문구의 다양한 유형을 서로 구분하지 못하며 영양성분을 정확히 알지 못한 채 상품을 구입한다.[20]

식품 포장의 홍보문구가 건강 후광 현상으로 종종 과식을 유발한다는 사실을 떠올려보자. 역설적이게도 미국인의 비만율이 증가할수록 식품 포장의 홍보문구도 늘었다. 아마 살을 빼고 싶은 소비자들이 건강에 더 좋은 식품을 찾기 때문일 것이다.[21] 더 소비하면서도 덜 소비하고픈 소비자의 욕망 덕분에 식품회사는 건강 홍보문구로 많은 수익을 올릴 수 있다. 혼란을 일으키는 홍보문구 가운데 하나가 '자연Natural'이다. 앞에서도 언급했듯 '자연'이라는 용어는 대개 사용에 규제를 받지 않기 때문에 식품 제조사들은 마음대로 이 표현을 가져다 붙인다.[22] 연구에 따르면 소비자들은 '자연'이라고 표기된 상품에는 인공 성분이나 살충제, 유전자 조작 성분이 없는 것으로 잘못 알고 있으며, 기꺼이 더 많은 돈을 지불한다.[23]

미국 회계감사원과 연방통상위원회를 비롯한 몇몇 연방기구가 현행 FDA 지침으로는 소비자들이 건강 홍보문구를 판단하기 어렵다고 지적한다. 많은 법률 전문가도 소비자 혼란을 염두에 두고 건강 홍보문구 지침을 재검토하라고 FDA에 요청하고 있다.[24] 그런데도 FDA는 "재원이 부족하고 긴급히 처리해야 할 다른 업무들"[25]을 들먹이며 '자연'이라는 용어의 정의를 거듭 미뤘을 뿐 아니라, '자연'이라는 단어가 주관적 용어이기 때문에 정의내리기가 불가능하다고 주장한다.[26] '자연'이라는 용어를 정의내리는 일은 사실 어려울 수 있다. 하지만 어려운 개념을 정의내리고 사용 가능하도록 만드는 것이 법이 할 일 아닐까? 정의하기 힘든 개념을 정의내리지 않는다면 우리 사회가 어떻게 움직일 수 있을까? 예를 들어 미성년자과 성인의 차이, 중범죄와 경범죄의 차이, 살인과 과실치사의 차이를 어떻게 정의하겠는가. 모든 법과 규정은 정의내리기 어려운 용어를 다룬다. '자연'이라는 단어만 예외라고 말해서는 안 된다.

요즘 사용되는 '자연'이라는 홍보문구는 소비자의 오해를 유발할 뿐 아니라 진짜 '자연' 상품을 개발하고 시장에 내놓으려고 애쓰는 회사들에게도 피해를 준다. 시장에서 부정행위를 일삼는 회사들이 '자연'이라는 단어를 오용하고 있어서다. 실제로는 소비자들이 '진짜' 요구하는 상품을 만들어 경쟁하거나 이기기 위해 노력하지도 않으면서 말이다. 이런 문제를 보면 식품 규제 문제가 늘 소비자 보호와 자유시장 옹호 사이의 갈등처럼 단순하지 않다는 것을 알 수 있다. '자연'이라는 용어 사용에 대한 규제를 강화하면 소비자들을 보호할 뿐 아니라 실제로 '자연' 식품을 개발하고 출시하는 회사들에게 이익이 돌아가기 때문이다.

— 영양성분표

2014년 FDA는 20년 전 영양성분표를 도입한 이래 처음으로 영양성분표 개정안을 내놓았다. 개정안에 제시된 많은 변화 가운데 하나는 식품 첨가당을 라벨에 표시해야 한다는 것이었다. 첨가당과 고농축 과당은 건강에 매우 해롭기 때문에 자연적으로 생기는 당과 구분해 표기하는 것이 중요하지만 최근까지는 그렇게 되지 않았다(이 책 편집이 끝나고 나서 FDA는 첨가당 표기를 포함한 영양성분표 전면 개정안을 발표했다). 한때 미국농무부는 영양성분검사실 홈페이지에 식품의 첨가당 성분을 발표했다. 하지만 2012년부터 중단했다. "여러 성분이 들어간 상업용 식품의 제조 공식이 수시로 바뀔 뿐 아니라" 첨가당 성분 정보를 "식품회사가 추정하거나 제공해야 하는데, 많은 회사가 그런 독점 정보를 공개하기 꺼린다"는 이유에서다.[27] 첨가당은 제조·정제 과정에서 들어가기 때문에 표기를 의무화해야 식품이 어느 정도 가공되었는지 수치로 알 수 있다. 다시 말해 이는 많은 식품의 초기호성 지수hyperpalatability quotient를 보여준다. 따라서 첨가당을 수치화하고 공개하면 우리는 영양정보만이 아니라 철학적·심리적 참고자료도 얻을 수 있다. 이 수치가 소비자 문화의 제조된 욕망을 측정하는 수단이 되기 때문이다. 첨가당이 많이 함유된 식품일수록 소비자 문화의 강력한 환상을 더 많이 만들어내고 인간의 섬세하게 조율된 신경 메커니즘을 사로잡을 가능성이 더 높다.

하지만 첨가당을 표기하자는 제안은 많은 논쟁을 일으켰다. 과학계와 일반 대중은 수많은 논평을 쏟아냈다. 참여과학자연합The Union of Concerned Scientists은 과학자, 의사, 보건 공무원, 수많은 선도적 식품학자 280명이 서명한 '첨가당 표기 지지 성명문'을 발표했다.[28] 반대로 미국영양학회American Society for Nutrition는 첨가당 표기 제안에 반대했다. 참고로 미국영양학회는 강령에서 "우수한 영양 연구와 실천을 증진하고 전 세계 대중의 건강과 의료 실천을 개선하려 한다. 또한 영양 정보가 필요한 사람에게 믿을 만한 정보를 제공하고, 영양학 연구와 응용으로 영양과 관련된 정책과 실천을 개발하고 시행하는 것을 지지한다"라고 밝힌다.[29] 미국영양학회가 FDA에 보낸 편지를 인용하자면 그들이 밝힌 첨가당 표기 반대 이유는 다음과 같다.[30]

· 자연적으로 생기는 당과 식음료 첨가당을 구분할 분석 방법이 없고, … 따라서 제조사들은 최종 제품에 첨가당이 얼마나 들어갔는지 명시하기 어렵다.

· 첨가당을 라벨에 추가하면 소비자를 더 혼란스럽게 만들 수 있다. 자연적으로 생기는 당은 어쨌든 더 이로우며, 자칫 첨가당과 비슷한 영

향을 미치지 않는다는 인식을 낳을 수 있다.

· 첨가당을 표기했을 때 미국인의 첨가당 혹은 전체당을 통한 열량 섭취량이나 총 에너지 섭취량이 줄어서 만성 질병이 감소하고 체중이 조절된다는 것을 입증할 증거가 없다.

· 소비자들이 전체당, 첨가당, 당을 비롯한 용어를 이해하는지, 소비자들이 이런 정보를 어떻게 해석하는지 판단할 소비자 실험을 영양성분표 양식을 바꾼 다음이 아니라 바꾸기 전에 실시해야 한다. 또 첨가당 표기가 건강한 식습관에 영향을 주는지, 준다면 어떤 영향을 주는지 판단하기 위한 소비자 연구가 중요하며 필요하다.

이 주장들을 하나씩 살펴보자. 첫째, 제조회사들이 식품에 들어가는 첨가당의 양을 정확히 공표할 수 없다는 주장은 말이 안 된다. 식품회사들이 정밀한 실험으로 소비자들의 설탕, 소금, 지방 선호도를 판단한다는 점을 생각해보면 분명 제품마다 설탕이 얼마나 들어가는지 정확히 알고 있다. 제품에 설탕이 얼마나 들어가는지 모른다면 설탕을 얼마나 주문해야 할지 어떻게 알겠는가? 가공식품은 고도로 기계화된 실험실과 공장에서 만들어진다. 이런 실험실과 공장에서는 모든 것이 신중히 계량되고 밀리그램 단위까지 측정된다. 심지어 집에서 요리하는 사람도 요리법에 설탕이 얼마나 필요한지 계량컵으로 간단히 알려줄 수 있지 않은가.

첨가당을 라벨에 포함하면 소비자를 혼란스럽게 만든다는 둘째 주장에는 〈미국 실험생물학협회Journal of the Federation of American Societies for Experimental biology〉에 실린 논문 초록집을 출처로 표시한 각주가

하나 달려 있었다.[31] 그러나 나는 이 연구의 전문을 찾을 수 없었다. 그 이유를 알아보기 위해 실험생물학협회에 연락했지만, 그들은 그 논문 초록집이 2014년 실험생물학협회에 제출된 발표문 초록을 모은 것일 뿐이며, 더 중요한 점은 전문가 검토를 거친 연구물이 아니라고 말했다. 내가 2014년 실험생물학협회 일정표를 확인해보니, 그 출처는 미시건 주 포티지에 있는 비아비Via Vi 유한회사 소속 베로니카 이건이라는 사람이 제1 저자로 참여한 포스터 세션(학회에서 주로 포스터 세션을 위해 마련한 별도의 공간에 연구 내용을 포스터로 만들어 전시하는 형태의 발표-옮긴이)이었다. 나는 비아비사를 온라인에서 찾을 수 없었다. 링크트인(LinkedIn, 기업 중심의 소셜네트워크-옮긴이)에서 베로니카 이건을 검색해보니 켈로그사의 시장조사원으로 나왔다. 그 발표문을 공저한 네 명의 다른 저자 역시 켈로그사의 시장조사원이었다. 발표문 초록에서 저자들은 소비자 1000명을 대상으로 온라인 조사를 했다고 밝혔으나, 어떻게 표본을 추출했는지 어떤 질문을 던졌는지를 비롯해 조사 방법에 대한 설명이 하나도 없었다. 어떤 연구든 조사 방법을 설명해야 과학적 엄밀함을 보장받을 수 있다. 조사 방법을 자세히 밝혀야 다른 연구자들이 그 연구를 평가하고 반복 검증해 설득력을 더할 수 있기 때문이다. 그런데 '우수한 영양 연구'를 약속하는 미국영양학회는 FDA에 보내는 편지에서 켈로그사 직원 다섯 명이 쓴 데다 전문가 검토도 거치지 않은 '단 하나'의 포스터 세션을 근거로 주장을 펼쳤다.

첨가당을 표기하면 미국인들의 총 칼로리 섭취가 줄어든다는 것을 입증할 증거가 없다는 셋째 주장도 완벽한 진실은 아니다. 우선 유사

연구(analogue studies, 자연관찰법과 달리 통제된 조건에서 모의실험을 하는 연구법-옮긴이)라고도 불리는 모의 연구로는 사람들이 실제 상황에서 어떻게 행동할지 정확히 예측하는 게 무척 어렵다. 하지만 칼로리 수치와 같은 영양정보를 공개하고 홍보하는 것이 몇몇 소비자에게 영향을 미친다는 것을 우리는 잘 알고 있다.[32] 또 첨가당을 표시한다고 해서 즉시 칼로리 섭취가 줄지 않는다 해도 시간이 흘러 다른 공중보건 조치가 더해지면 행동 변화를 유발할 수 있다. 첨가당 공개가 소비자의 행동 변화로 이어지지 않는다 해도 자신이 먹는 음식에 무엇이 들었는지 알 권리가 있지 않을까? 분명 비슷한 도덕적·법적 근거에 따라 대출 조건도 공개되는 세상에 식품 라벨이라고 안 될 이유가 있는가?

또다른 주요 문제는 영양성분표를 비롯해 다른 홍보문구와 상징을 식품 포장에서 어디에 표시할 것인가 하는 점이다. FDA의 전 청장 데이비드 케슬러는 최근 글에서 식품 포장지에 더 많은 정보를 담아야 한다고 주장하며 식품회사들이 오랫동안 홍보문구는 앞면에, 규정에 따른 표시는 옆면이나 뒷면에 두는 것을 고집했다고 밝혔다.[33] 그뿐 아니라 회사들은 고유의 시각 도식, 하트나 별 같은 상징을 동원해 내용물이 건강에 좋다고 소비자를 속였다. 케슬러는 이런 관행을 용인해야 할 어떤 이유도, 법적 근거도 없다고 주장한다.

2011년 미국의학협회Institute of Medicine는 '영양성분 전면 표기front-of-the-package labeling'에 대한 보고서를 발표했는데, 포장 앞면에 칼로리, 포화·트랜스 지방, 나트륨, 설탕 등 네 가지 성분 표기만 허용해달라고 FDA에 요청했다. 또 상품이 전반적으로 얼마나 건강에 좋은지 별표나 체크표를 활용해 표시할 수 있도록 하는 방법도 도입하라고 권장했다. 식품 포장 앞면에 표기된 내용은 영양에 관련한 소비자의 결정에 영향을 미친다. 최근 한 연구에 따르면 포장 앞면에 첨가당을 시각적으로 표기하면 소비자들이 단맛을 덜 선호했으며 가당 식품에 부정적으로 반응했다.[34]

짐작하겠지만 의약품 표시도 비슷하다. 연구에 따르면 의약품 라벨은 약품의 효능만이 아니라 약품과 관련된 이로움과 해로움에 대해서도 혼란스러운 정보를 제공한다.[35] 2014년 미국의약협회는 FDA와 공동 워크숍을 열어 의약품의 이점과 위험을 알릴 가장 좋은 방법이 무엇일지 토론했다. 워크숍 공개토론에 토론자로 참여한 스티븐 울로신 박사와 리사 슈워츠 박사는 의약품이 위약과 비교했을 때 얼마나 더 효과가 있는지 표시하는 약성분표 도입을 오랫동안 주장해왔다. 하지만 지금까지 거대 식품회사와 제약회사는 상품 판매에 유리한 라벨을 만들 권리를 유지하는 싸움에서 대체로 이겼고, 성분이나 첨가물, 위험성, 효능을 되도록 공개하지 않으려 했다.

2013년 FDA는 "영양성분 전면 표기에 대한 안내를 산업계에 곧 제안하겠다"라고 약속하면서 "소비자가 건강한 식품을 선택할 수 있도록 식품산업과 협력해 혁신적 방법을 고안하고 실시할 계획"이라고 밝혔다.[36] 물론 옳은 방향으로 한걸음 나아간 것은 분명하지만 '협력적' 방법이라는 표현은 기업이 규제를 따르도록 만드는 데 FDA의 권한을 총동원하지 않겠다는 의미다. 다음 부분에서 살펴보겠지만 기업의 자율 규제를 허용하는 협력적 방법은 규제 효과를 기대하기 힘든 희망사항일 때가 많다.

소비자를 보호하기 위해 영양성분 표기 방식을 개선하려는 노력은 칭찬할 만하다. 하지만 미국의학협회와 FDA는 중요한 점을 놓쳤다. 포장식품은 소비자 문화의 생산물이며 콩류, 견과류, 통조림, 냉동 과일 같은 일부 품목을 제외한 대부분의 포장식품은 포장하지 않은 자연식품만큼 건강에 좋을 수 없다. 식품 표시를 개선하려는 노력은 대중의 건강을 개선하는 데 반드시 필요하긴 하지만, 몇몇 초가공식 품이 최소한으로 가공된 식품이나 자연식품만큼 영양가 있다는 생각 을 은연중에 퍼뜨릴 수 있다. 다시 말해 식품 표시를 개선하려는 노 력도 소비자 문화의 패러다임 안에서 작동되는 것이며, 단지 다른 형 태로 "더 먹어라" "더 소비하라"라는 마케팅 메시지를 무한히 반복 할 뿐이라는 것이다. 친親건강 마케팅도 어쨌든 마케팅의 한 방법일 뿐이며 이는 라벨, 홍보문구, 광고에 대한 우리의 믿음과 신뢰를 더 강화시킨다. 포장식품이 사라질 리 없으므로 물론 우리는 식품 표시 를 개선하기 위해 계속 노력해야 한다. 하지만 "건강에 좋은"이라는 표시조차 '다른 포장식품과 비교했을 때' 건강에 좋다는 뜻이니 얼마 간은 오해의 여지가 있다는 것을 알아야 한다.

― 느슨한 식품 표기 규제의 의도하지 않은 결과

느슨한 식품 표기는 영양에 대한 소비자들의 혼란을 더욱 가중시킨 다. 그뿐 아니라 FDA 규제가 실패한 곳에서는 소비자들이 직접 소 송을 제기하는 심각한 문제를 낳는다. 나는 법률 전문가는 아니지만 만일 FDA가 효과적인 규제 기구였다면 아이스크림이나 샌드위치를 두고 소송을 제기할 사람은 없었을 거라고 생각한다. 벨리와 네슬레

(2014년 제기된 집단소송으로 무엇보다 '설탕 무첨가'라는 문구로 소비자를 오도한 것이 문제가 됨-옮긴이)의 소송 발췌문을 살펴보자.[37]

현 소송 건에서 원고는 피고의 불량 에스키모 파이의 불법 판매로 피해를 입었다. 원고는 합법적으로 판매하거나 소유될 수 없는, 가치 없는 불법 상품을 구매하기 위해 돈을 지불했다.

원고는 피고의 에스키모 파이가 불법이며 합법적으로 소유될 수 없다는 것을 알았더라면 사지 않았을 것이다.

원고는 에스키모 파이의 식품 표시 홍보문구 때문에 상당량의 상품을 구입했으며, 다른 유사 제품 그리고/또는 홍보문구 없는 에스키모 파이보다 피고의 에스키모 파이가 더 건강에 좋다고 믿었다.

에스키모 파이 소송에 들어간 시간과 노력을 생각하면 어이없고 쓸쓸한 일이다. 하지만 이처럼 허위 표기와 허위 광고에 대한 집단소송은 급증했다. 네이키드 주스, 프루트 롤업스, 베어 네이키드 그래놀라, 웨슨오일 등을 상대로도 소송이 제기되었다. 2004년 식품 안전을 위한 소비자 보호단체인 공익과학센터Center for Science in the Public Interest는 자체적으로 소송부를 신설하면서 "FDA, 미국농무부, 연방통상위원회 같은 연방정부 차원의 단체가 소비자를 보호하는 수준이 한심할 만큼 낮기 때문에 무기력한 정부기관의 빈틈을 메우기 위해 주 법원과 연방법원을 활용하겠다"라고 입장을 밝혔다.[38] 효과적인 식품 규제를 요구하는 절박한 행동인 이런 소송은 분명 필요하긴 하지만 비용이 너무 많이 들고 단편적인 접근이다. 그뿐 아니라 많은 판사들이 식품 표기에 관한 권한과 집행은 의회를 통해 FDA에 부여된 것이라며 소송을 FDA로 떠넘기고 있다.[39]

― 식품회사들의 자율 규제

규제를 둘러싸고 가장 논란이 많은 문제 하나는 식품회사의 자율 규제 혹은 자율 감시다. 내 생각에 식품회사에게 스스로 규제하라고 하는 것은 악마에게 지옥의 온도를 묻는 것과 같다. 여기서 내가 말하는 식품회사란 일반적으로 빅푸드Big Food라 불리는,[40] 거대한 시장 권력이 집중된 다국적 식음료 회사들이지 사회적 책임을 다하고 친사회적 기업윤리를 따르는 훌륭한 여러 작은 회사를 말하는 게 아니다.[41] 거대 식품회사들은 공공의 건강 문제를 해결하기 위해 건강단체들과 '회의탁자에 앉은 모습'을 보여주려고 무던히 애썼으며, 자신들도 건강에 좋은 제품을 만들고 소비자에게 정확한 영양정보를 제공할 수 있다고 거듭 주장했다. 거대 식품회사가 대중건강운동 단체 그리고 영양학자들과 '회의탁자에 앉은 모습'은 단지 쇼일 뿐이다. 일례로 2011년 미국의학협회에서 '영양성분 전면 표기'를 다룬 강력한 보고서를 발표하자마자 식료품제조사협회Grocery Manufacturers Association와 식품마케팅협회Food Marketing Institute는 '영양성분은 앞에Facts Up Front'(소비자들이 영양성분을 쉽게 알 수 있도록 앞면에 간략히 표시하자는 운동으로, 미국의학협회가 제시한 더 종합적이고 알기 쉬운 '영양성분 전면 표기'를 회피하기 위한 전략으로 비난받았다-옮긴이) 캠페인을 시작했다. 말썽꾸러기 아이가 벌을 피하기 위해 앞으로 이렇게 하겠다, 저렇게 하겠다, 약속하는 것처럼 식품회사들은 규제라는 무서운 시선을 피하기 위해 '영양성분은 앞에' 캠페인이라는 자구책을 내놓은 것이다. 게다가 이 운동을 제안한 식료품제조사협회와 식품마케팅협회는 소비자의 마음을 사로잡을 진실한 이미지를 만들기 위해 많은 기만을 동원했다. 이를테면 식품 표시를 위해 애쓰는 비영리단체처럼 보이기 위해 캠페인 도메인을 '.com' 대신 'factsupfront.org'로 등록했다.

거대 식품회사들이 대중건강운동 단체들과 함께 비만을 퇴치하기 위해 싸울 수도 있다는 생각은 악당 렉스 루서가 지구를 위협에 빠뜨릴 훨씬 더 사악한 악당 밍과 싸우기 위해 슈퍼맨과 힘을 합치는 것과 같다. 하지만 《슈퍼맨》은 사람들에게 정의감과 공정심, 선의를 호소하기 위해 만들어진 만화책이다. 식품회사들이 단지 맛있는 식품만 만들면서 사람들의 건강을 진심으로 걱정한다면 얼마나 좋을까? 하지만 대부분 그렇지 않다. 납치 피해자가 납치범에 세뇌되어 스톡홀름증후군에 빠지듯 우리 역시 식품회사들의 강력한 심리 지배에 사로잡혀 있다. 우리는 포로다. 심리분석가들이 '공격자와 동일시identification with the aggressor'[42]라 부르는 현상이 있다. 피할 수 없는 위협에 압도당한 약자의 위치에 놓인 사람들이 불안을 줄이기 위해 무의식적으로 가해자와 손을 잡는 것을 말한다.[43] 달리 말해 자신의 무력감을 누그러뜨리기 위해 강한 상대에게 연민을 품는다거나 겉으로 보이는 것만큼 나쁘지 않다고 믿는 것이다. 거대 식품회사를 대중의 건강을 우려하는 자애로운 모습으로 포장하는 이미지와 메시지를 받아들이는 것도 마찬가지다. 그런 자애로운 이미지를 받아들일 때 심리적으로 우리는 그들이 우리 건강을 해치고 사망률을 높이는 존재가 아니라 같은 편이라고 느낄 수 있다.

거대 식품회사가 자발적으로 위해식품 제조를 멈출 것이라고 이성적으로 기대할 수 없는 이유 하나는 그들이 그렇게 맛있는 상품을 연구하고 개발하는 데 어마어마한 시간과 돈, 노동력을 쏟아 붓기 때문이다. 회사 입장에서는 투자 수익을 절대 포기하지 못한다. 게다가 특정 식품회사나 몇몇 식품회사가 모인 연합이 초기호성식품 판매를 멈추는 것은 일방적 '군축'과도 같다. 양심적 길을 선택한 회사들이 남긴 빈자리에 다른 회사가 들어와 그들이 애써 일군 수익을 가로채 갈 테니 말이다.

마이클 모스는 《배신의 식탁: 우리는 식탁 앞에서 하루 세 번 배신 당한다Salt, Sugar, Fat: How the Food Giants Hooked Us》에서 식품업계의 내부 회의를 묘사했다. 회의 초반 업계의 일부 지도자가 지방, 설탕, 소금 사용을 서서히 줄여 비만의 물결을 막자고 주장했다. 하지만 당시 제너럴밀스의 최고 경영자 스티븐 생어가 이런 자율 규제에 맹렬히 반대했다. 그는 소비자들이 영양과 관계없이 맛있는 것을 좋아하며, 그것을 구매한다고 말했다. "영양에 대해 말하지 마세요." 그는 평범한 소비자의 목소리를 흉내 내며 말을 이었다. "맛에 대해 말해주세요. 그리고 이 상품이 더 맛있는데 맛없는 상품을 들고 돌아다니며 팔려고 애쓰지 마세요." 그에게 진로를 변경하는 일은 자기 회사 상품의 성공을 보장해준 신성한 레시피를 위태롭게 하는 일이었다.[44] 달리 말해 생어는 도덕적 입장을 포기하고 문제의 조정을 시장에 내맡겼다. 이후 다른 여러 식품회사 거물들이 따라한 생어의 입장은 자유무역, 무한한 선택, 자유의지를 찬양하는 경제 이데올로기, 정치 이데올로기, 도덕 원칙으로서 소비주의를 키웠고 일반 시민의 권리와 건강이 보호받는 '사회 운동으로서 소비주의'를 무력하게 했다.

몇몇 회사가 자율 규제에서 소박한 성공을 거두기도 했지만, 기업의 자율 규제 노력을 신뢰할 수 없다는 것을 증명하는 실패 사례들은 수없이 나왔다. 예를 들어, 담배회사의 청소년 금연 캠페인은 단순히 법망을 피해가려는 얄팍한 시도였을 뿐 아니라, 연구에 따르면 실제로 청소년 흡연을 더 조장했다.[45] 소비자들에게는 득보다 해가 많았는데도 담배회사가 사회적 책임을 지려고 노력 중이며 선의를 가지고 있다는 이미지를 창조했다.[46] 다른 유사한 예는 건강보조식품건강교육법의 통과로 FDA가 건강보조식품 사전 검사 권한을 빼앗기고 보조식품 회사가 자율 규제권을 넘겨받은 사례다. 이 시도는 명백한 실패였다. 이후 수많은 보고서가 라벨에 표시되지 않은 성분과 위험한 물질이 들어간 건강보조식품에 대해 경고했다.[47] 사실 간 손상의 20퍼센트가량이 이런 건강보조식품 때문에 발생한다.[48] 건강보조식품건강교육법이 상품 출시 전 사전 검사 권한을 보조식품산업에 넘겼기 때문에 FDA는 위해성이 증명될 만큼 많은 사람이 아프거나 죽기 전에는 판매를 중지할 법적 권한이 없다.

투명성과 사전에 규정된 과학적 정의 같은 엄격한 기준이 정해지고 적용된다면 자율 규제가 가능할 것이라고 주장하는 연구자들도 있다.[49] 그러나 많은 연구자는 회사의 자율 규제가 효과적이지 않다는 것을 자료로 알 수 있다고 말한다. 예를 들어 란셋 NCD 행동그룹은 자율 규제 방식이 효과적이라는 증거가 거의 없다고 주장하며 알코올과 초기호성식품 규제를 위한 민관 협력관계에 반대한다. 그들은 "공공 규제와 시장 개입만이 건강에 해로운 상품으로 생기는 피해를 막아줄, 증거로 입증된 유일한 메커니즘"이라고 강력히 주장한다.[50] 공익과학센터Center for Science in the Public Interest 대표 마이클 제이콥슨을 비롯한 대중건강 운동가들은 영양성분표 같은 표기 개선 노력이 성공한 것은 "식품회사가 아니라 FDA가 성분표에 무엇이 들어가야 하는지, 성분표 모양이 어떠해야 하는지 결정하기 때문"이라고 말한다.[51]

— FDA의 최종 판결

FDA는 어쩌면 심각한 결함이 있을지 모르지만 그럼에도 미국 시민에게(그리고 미국 기업들에) 특별한 도움을 준다. 가장 강경한 규제 반대자들조차 몇몇 규제는 훌륭하다는 데 동의하며 미국의 규제제도가 세계에서 가장 안전한 식품의약품 환경을 제공한다고 인정한다. 이 책처럼 비판적 내용을 출판하고 정보공개법 등을 사용해 투명성을 요구할 수 있는 것도 놓쳐서는 안 될 중요한 자유다. 그렇다 하더라도 식품, 약품, 건강보조식품에 대한 FDA의 수많은 규제 실패는 부인할 수 없는 사실이다.

풍자 언론 사이트 오니온The Onion은 최근 FDA의 규제 실패를 겨냥해 "FDA, '과일'이라는 단어가 박스에 표시된 식품을 적어도 하루에 3회 섭취할 것을 권장하다"라는 제목의 가짜 기사를 내보냈다.[52] 이 가짜 기사는 "과거에는 진짜 과일을 하루에 최소한 세 조각씩 먹도록 권장했지만, 지금은 '과일'이라는 단어가 들어간 식품은 무엇이든 드셔도 됩니다. '과일맛' '과일맛 나는' '강렬한 과일맛 나는' 식품도 좋고, 과일 모양 가당 시리얼과 젤리도 좋습니다"라고 FDA 감독관이 했다는 말을 '인용'했다. 이 기사는 "씹을 수 있고 삼킬 수 있는 것은 모두 채소로 간주하는 다른 기준에 따라 FDA는 새로운 권장안을 선보일 예정이다"라는 말로 끝맺는다. 오니온이 FDA가 부패하거나 무능하다고 말하고 싶었는지는 분명치 않지만 어쨌든 FDA의 실패를 선명히 보여주고 있다는 건 분명하다.

규제포획인가, 규제패배인가?

FDA의 실패를 이해하려면 FDA가 규제포획regulatory capture의 희생자인가 아닌가를 물어야 한다. 규제포획이란 공익을 담당하는 규제기관이 대기업이나 특정 이익집단에 '포획'되어 그들의 상업적 이익을 도모하는 정치적 부패 행태를 뜻한다.[53] 소비주의 문화는 소비자 보호보다 생산, 소비, 번영, 자유를 우선하므로 규제포획에 힘을 쏟는다. 하지만 FDA의 실패를 규제포획으로 볼 수 있을지는 분명치 않다. 규제포획의 최고 전문가인 하버드대학교 역사학자 대니얼 카펜터는 역사적으로 FDA의 친기업적 조치가 기업보다는 과학단체나 환자 집단, 소비자운동 활동가의 요청으로 생겨났다고 주장한다.[54] 엄밀히 말해 이런 영향은 기업의 이익이나 부패에서 나온 것이 아니므로 규제포획이 아니라는 것이다.

카펜터가 주장한 대로 FDA가 규제포획에 굴복하지 않았다면 규제패배regulatory defeat에 굴복했다고 할 수 있을까? 전 FDA 청장이자 존경받는 의사, 변호사이고 미국 국립과학아카데미가 수여하는 공공

복지훈장을 받은 데이비드 케슬러는 FDA의 진실성을 옹호하며 FDA를 거대 기업이라는 골리앗에 맞선 다윗으로 묘사한다. 《의도를 묻다A Question of intent》[55]에서 케슬러는 담배회사가 수년간 의회 로비를 벌이고 유능한 변호사를 동원해 FDA를 사실상 마비시켰지만 결국 FDA가 승리했다고 이야기한다. 케슬러는 방대한 관리 영역, 적은 예산 그리고 식품회사의 강력한 영향력을 언급하며 FDA에는 기업들과 싸우거나 경쟁할 자원도, 법적 힘도 없다고 주장한다.

FDA의 실패가 규제패배라는 것을 뒷받침할 수많은 사례를 우리는 이미 앞에서 살펴봤다. 연방기관들이 거대 식품산업과 제약산업 앞에서 힘없이 물러선 것처럼 보이는 사례가 많다. 예를 들어 FDA에 약품 승인을 신청할 때 제조사로부터 신청비를 받도록 허용한 전문의약품허가신청자비용부담법 통과를 지지한 것은 FDA였다. 전문의약품허가신청자비용부담법은 FDA의 재정을 늘리고 거대 제약회사의 이윤을 규제기관으로 돌리는 영리한 전략이지만 FDA의 체념적 선택이기도 했다. FDA는 승인을 기다리는 약품이 많이 밀려 있어 일을 처리할 직원이 더 필요했지만 의회로부터 충분한 예산을 책정받지 못한 상황이었다. 이때 전문의약품허가신청자비용부담법이 통과되어 규제 비용을 효과적으로 민영화했고, 결국 시민을 보호하기 위한 정부의 통제권을 기업에 넘겨준 꼴이 되었다. 이런 방식 대신 제약회사에 세금을 부과했더라면 FDA는 재정도 확보할 수 있었을 테고 정부기관이 감독 대상인 기업에 재정을 의존하는 일도 막을 수 있었을 것이다.

규제패배의 또다른 예는 미국농무부가 영양성분검사실 홈페이지에 식품에 들어가는 첨가당 성분이 무엇인지 발표하던 일을 멈춘 것이다. 미국농무부가 "여러 성분이 들어간 상업용 식품의 제조 공식이 수시로 바뀔 뿐 아니라" 첨가당 성분 정보를 "식품회사가 추정하거나 제공해야 하는데, 많은 회사들이 그런 독점 정보의 공개를 꺼리기" 때문이라고 했던 것을 떠올려보자.[56] 다른 말로 하자면 정부기관이 기업으로부터 정보를 얻기가 너무 어려웠고, 공개를 꺼리는 회사들에게 지시를 따르도록 압력을 행사하지도 못했다는 말이다. "제조 공식이 수시로 바뀌는" 관행은 아마 건강에 좋지 않은 성분을 사용하는 것을 들키지 않으려는 수법일 것이다. 사실 식품회사들이 판독하기 어려운 이름의 새로운 당류를 지속적으로 개발하는 이유는 포장지 영양성분표 맨 위에 설탕을 올리지 않기 위해서다. 시리얼에 당류 일곱 가지를 사용한다고 해서 백설탕이나 흑설탕으로는 낼 수 없는 색다른 맛과 식감을 더해주지 않을 것이다. 미각이 훈련된 요리사라면 하나의 조리법에 다양한 설탕을 넣는 것이 중요하다고 주장할지 모르겠지만, 아침 시리얼 이용자(아이들) 대부분이 다양한 설탕이 만들어내는 맛의 미묘한 차이를 음미해내리라고 보기는 어렵다. 곧 식품산업은 규제 감독을 좌절시키기 위해 복잡하고 값비싼 노력을 기울이면서 엄청난 생산 비용을 지출하고 있다.

FDA는 식품 성분과 표기를 연구하고 감독하는 일에 엄청난 자원을 투자해야 할 뿐 아니라 소비자의 눈길을 사로잡을 만한 영양성분표도 만들어내야 한다. 곧 높은 몸값을 자랑하는 매디슨 가의 광고인들 그리고 그래픽 디자이너들과 경쟁해야 한다. 브랜드 정체성을 만들고 이 정체성을 소비자에게 전달하는 데 쓰이는 이미지와 이름, 문구, 상징, 로고, 상표로 등록된 캐릭터를 고안하는 포장디자인산업은 그 규모가 약 1조 달러에 이른다.[57] 포장디자인의 작은 차이로 판매가 크게 달라지기도 하기 때문에 식품회사는 소중한 포장지의 아주 작은 공간조차 FDA에 호락호락 양보하지 않으려 한다. FDA가 포장지 공간을 더 차지할 수 있다 해도 색깔과 글씨체, 이미지, 메시지로 소비자를 사로잡는 비싸고 세련된 그래픽 디자인과 경쟁할 수 있을지 의문이다. 연방기관 아무 곳에나 들어가보라. 조지 오웰의 소설 속으로 들어간 듯한 답답한 사무실에 형광등 아래서 지친 직원들이 힘겹게 일하는 모습을 볼 수 있을 것이다. 반면 민간 기업에서 근무하는 전문가들과 과학자들은 근사하고 편안한 사무실에서 회사가 제공하는 점심, 피트니스클럽, 심지어 탁구대 같은 편의시설들을 즐기며 일한다.

어쩌면 FDA가 재정적으로 민간기업과 경쟁할 수 없다 보니 최근 미국의학협회가 주창한 영양성분 전면 표기안이 기업 주도의 '영양성분은 앞에' 캠페인에 무릎을 꿇었는지도 모른다. 식료품제조사협회와 식품마케팅협회가 '영양성분은 앞에'를 홍보하기 위해 5000만 달러를 투자해 캠페인을[58] 벌이기 시작하자 FDA의 식품국 부국장 마이클 테일러는 이 캠페인이 "어쩌면 FDA의 공중보건 향상 목표에 기여할지 모르며" FDA는 "일부를 선별적으로 적용"[59]하겠다고 말하며 항복했다. 기업과 정부가 협력하는 모습은 보기 좋지만 FDA의 입장 변화는 그저 체념으로만 보인다. 테일러는 FDA의 규제패배를 뚜렷이 보여주는 또다른 논평도 남겼다. 그는 기업의 건강 홍보문구가 소비자를 오도하고 있음을 FDA가 입증하더라도 영리한 마케팅 담당자들이 소비자를 사로잡는 다른 문구를 쉽게 고안해낼 것이라고 체념 섞인 어조로 토로했다. "자원과 법적 권한이 제한된 상황에서 기업들을 하나씩 감시하는 일은 마치 한 손을 등 뒤로 묶은 채 두더지잡기 게임을 하는 것과 같다."[60] '자연'이라는 용어 규제에서도 우리는 규제패배를 볼 수 있다. FDA가 '자연'이라는 용어를 규제할 자원과 의지가 있어서 용어 사용을 제한한다 해도 식품 제조사는 곧 '순[順]'이라든지 '건강에 좋은' 같은 규제받지 않는 단어들을 사용할 것이다. FDA가 사전에 있는 모든 단어를 규제할 수는 없으니 이는 생쥐와 고양이 게임이나 마찬가지다. 물론 FDA가 규제 시도를 하지 말아야 한다는 뜻이 아니다. 규제가 어렵고 용어를 정의내리기 힘들다는 이유로 거대 식품산업에 항복한다면 결국 재앙을 부르게 될 것이다.

권한과 집행의 한계

FDA는 거대 식품산업의 거의 무한한 예산에 대항해 권한을 행사할 만한 자원이 부족할 뿐 아니라 권한도 법적으로 제한돼 있다. FDA는 의회가 부여한 만큼만 권력을 가지고 있으며 사법부의 소송 심리에도 복종해야 한다.[61] 처음에는 FDA의 실책인 것처럼 보이는 몇몇 규제실패도 자세히 들여다보면 다른 정부기관이 FDA의 권한을 제한했기 때문이라는 게 드러난다. 이를테면 FDA의 초기 담배 규제 시도 이후 대법원은 의회가 FDA에 담배 규제 권한을 부여하지 않았다고 판결을 내렸다.[62] 이를 개선하기 위해 의회는 나중에 FDA의 담배 감독 권한을 명시한 가족흡연예방및담배규제법Family Smoking Prevention and Tobacco Control Act을 통과시켰다. 그러나 FDA는 전자담배와 전자담배 액상 니코틴 흡입을 규제할 권한이 없다는 사실에 다시 부딪혔다. 전자담배는 담배의 법적 정의를 충족하지 않으므로 FDA의 규제 권한 밖에 있기 때문이다. 마찬가지로 건강보조식품산업에 대한 느슨한 규제도 FDA의 규제실패라기보다는 기업과 공모한 의회가 건강보조식품건강교육법을 통과시킨 데 원인이 있다.

FDA는 권한 범위도 크지 않지만 권한을 집행하는 방법도 상당히 제한돼 있다. 회수 명령, 압류, 금지, 벌금, 형사 고발 같은 다양한 집행 수단을 가지고 있지만, 이런 방법을 모든 영역에서 사용할 수는 없다.[63] 특히 식품 정보를 허위로 표시한 경우 "죽음에 이르도록 심하게 건강을 해치지 않는 이상" 규제할 수 없다. 식품회사가 표기 규정을 어겼다고 FDA가 판단했다 해도 그런 허위 표시가 심각하게 건강을 해치지 않는다면 FDA가 취할 수 있는 최고 단계의 조치는 경고장을 보내는 정도다. 자발적으로 규정을 따르라고 요구하는 경고장 말이다. 충분히 짐작할 수 있겠지만 더 강력하게 처벌하겠다는 협박조차 없는 경고장은 솜방망이나 다름없어서 회사가 소비자를 오도하는 홍보문구를 음식 라벨에 사용하지 못하도록 막는 일에는 거의 효과가 없다.[64]

모든 증거를 살펴본 결과 '사회 운동으로서 소비주의'는 소비주의의 모든 형태 중에서 가장 무력하다. 또 종교로서 시장은 소비자를 과소비로부터 보호할 모든 도덕적 의무를 좌절시킨다. 많은 면에서 우리는 이런 패배에 공모한다. "'소비자 정신'은 … 규제에 저항한다. 소비자 사회는 선택의 자유를 제한하는 모든 법적 규제에, 잠재적 소비 대상을 비합법화하는 것에 분노하며 대부분의 '규제 철폐'

조치에 광범위한 지지를 보내는 방식으로 이런 분노를 표출한다."[65]
어쩌면 소비주의 문화가 시장의 웰빙을 위해 각 개인의 심리적 웰빙에 저항하도록 우리를 철저히 사회화했는지도 모른다. 식품과 과식의 경우 이런 사회화는 초기호성식품이 제공하는 신경학적 쾌락적 보상으로 강화된다. 흡연자들이 니코틴에 중독되었기 때문에 담배 규제와 담배세 증가를 지지하지 못했던 것처럼, 우리는 초기호성식품을 좇는 욕망 때문에 우리의 심리적·육체적 건강을 보호하려는 규제를 지지하지 못한다.

식품 규제를 보모국가 정치 대 개인의 책임 문제라는 틀로 이해하는 것은 분열을 일으킬 뿐 아니라 일차원적 사고다. 그런 흑백논리는 민주주의가 견제와 균형으로 이뤄진다는 더 중요한 사실을 간과한다. 소비자를 보호하는 일과 이윤을 추구하는 기업의 생리가 건전한 긴장 속에서 공존하지 못할 이유는 없다. 규제 증가가 사회주의나 공산주의, 폐쇄적인 시장의 도래를 뜻하지는 않는다. 규제와 기업이 공존하는 공정한 경기장은 언제든 만들 수 있다.

마지막 장에서 우리는 앨리슨 이야기로 돌아가 그녀의 미래를 생각해볼 것이다. 앨리슨에게 일어나는 일은 소비주의 문화에 사는 우리 대다수에게 일어날지 모르는 일을 보여주는 지표라는 점에서 무척 중요하다.

The Psychology
of Overeating

11

'과잉'으로부터 자신을 보호한다는 것

우리가 속한 문화 대부분이 그렇듯 앨리슨 역시 교차로에 서 있다. 그녀는 쓰고 먹고 마시고 소비하는 일에 푹 빠져 있다. 모든 중독자들처럼 앨리슨도 심각한 폐해를 겪고 있다. 식품과 의약품, 각종 상품이 그녀의 내면세계를 가득 채우고 있지만 그것들은 삶의 목적이 되거나 특별한 의미를 가져다주지 못한다. 앨리슨은 삶의 목적과 의미를 찾지 못한 실패를 자아의 실패로 경험하기 때문에 뒤이은 절망과 불안을 해결하기 위해 다른 형태의 소비에 또다시 의존한다. 이것이 바로 현대에 나타난 '욕망의 쾌락주의'다. 욕망의 쾌락주의는 결국 설탕과 소금, 유독물질로 부풀어 오른 자아와 온실가스, 매연, 질병으로 부풀어 오른 지구를 만든다. 지금 속도라면 우리는 머지않아 자신과 지구를 파멸시킬 것이다.

그럼에도 우리는 소비해야 한다. 소비하지 않으면 죽을 테니 말이다. 살아 있는 모든 유기체는 소비해야 한다. 이 책은 소비주의 문화와 그 심리적 결과를 들춰내고 고발하지만 소비문화를 완전히 거부하는 것은 아니다. 그것은 현실적이지도 바람직하지도 않다. 지금 이 책을 읽고 있는 당신은 십중팔구 소비문화의 시민일 것이다. 아울러 당신은 소비문화의 언어에 유창하고 그 풍습에 박식할 것이다. 소비문화의 냄새는 익숙하고 맛도 좋다. 그렇다면 소비문화 안에서 살아가는 우리가 어떻게 혁신과 번영, 여유를 즐기면서 '과잉' 소비의 유혹으로부터 자신을 보호할 수 있을까?

이 책 첫머리에서 살펴봤던 소비문화의 다섯 유형을 기억해보자.

1. **도덕 원칙으로서 소비주의:** 선진국에서 소비자의 상품 선택과 구매는 개인이 자유와 행복 그리고 힘을 얻는 수단으로 인식된다.

2. **정치 이데올로기로서 소비주의:** 국민을 지나치게 보호하려는 성향의 보모국가와 반대로 현대 국가는 초국적 기업을 비호하며, 현대 국가에 팽배한 소비주의 이데올로기는 소비자가 화려하고 멋진 상품을 선택하고 구매할 자유를 찬양한다.

3. **경제 이데올로기로서 소비주의:** 공산주의의 엄격한 금욕주의와 반대로 소비주의가 자유무역의 동인으로 찬양되며 새로운 소비자를 키우는 일이 경제 발전의 열쇠로 여겨진다.

4. **사회 이데올로기로서 소비주의:** 사회 이데올로기로서 소비주의는 계급을 구분하는 기준을 만들기 때문에 물질적 상품은 그것을 소유한 사람의 사회 지위와 위신에 영향을 미친다.

5. **사회 운동으로서 소비주의:** 소비자의 권리를 증진하고 보호하기 위해 종종 규제를 통해 가치와 품질을 보호하는 운동 형태로 나타난다.

나는 많은 사람이 겪고 있는 소비주의는 도덕 원칙, 정치 이데올로기, 경제 이데올로기, 사회 이데올로기로서 소비주의가 사회 운동으로서 소비주의를 억압한 형태이며, 궁극적으로 심리적 '웰빙'을 약화시킨다고 주장했다. 이런 소비주의는 충동성과 나르시시즘, 고질적인 정서적 허기[1]를 드러내는 텅 빈 자아를 창조했다. 그러나 우리는 이런 공허함을 문화적 질병으로 여기기보다는 개인의 결핍으로 경험하기 때문에 이를 '치료'하기 위해 의약품과 각종 상품, 음식을 소비한다. 하지만 분명히 알아야 할 한 가지는 소비의 문제를 새로운 형태의 소비로 푸는 것은 자멸하는 길이라는 점이다. 우리는 소비주의의 다섯 유형 사이에서 균형을 찾아야 한다. 텅 빈 자아가 내리는 선택을 지양하고 적게, 현명하게 소비하는 법을 반드시 찾아야 한다. 소비주의의 다섯 유형 사이에서 균형을 찾거나 실제 소비를 줄이는 일에는 분명 많은 갈등이 생길 것이다. 그 하나는 개인에게는 좋은 일이지만 전체 경제에는 악영향을 끼친다는 점이다. 경제학자들은 개인이 영양이나 재정을 더 균형 있게 관리해야 한다는 생각에 반대할지 모른다. 그렇게 되면 소비가 줄어 경제가 성장하지 못한다고 생각하기 때문이다.[2] 그러나 우리는 번창하는 자유시장경제가 왜 시민의 신체적·심리적 건강을 해칠 수밖에 없는지 물어야 한다. 경제학자들은 이 질문에 어떻게 대답할지 모르겠지만, 심리학자인 나는 시민의 신체적·정서적 건강을 살리는 것이 더 우선되어야 한다고 생각한다.

— 소비주의와 쾌락 사이에서 균형 찾기

여러 해 전 나는 친구들과 함께 시간을 보내고 있었다. 한 친구가 체중을 9킬로그램이나 감량해 다른 친구들의 부러움을 샀다. 친구들 대부분은 웨이트워처스(Weight Watchers, 다이어트 제품과 프로그램을 판매하는 다이어트 컨설팅 회사-옮긴이)와 고급 피트니스클럽 회원이었고 유행하는 다이어트를 끊임없이 시도했다. 날씬해진 그 친구는 외국인이었는데 친구들의 질문 공세에 어리둥절해 했다. "비결이 뭐야? 어떻게 했어?" 그 친구는 솔직히 대답했다. "글쎄, 예전보다 덜 먹었어." 탁자에 모인 친구들은 최고로 혁명적인 다이어트 방법을 들은 것처럼 눈이 휘둥그레졌다. 소비주의 문화에 붙들려 마법처럼 살을 빼줄 특효약, 아니 다이어트 성배를 찾아 헤매던 친구들에게 덜 먹으면 된다는 단순한 해법은 충격이었다. 앨리슨처럼 여성 대부분은 체중 조절을 의지의 문제라고 생각한다. 자신을 극도로 통제하고 구속하며 쾌락을 거부해야 이룰 수 있는 일로 말이다.

그러나 건강해지는 일에는 금욕주의가 필요하지 않다. 진화론적 관점에서 보자면 종의 생존을 보장하는 것은 쾌락을 찾는 행동이다. 성적 쾌락은 번식을 보장하고, 맛이 주는 쾌락은 힘과 활기를 보장한다. 소비문화에도 아름답게 디자인된 가구, 우아한 옷, 삶을 더 안전하고 효율적으로 만들어주는 각종 편의장비 같은 즐겨야 할 쾌락이 넘쳐난다. 그런데 쾌락을 추구하는 일이 인간을 자멸로 이끌 때는 초정상자극(supernormal stimulus, 진짜보다 과장된 모형이 더 강한 반응을 이끌어내는 현상으로 동물학자 콘라드 로렌츠와 니코 틴버겐이 발견했다-옮긴이)이라는 용어처럼 지나친 자극에 끊임없이 노출돼 단순한 즐거움을 더이상 느끼지 못할 때다.[3] 대니얼 벨은 쾌락주의 대 금욕주의, 곧 '생산에 필요한 훈육과 금욕주의 대 소비 쾌락주의와 낭비' 사이의 갈등을 후기자본주의의 주요 모순으로 보았다. 이 문제는 나를 비롯해 많은 사람을 고민스럽게 하는 과식의 문제로도 연결된다. 어떻게 우리는 초기호성식품에 신경학적·심리학적으로 길들여진 습관에서 벗어나 단순한 맛을 즐길 수 있을까? 소금과 설탕, 지방에 길들여진 감각을 뿌리치고 다른 향, 맛, 식감에 대한 감각을 받아들이는 일은 쉽지 않다. 개인의 삶에 엄청난 변화가 요구될 뿐 아니라 문화적으로도 큰 전환이 필요하고 식생활 환경에서도 제도적 변화가 수반되어야만 가능하다.

─ 개인은 변화할 수 있을까?

번영과 욕망, 끝없는 소비 선택지는 우리를 과식하고 과소비하고, 물질을 지나치게 소유하도록 몰고 가는 강력한 힘이다. 장 폴 사르트르는 우리가 "자유롭도록 저주받았다"라고 말한 것으로 유명하다. 그의 말을 마음에 새기면서 변화하려는 사람들이 어떤 문제에 부딪히는지 살펴보자. 이 책은 자기계발서나 임상 의사를 위한 안내서는 아니지만, 나는 상담을 통해 과식이나 소비주의와 관련된 행동을 어떻게 바꿔야 하는지에 대해서 끊임없이 질문을 받는다. 나는 그 방법들을 실존주의심리학과 소비주의 문화와 연결해서 간략히 언급하겠다. 그러나 이런 방법만으로는 과식을 해결할 수 없다고 강조하고 싶다. 앞에서 언급한 대로 미국인들은 개인의 변화로 이룰 수 있는 것들을 과대평가하는 경향이 있어서 자신들이 복잡하게 연결된 관계망 속에서 행동한다는 사실을 쉽게 잊는다. 개인의 행동을 바꾸는 방법이 얼마나 힘을 발휘할 수 있는지와 관련해서는 '소비의 깔때기' 그림(3장)에서 아래로 내리누르는 압력을 생각해보는 것이 중요하다. 심리적 차원에서 소비주의에 저항할 때 우리는 정치와 경제, 문화 수준의 소비주의와 여전히 충돌한다. 쉽게 말해 의지력이나 훈육, 행동을 바꾸는 것만으로 과식을 멈추는 게 가능했다면 나는 이 책 대신 자기계발서를 썼을 것이다.

우선, 나는 항상 환자들에게 지속적으로 행동을 바꾸기 원한다면 천천히, 신중하게 해야 한다고 말한다. 실패할 만한 거창한 목표를 세우는 것은 치료에 도움이 되지 않는다. 한 번에 하나씩 습관이 될 때까지 집중한 뒤에 다음 행동으로 넘어가야 한다. 커스터드를 만들 때 뜨거운 우유를 계란에 조금씩 부어야 하는 것처럼 변화도 신중하게, 조금씩 해야 성공할 수 있다. 단순한 행동 변화란 아침 식사로 머핀 대신 오트밀을 먹는 것일 수도 있고, 바닐라라떼 대신 설탕을 넣지 않는 라떼를 마시는 것일 수도 있다.

맛과 다양성, 편리함을 중심으로 행동을 어떻게 변화시켜야 하는지 그리고 소비주의를 넓은 관점에서 어떻게 바라봐야 하는지 생각해보는 것도 중요하다. 이는 주로 심리학자의 진료실을 가득 채우는 미국인들에게 추천하는 방법이므로 과식과 싸우는 누군가에게는 문화적으로 적절치 않거나 유용하지 않을 수도 있다. 앞으로 심리학과 영양학을 새롭게 통합한 학문을 토대로 경험적으로 입증된 치료와 의료 개입 방법이 훨씬 더 많이 소개되어야 할 것이다.

소비의 방향 잡기

돈을 쓰고 싶다면 건강에 좋은 제품이나 활동에 쓰는 것이 좋다. 내 환자 가운데 한 프랑스 남자는 수입이 많지만 과소비를 즐기지 않는 편이었다. 그런데 한번은 내게 어떤 아웃도어 용품점이 "아웃도어 포르노"를 판다고 말했다. 나는 그 표현이 아웃도어 장비가 풍기는 대단히 자극적인 매력을 잘 드러낸다고 생각했다. 물론 이런 아웃도어 용품점들은 자사 제품이 자연과 어우러지는 건강 친화적 제품이라고 강조한다. 이 프랑스 남자는 얼마 전 이혼했는데 이곳에서 캠핑 장비와 백패킹 여행에 필요한 등산 장비를 수백 달러를 주고 구입한 것에 처음에는 죄책감을 느꼈다고 말했다. 그는 일곱 살 아들과 소중한 시간을 보내기 위해 국유림으로 일주일간 여행을 떠날 계획이었다. 처음에는 비싼 장비를 구입한 게 옳은 결정이었는지 불안해 했지만 여행에서 돌아온 뒤에는 투자한 돈이 아깝지 않다며 더없이 행복해했다. 따분한 사무실에서 녹초가 되도록 일한 뒤 자연과 오랜 시간 교감하고, 안전하고 믿을 만한 장비를 가지고 아들과 시간을 보내는 데 사용한 돈, 그리고 아들이 야외 활동을 즐기는 모습을 지켜보는 데에 쓴 돈은 분명 아깝지 않을 것이다. 무용 강습을 받거나 스포츠클럽에 들어가거나 농부시장에서 장을 보는 것은 전체 경제를 활성화시키는 좋은 방법이다. 실제로 긍정심리학이라는 분야의 연구는 물질적 사치품보다 경험에 돈을 투자했을 때 긍정 효과가 더 오래 지속된다는 것을 줄기차게 보여줬다.[4] 이런 사실은 이제 사회과학 분야에서 확고하게 인정받는다. 이제 많은 연구자는 '웰빙'을 측정하는 대리 지표로 GDP를 쓰던 관행을 벗어던지고 더 복잡한 지표를 개발하고 있다. 이를테면 UN의 인간개발지수Human Development Index, 경제협력개발기구가 발표한 더나은삶의지수Better Life Index, 지구행복지수 Happy Planet Index는[5] 단순히 경제활동을 측정하는 게 아니라 시민의 기대수명, 시민이 실제로 경험하는 웰빙, 생태발자국 들을 고려한다.

다양성 줄이기

환자들이 다이어트 식품이나 '순한' '저지방' 같은 문구가 박힌 상품을 사려고 하면 나는 대개 말리는 편이다. 이런 문구는 거짓말이다. 맛도 끔찍할 뿐 아니라 식욕을 채워주지도 못하고 소비만 늘린다. 게다가 대단히 자극적으로 제조된 맛에는 대체로 설탕 함량이 높기 때문에 과식하지 않기란 거의 불가능하다. 음식이 넘쳐나는 시대, 언제든 산업식품을 구입할 수 있는 풍요로운 문화에 사는 우리 대부분은 이런 초가공식품을 먹을 때 과식의 유혹에 쉽게 빠진다. 앞에서도 말했지만 이런 식품은 기호성이 무척 높고 쾌락적 보상을 많이 안겨준다. 최근 연구에 따르면 미국만이 아니라 미국과 비슷한 사회·문화 구조를 가진 수많은 나라에서 상당히 많은 사람이 정제 탄수화물 섭취를 절제하지 못한다.[6]

다양성을 줄이는 것도 과식에 맞서는 중요한 방법 중 하나다. 어떤 식으로든 음식에 대한 선택지를 줄이는 것이 효과적이다. 외식도 뱃살과 가정 경제에 큰 영향을 미친다. 굉장히 다양한 초기호성식품을 먹을 가능성이 높기 때문이다. 물론 가끔 하는 외식 정도는 괜찮겠지만, 대체로 이런 사치를 절제하는 것이 과소비로 생기는 재정 위험과 칼로리 과잉 섭취를 막는 열쇠다. 코스트코를 비롯한 할인매장도 다양한 상품으로 과소비를 유도한다. 앨리슨은 홀푸드마켓에서 장보는 횟수를 줄이는 게 도움이 될 듯했다. 홀푸드마켓에서 장을 보면 생각했던 것보다 더 사고 싶은 충동이 강렬해지기 쉽다. 앨리슨과 나는 구입할 상품을 종이에 먼저 적었다. 그리고 고급 슈퍼마켓처럼 매력적이지 않은 동네 작은 슈퍼마켓에서 장을 보는 게 왜 좋은지 이야기를 나누었다. 동네 슈퍼마켓에도 앨리슨에게 필요한 물건은 대부분 있다. 또 앨리슨에게 식료품을 온라인으로 배달받는 서비스를 이용해보라고 권했다. 온라인 서비스를 이용하면 우리를 사로잡는 식품의 겉모습 혹은 거기서 풍겨오는 냄새 때문에 생기는 '뜨거운' 감정없이 장바구니에 넣을 당장 필요한 물건만 고를 수 있다. 물론 사람들 대부분은 식료품 배달 서비스를 이용할 여유가 없으므로 모두에게 유용한 해결책은 아닐지 모른다. 나는 소비자의 선택지를 제한하기 위해 동원할 만한 작은 방법들에는 어떤 것이 있을 수 있는지 말하고 싶은 것이다.

─ 건강과 재정이라는 쌍두마차

앞에서 언급한 행동 교정 대부분은 단순한 자기조절self-regulation 방법이다. 곧 개인이 목표를 성취하기 위해 자기를 통제하고 성찰하며 수정하고 적응해가는 과정이다.[7] 나는 자기조절을 심리학에서 정의한 것보다 다소 넓게 본다. 내가 말하는 자기조절은 자아 인지, 도덕, 감정, 영양, 호르몬, 실존적 차원을 모두 아우른다. 소비주의 문화는 이 모든 차원에서 우리의 자기조절 능력을 위협한다. 만족을 모르는 뒤틀린 욕망을 창조하고, 문화적 우월감과 노동 착취를 부추기고, 정교하게 조율된 호르몬과 신경학적 흐름을 무너뜨리고, 끊임없는 소비에서 정체성을 찾는 가짜 자아를 만들도록 우리를 이끈다.

사람들 대부분은 아무리 자기조절 능력을 개선한다 해도 혼자만의 힘으로 과식을 멈추기가 어려울 것이다. 과식을 유발하는 요인들이 워낙 복잡하다 보니 개인의 책임이라는 형태로 자기조절 능력을 키우는 것만이 해결책이 될 수 없다. 소비자를 보호하기 위한 정부의 규제 능력을 키워야만 한다. 4장에서 언급했던 제이컵 솔의 주장처럼 자본주의가 안정되고 지속 가능하려면 "(개인이) 회계를 능숙하게 익혔는지, 책임성이 있는지, 이후로도 회계와 책임성을 계속 성공적으로 관리하는지"가 중요하다. 그는 가정과 정부의 재정을 모두 건강하게 관리하는 오이코노미아Oikonomia라 불리는 관행을 설명한다. 오이코노미아는 원래 아리스토텔레스의 개념으로 개인과 정부가 책임 있고 투명하며 빚을 갚을 수 있는 상태를 유지하면서 서로에게 도덕적·재정적 책임을 진다는 뜻이다.[8]

오이코노미아 개념을 확장해 영양에 대한 책임과 건강 관리까지 포함시킨다면 개인과 정부가 서로 활발하게 상호작용하며 책임지는 모델을 생각해볼 수 있을 것이다. 반면 책임을 온전히 개인에게만 묻거나 아니면 정부에게만 따진다면 인간이 정치적 상태에 존재한다는 현실을 놓치게 된다. 다시 말해 쌍두마차를 끄는 두 필의 말처럼 정부와 개인이 연결된 존재라는 사실을, 정부와 개인이 한 쌍의 자아가 됨으로써 만들어지는 새로운 자아를 잃어버리는 것과 같다. 더 심리학적 용어로 설명하자면 정부의 규제와 개인의 자기조절 사이의 균형을 내적통제위치와 외적통제위치의 적절한 분배로 생각할 수 있다. 달리 말해 칼로리 계산과 재정 계산은 일종의 상호적 공공 책무로, 건강과 건전한 재정을 도모하기 위해 쌍두마차를 끌고 가는 두 마리 말처럼 움직인다.

— 앨리슨에게는 무슨 일이 일어났을까?

과식의 문제가 오로지 음식이나 식습관의 문제가 아니라 소비의 문제라는 사실을 내가 설득력 있게 이야기했기를 바란다. 먹거리와 몸무게 그리고 다이어트에만 끊임없이 초점을 맞추는 대중매체는 소비주의 문화가 어떻게 사람들을 가난과 빚, 혼란스러운 영양정보, 대사장애, 끝없는 욕망 속에 가두는지, 더 나아가 이를 초래하는 더 큰 제도적 문제는 무엇인지 이야기하지 않는다. 지난 해 〈뉴욕타임스The New York Times〉는 비만과 가난의 관계를 다룬 칼럼에서 이렇게 선언했다. "우리의 분명한 목표는 가난한 사람들을 날씬하게 만드는 게 아니라 가난한 사람들을 덜 가난하게 만드는 것이어야 한다." 다르게 표현하자면 단지 가난한 사람들이 다이어트를 시작하도록 만드는 것이 아니라 사람들을 가난하게 '그리고' 뚱뚱하게 만드는 제도적 문제를 근본적으로 해결해야 한다는 뜻이다. 나는 이 논리를 소비주의까지 널리 확장했으면 한다. 우리의 목표는 단지 사람들이 음식을 적게 소비하도록 만드는 것이 아니라 '모든 것'을 덜 소비하도록 만드는 것이어야 한다고 말이다. 과소비를 광범위하게 치유하는 것이 과체중과 비만, 대사장애의 물결을 훨씬 더 직접적으로 막는 방법이다.

소비주의의 영향에 저항하는 운동들이 많다. 이를테면 느린 삶, 자발적 단순함, 슬로 푸드, 작은 집을 추구하는 운동 들은 다른 사람과 함께 더 단순한 삶을 사는 구체적 방법을 찾는 이들에게 좋은 정보를 제공한다. "즐거움은 더 많이, 물건은 더 적게"라는 문구를 구호로 삼은, 새로운아메리칸드림을위한협회는 이른바 친사회적 가치를 전

파하는 단체들 중에서도 굉장히 활동적이고 합리적인 단체다. 이런 단체들은 대개 실존주의적 접근법의 영향을 어렴풋이 받았거나 실존주의적 접근법을 따르며 물질주의와 소비의 자기 파멸적 영향으로부터 스스로를 치유하려는 욕망에서 등장했다. 앞에서 나는 과소비의 물결을 막을 여러 방법을 언급했다. 이를테면 성性중립적 가정 교과를 다시 가르친다거나 심리학과 영양학의 임상 실천을 통합하는 방법들이다. 그러나 내 상상력과 지식 범위는 좁다. 이런 일에는 많은 혁신과 창조성이 필요하다.

그렇다면 이 책 전반에서 우리를 대신했던 앨리슨에게는 무슨 일이 일어났을까? 앨리슨은 더 높은 사회적 지위를 꿈꾸고 고급스러운 최신 유행을 좇는 '뚱뚱하고 외로운 노처녀'의 삶을 이어나갔을까? 아니면 삶의 의미를 찾고 건강해졌으며 더 깊은 삶의 목적을 추구하기 시작했을까? 앨리슨처럼 우리는 과소비와 연결된 시급한 문제들, 곧 오염, 기후변화, 과식, 비만, 당뇨, 대사증후군, 노동 착취, 소득 불평등 같은 문제를 해결할 시간이 많지 않다. 나는 늘 낙관적인 사람은 아니지만 통찰과 변화에 대한 희망을 품지 않았더라면 앨리슨과 상담하지 않았을 것이다. 또 개인만이 아니라 문화와 정부에 대해서도 통찰과 변화의 여지가 있다고 생각하지 않았다면 이 책을 쓰지 않았을 것이다.

2001년에 나는 심리학 박사과정의 마지막 요건인 임상수련 과정을 마쳐가고 있었다. 당시 논문은 끝냈고 대학에서 일자리를 찾는 중이었다. 언제나 그랬듯 나는 함께 공부하는 사람들을 다양한 음식 경연과 미각 테스트, 영양 논쟁에 끌어들였다. 그러던 어느 날 한 모임에서 동료 마리 반 투베르겐이 갑자기 내게 '음식 심리학'에 대해 가르쳐보면 어떻겠냐고 했고, 우리를 지도했던 린다 빈센트 교수가 멋진 생각이라며 맞장구쳐주었다. 나는 '음식 심리학' 같은 것은 없다며 코웃음을 쳤다. 모임이 끝난 뒤 연구실로 가서 혹시나 하고 '음식 심리학'을 검색해봤더니 놀랍게도 많지는 않지만 존중받는 연구 자료들이 나왔다. 내가 한 번도 접해보지 못한 자료들이었다. 대학원 과정이 끝나갈 무렵에야 내가 사랑하는 세 가지, 곧 심리학, 영양학, 음식이 미처 생각지 못한 방식으로 연결되어 있다는 사실을 발견하다니, 잔인한 아이러니였다.

몇 주 뒤 나는 워싱턴대학교 타코마캠퍼스에 면접을 보러 갔다. 내가 받은 질문 가운데 하나는 혹시 내가 가르치기를 '꿈꾸는 수업'이 있느냐는 것이었다. 나는 최근에 누군가 내게 '음식 심리학'을 가르쳐보면 어떻겠냐는 이야기를 해주었다는 말을 조심스럽게 꺼냈다.

면접위원회는 음식 심리학에 열광했다. 그 뒤 나는 워싱턴대학교 조교수 자리를 제안받았다. 다음 가을 학기에 맞춰 워싱턴대학교에 도착한 내게 모두들 언제 음식 심리학을 가르칠 거냐고 물었다. 그래서 심심풀이로 수업 계획을 세워봤다. 그때만 해도 내가 음식 심리학을 연구하게 되리라고는 조금도 예상치 못했다. 하지만 곧 나는 음식 연구에 흥미를 느끼고 열정을 품게 되었고, 음식은 내 연구 과제로 천천히 자리 잡기 시작했다. 일반적인 대학에서는 신참 교수가 초기에 연구 초점을 바꾸는 것을 달갑게 여기지 않는다. 하지만 내가 몸담았던 협동과정의 동료와 학장은 내 연구를 적극 지지해줬다.

그 시절에는 음식과 식사의 심리학을 연구한다고 말하면 웃음을 터뜨리는 사람이 많았다. 나도 음식 연구가 곧 폭발적으로 성장하리라고는 생각지 못했다. 나는 음식과사회연구협회Association for the Study of Food and Society에서 음식을 학제 간 연구로 다루는 연구자들을 찾아냈고 연간 학회에 참석하기 시작했다. 학회원들은 내 연구를 격려하고 도와줬으며 지금도 마찬가지다. 특히 워런 벨라스코와 켄 알발라가 내 초기 연구를 무척 환영하고 응원해주었다. 그들 덕분에 그리고 매리언 네슬, 데이비드 케슬러, 로버트 루스티히, 데이비드 루드위그, 마이클 모스, 마이클 폴란 같은 사람들의 연구 덕분에 음식 연구는 높이 평가받는 중요한 분야가 되었다. 이런 학자들은 내가 딛고 오를 어깨가 되어준 거인들이다.

대학원 시절 나를 이끌어준 리카르도 아인슬리에게도 감사드린다. 나는 심리조사를 해석하는 법과 정신분석을 문화, 정치, 민족지학 분석과 연결하는 법을 리카르도에게 배웠다. 팀 캐서, 어빙 커시, 앨런 프랜시스의 연구도 무척 고맙다. 내가 개인적으로 아는 사람들은 아니지만 그들의 연구는 심리학에 대한 내 생각에 깊은 영향을 미쳤다.

친구이자 멘토 신시아 던컨에게도 많은 빚을 졌다. 신시아는 내가 학계의 정치를 헤쳐 나가는 데 도움을 주었고 내 연구를 확고하게 지원했으며 많은 웃음도 안겨주었다.

워싱턴대학교 타코마캠퍼스의 많은 사람, 특히 니타 맥킨리, 제니퍼 선데임, 리언 채피, 빌 쿤츠 역시 내 연구를 지지하고 격려했다.

일 년 반 동안 내가 죽치고 있게 해준 탱글타운의 커피 가게 직원들에게도 감사드린다. 특히 모건 존슨과 샌디 메츠거는 내가 영양과 관련해 누군가의 의견이 필요할 때마다 늘 열정적으로 대화를 나눠주었다.

마지막으로 임상사례연구에 참여한 앨리슨이 없었다면 나는 이 책을 쓰지 못했을 것이다. 앨리슨에게 대단히 깊은 감사와 따뜻한 마음을 전한다.

1장 과식의 탄생

1. Royte, E. (2008, May 23). A fountain on every corner. *The New York Times*. Retrieved from http://www.nytimes.com/2008/05/23/opinion/23royte.html

2. Starbucks. (2014). Salted Caramel Mocha Frappuccino® Blended Beverage. Retrieved from http://www.starbucks.com/menu/dnnks/frappuccino-blended-beverages/salted-caramel-mocha-frappuccino-blended-beverage-size=11015675&milk=67&whip=125

3. Williams, R. (2011). *Keywords: A vocabulary of culture and society*. Oxford: Routledge.

4. Campbell, C. (1991) Consumption-the new wave of research in the humanities and social sciences. *Journal of Social Behavior and Personality, 6*(6), 57~74.

   Goodwin, N. R., Ackerman, F., & Kiron, D. (1996). *The consumer society*. Washington, DC: Island Press.

5. Borgmann, A. (2000). The moral complexion of consumption. *Journal of Consumer Research. 26*(4), 418~422. doi: 10.1086/209572

6. Delpeuch, F. (2009). *Globesity: A planet out of control?* London. Earthscan.

   Patel, R. (2008). *Stuffed and starved: The hidden battle for the world food system*. Brooklyn, NY: Melville House.

7. Ng, M., Fleming. T., Robinson, M., Thomson, B., Graetz, N., Margono, C., ... Gakidou, E. (2014). Global, regional, and national prevalence of overweight and obesity in children and adults during 1980-2013: A systematic analysis for the Global Burden of Disease Study 2013. *Lancet, 384*(9945), 766~781. doi: 10.1016/S0140-6736(14)60460-8

8. Averett, S., Sikora, A., & Argys, L. M. (2008). For better or worse: Relationship status and body mass index. *Economics and Human Biology, 6*(3), 330~349. doi: 10.1016/j.ehb.2008.07.003

Conley, D., & Glauber, R. (2007) Gender, body mass, and socioeconomic status: New evidence from the PSID. *Advances in Health Economics and Health Services Research, 17*, 253~275. doi: 10.1016/30731-2199(06)17010-7

Fu, H., & Goldman, N. (1996). Incorporating health into models of marriage choice: Demographic and sociological perspectives. *Journal of Marriage and the Family, 58*(3). doi: 10.2307/353733

9. Garn, S. M., Sullivan. T. V., & Hawthorne, V. M. (1989). Educational level, fatness, and fatness differences between husbands and wives. *American Journal of Clinical Nutrition, 50*(4), 740~745.

10. Averett, S., & Korenman, S. (1996). The economic reality of the beauty myth. *The Journal of Human Resources, 31*(2). doi. 10.2307/146065

Conley, D., & Glauber, R. (2007), op. cit.

11. Carmalt, J. H., Cawley, J., Joyner, K., & Sobal, J. (2008). Body weight and matching with a physically attractive romantic partner. *Journal of Marriage and Family, 70*(5), 1287~1296. doi: 10.1111/j.1741-3737.2008.00566.x

Oreffice, S., & Quintana-Domeque, C. (2010). Anthropometry and socioeconomics among couples: Evidence in the United States. *Economics and Human Biology, 8*(3), 373~384. doi: 10.1016/j.ehb.2010.05.001

12. Roehling, M. V., Roehling, P. V., & Pichler, S. (2007). The relationship between body weight and perceived weight-related employment discrimination: The role of sex and race. *Journal of Vocational Behavior, 71*(2), 300~318.

13. Haskins, K. M., & Ransford, H. (1999). The relationship between weight and career payoffs among women. *Sociological Forum, 14*(2), 295~318.

14. Judge. T. A., & Cable, D. M. (2011). When it comes to pay, do the

thin win? The effect of weight on pay for men and women. *Journal of Applied Psychology, 96*(1), 95~112. doi: 10.1037/a0020860

15. Gailey, J. A. (2012). Fat shame to fat pride: Fat women's sexual and dating experiences. *Fat Studies, 1*(1), 114~127.

16. Nestle, M. (2002). *Food politics: How the food industry influences nutrition and health.* Berkeley: University of California Press.

17. Wansink, B. (2006). *Mindless eating: Why we eat more than we think.* New York: Bantam Books.

18. McWilliams, N. (2011). *Psychoanalytic diagnosis: Understanding personality structure in the clinical process.* New York: Guilford Press.

19. Gearhardt, A., Grilo, C. M., DiLeone, R., Brownell, K., & Potenza, M. (2011b). Can food be addictive? Public health and policy implications. *Addiction, 106*(7), 1208~1212.

20. Brownell, K. D., & Gold, M. (2012). *Food and addiction: A comprehensive handbook.* Oxford: Oxford University Press.

21. Chandon, P., & Wansink, B. (2007). The biasing health halos of fast-food restaurant health claims: Lower calorie estimates and higher side-dish consumption intentions. *Journal of Consumer Research 34*(3), 301~314.

22. Frank, J. D., Ascher, E., Margolin, J. B., Nash, H., Stone, A. R., &Varon, E. J. (1952). Behavioral patterns in early meetings of therapeutic groups. *American Journal of Psychiatry, 108*(10), 771~778.

23. Cameron, J. D., Cyr, M., & Doucet, E. (2010). Increased meal frequency does not promote greater weight loss in subjects who were prescribed an 8-week equi-energetic energy-restricted diet. *British Journal of Nutrition, 103*(08), 1098~1101. doi: 10.1017/S0007114509992984

24. Kessler, D. A. (2009). *The end of overeating: Taking control of the insatiable American appetite.* New York: Rodale.

Moss, M. (2013). *Salt sugar fat: How the food giants hooked us.* Toronto: McClelland & Stewart.

25. Kirsch, I. (2010). *The emperor's new drugs: Exploding the antidepressant myth*. New York: Basic Books.

26. Frankl, V. E. (1963). *Man's search for meaning: An introduction to logotherapy*. Boston, MA: Beacon Press.

27. Conus, F., Rabasa-Lhoret, R., & Peronnet, F. (2007). Characteristics of metabolically obese normal-weight (MONW) subjects. *Applied Physiology, Nutrition, and Metabolism, 32*(1), 4~12. doi: 10.1139/H07-926

Ruderman, N B., Schneider, S. H., & Berchtold, P. (1981). The "metabolically-obese", normal-weight individual. *American Journal of Clinical Nutrition, 34*(8), 1617~1621.

Thomas, E. L., Frost, G., Taylor-Robinson, S. D., & Bell, J. D. (2012). Excess body fat in obese and normal-weight subjects. *Nutrition Research Reviews, 25*(01), 150~161. doi: 10.1017/S0954422412000054

2장 과식의 씨앗, 소비문화의 등장

1. Gabriel, Y., & Lang. T. (2006) *The unmanageable consumer*. New York: Sage Publications.

2. Bauman, Z. (1998). *Work, consumerism and the new poor*. Buckingham: Open University Press.

3. Goodwin, N. R., Ackerman, F., & Kiron, D. (1996). *The consumer society*. Washington, DC: Island Press.

4. Kaza, S. (2005). *Hooked!: Buddhist writings on greed, desire, and the urge to consume*. Boston, MA: Shambhala.

5. Loy, D. (1997). The religion of the market+Religious responses to problems of population, consumption, and degradation of the global environment. *JAAR, 65*(2), 281.

6. Leiss, W. (1978). *The limits to satisfaction: On needs and commodities*. London: Boyars.

7. Cutright, K. M., Erdem, T., Fitzsimons, G. J., & Shachar, R. (2014). Finding brands and losing your religion? *Journal of Experimental*

Psychology: General, 143(6), 2209~2222. doi: 10.1037/a0037876

8. Frank, R. H (1999). *Luxury fever: Money and happiness in an era of excess.* Princeton, NJ: Princeton University Press.

9. Durning, A. (1997). Asking how much is enough. *Frontier Issues in Economic Thought, 2,* 11~13.

10. Bell, D. (2008). *The cultural contradictions of capitalism: 20th anniversary edition.* New York: Basic Books.

11. American Apparel and Footwear Association. (2008). *Trends: An annual statistical analysis of the U.S. apparel & footwear industries.* Retrieved from https://www.wewear.org/assets/1/7/Trends2008.pdf

12. Graham, K. (2011, April 11). Conquistador who took on the world of fast fashion and won. *The Times(London).* Retrieved from http://www.lexisnexis.com

13. Cline, E. L. (2012). *Overdressed: The shockingly high cost of cheap fashion.* New York: Portfolio/Penguin.

14. Shell, E. R. (2009). *Cheap: The high cost of discount culture.* New York: Penguin Press, 128.

15. White House Archives. (2001, September 27). At O' Hare, President says "get on board". Retrieved from http://georgewbush-whitehouse.archives.gov/news/releases/2001/09/200l0927-1.html

16. Gabriel, Y., & Lang. T. (2006), op. cit.

17. Cleckley, H. (1941). *The mask of sanity: An attempt to reinterpret the so-called psychopathic personality.* St. Louis, MO: The C. V. Mosby Company.

18. McWilliams, N. (2011). *Psychoanalytic diagnosis: Understanding personality structure in the clinical process.* New York: Guilford Press.

19. Babiak, P. (2000). Psychopathic manipulation at work. In C. B. Gacono (Ed.), *The clinical and forensic assessment of psychopathy: A practitioner's guide* (pp. 287~311). Mahwah, NJ: Lawrence Erlbaum Associates Publishers.

20. Babiak, P., & Hare, R D. (2009). *Snakes in suits: When psychopaths go*

to work. New York: HarperCollins.

21. Dutton, K. (2012). *The wisdom of psychopaths*. New York: Scientific American/Farrar, Straus and Giroux.

22. Lilienfeld, S., Waldman, I., Landfield, K., Watts, A., Rubenzer, S., & Faschingbauer, T. (2012). Fearless dominance and the US presidency: Implications of psychopathic personality traits for successful and unsuccessful political leadership. *Journal of Personality and Social Psychology, 103*(3), 489~505. doi: 10.1037/a0029392

23. Ford, M. R., & Widiger, T. A. (1989). Sex bias in the diagnosis of histrionic and antisocial personality disorders. *Journal of Consulting & Clinical Psychology, 57*(2), 301~305. doi: 10.1037/0022-006X.57.2.301

24. Lasch, C. (1980). *The culture of narcissism: American life in an age of diminishing expectations*. New York: Warner Books, 4~5.

25. Wachtel, P. (2003). Full pockets, empty lives: A psychoanalytic exploration of the contemporary culture of greed. American *Journal of Psychoanalysis, 63*(2), 112.

26. Kaza, S. (2005). *Hooked!: Buddhist writings on greed, desire, and the urge to consume*. Boston, MA: Shambhala, p. viii.

27. Campbell, J. (2008) A growing concern: Modern slavery and agricultural production in Brazil and South Asia. *In Human Rights and Human Welfare*, 131~141.

    Haney. W., Rhodes, P., Grunebaum, E., Christopher, H., & Paul, N. (2007). The price of sugar. In Peter Rhodes (Ed.), *Uncommon productions*. New York: New Yorker Films.

28. Kaza, S. (2005). *Hooked!: Buddhist writings on greed, desire, and the urge to consume*. Boston, MA: Shambhala, p. vii.

29. Frank, R. H (1999). *Luxury fever: Money and happiness in an era of excess*. Princeton, NJ: Princeton University Press.

30. De Graaf, J., Wann, D., & Naylor, T. H. (2001). *Affluenza: The all consuming epidemic*. San Francisco, CA: Berrett-Koehler Publishers.

31. Crocker, D. (1996). Consumption, well being, and virtue. In N. R. Goodwin, F. Ackerman, & D. Kiron (Eds.), The consumer society.

Washington, DC: Island Press.

32. Schor, J. B. (1999). *The overspent American: Why we want what we don't need.* New York: HarperCollins.

33. Merton, R. K. (1957). *Social theory and social structure.* New York: Free Press.

34. Institute for American Values. (2008). *For a new thrift confronting the debt culture.* Institute for American Values Commission on Thrift. Retrieved from http://books.google.com/books?id=e79EAQAAIAAJ

35. Nocera, J. (2013). *A piece of the action: How the middle class joined the money class.* New York: Simon and Schuster, 20.

36. Kiron, D. (1996). Perpetuating consumer culture: Media, advertising, and wants creation. In N. R. Goodwin, F. Ackerman, & D. Kiron (Eds.), *The consumer society* (pp. 229~268). Washington, DC: Island Press.

37. Nocera, J. (2013). *A piece of the action: How the middle class joined the money class.* New York: Simon and Schuster, p 20.

38. USDA. (2002). *Agriculture Fact Book 2001-2002.* Retrieved from http://www.usda.gov/documents/usda-factbook-2001-2002.pdf

39. Popkin, B. M., & Duffey, K. J. (2010). Does hunger and satiety drive eating anymore? Increasing eating occasions and decreasing time between eating occasions in the United States. *American Journal of Clinical Nutrition, 91*(5), 1342~1347.

40. Popkin, B. M. (2012). The changing face of global diet and nutrition. In K. D. Brownell & M. S. Gold (Eds.), *Food and addiction: A comprehensive handbook* (pp. 144~164). Oxford: Oxford University Press.

41. Okorodudu, D. O., Jumean, M. F., Montori, V. M., Romero-Corral, A., Somers, V. K., Erwin, P. J., & Lopez-Jimenez, F. (2010). Diagnostic performance of body mass index to identify obesity as defined by body adiposity A systematic review and meta-analysis. *International Journal of Obesity, 34*(5), 791~799.

Romero-Corral, A., Somers, V. K., Sierra-Johnson, J., Thomas, R. J.,

Collazo-Clavell, M. L., Korinek, J., ... Lopez-Jimenez, F. (2008). Accuracy of body mass index in diagnosing obesity in the adult general population. *International Journal of Obesity, 32*(6), 959~966.

42. Drewnowski, A., & Specter, S. E .(2004). Poverty and obesity: The role of energy density and energy costs. *American Journal of Clinical Nutrition, 79*(1), 6~16.

43. Jolliffe, D. (2011). Overweight and poor? On the relationship between income and the body mass index. *Economics and Human Biology, 9*(4), 342~355.

44. Food Research & Action Center. (2014). *Relationship between poverty and overweight or obesity.* Retrieved from http://frac.org/initiatives/hunger-and-obesity/are-low-income-people-at-greater-risk-for-overweight-or-obesity

45. Maillot, M., Darmon, N., & Drewnowski, A. (2010). Are the lowest-cost healthful food plans culturally and socially acceptable? *Public Health Nutrition, 13*(8), 1178~1185. doi: 10.1017/S1368980009993028

46. Jolliffe, D. (2011). Overweight and poor? On the relationship between income and the body mass index. *Economics and Human Biology, 9*(4), 354.

47. Lin, B.-H., Guthrie, J., & Frazão, E. (1999). *Away-from-home foods increasingly important to quality of American diet.* Washington, DC: United States Department of Agriculture Economic Research Service.

Stewart, H., Blisard, N., & Jolliffe, D. (2006). *Let's eat out: Americans weigh taste, convenience and nutrition.* United States Department of Agriculture Economic Research Service. Retrieved from http://www.ers.usda.gov/media/860870/eib19.pdf

48. Seabrook, J. (2011, November 21). Crunch. *New Yorker,* 87.

49. USDA. (2002). *Agriculture Fact Book 2001~2002.* Retrieved from http://www.usda.gov/documents/usda-factbook-2001-2002.pdf

50. Bureau of Labor Statistics. (2006). *100 years of U.S. consumer spending: Data for the nation,* New York City, and Boston. Retrieved from http://www.bls.gov/opub/uscs

3장 소비문화가 심리에 미치는 영향

1. Freud, S. (1930). *Civilization and its discontents.* New York: J. Cape & H. Smith.

2. Fromm, E. (1955). *The sane society.* New York: Rinehart, 83.

3. Cushman, P. (1990). Why the self is empty: Toward a historically situated psychology. *American Psychologist, 45*(5), 600.

4. Gabriel, Y., & Lang. T. (2006) *The unmanageable consumer.* New York: Sage Publications, 84.

5. Cushman, P. (1990), op. cit.

6. Slater, D. (1997). Consumer culture and the politics of need. In M. Nava (Ed.), *Buy this book: Studies in advertising and consumption* (pp. 51~63). New York: Psychology Press.

7. Wachtel, P. (2003). Full pockets, empty lives: A psychoanalytic exploration of the contemporary culture of greed. *American Journal of Psychoanalysis, 63*(2), 103~122.

8. Campbell, C. (1987). *The romantic ethic and the spirit of modern consumerism.* Oxford: Blackwell.

9. Silcoff, M. (2014, August 15). A mother's journey through the unnerving universe of 'unboxing' videos. *The New York Times.* Retrieved from http://www.nytimes.com/2014/08/17/magazine/a-mothers-journey-through-the-unnerving-universe-of-unboxing-videos.html

10. Richins, M. L. (1995). Social comparison, advertising, and consumer discontent. *American Behavioral Scientist, 38*(4), 593-607 doi: 10.1177/0002764295038004009

11. Kasser. T., & Kanner, A. D. (2004). *Psychology and consumer culture: The struggle for a good life in a materialistic world.* Washington, DC: American Psychological Association, 4.

12. Kasser. T. (2002). *The high price of materialism.* Cambridge: MIT Press.

Kasser. T., & Kanner, A. D. (2004). *Psychology and consumer culture:*

The struggle for a good life in a materialistic world. Washington, DC: American Psychological Association.

Wachtel, P. (1983). *The poverty of affluence: A psychological portrait of the American way of life*. New York: Free Press.

Wachtel, P. (2003). Full pockets, empty lives: A psychoanalytic exploration of the contemporary culture of greed. *American Journal of Psychoanalysis, 63*(2), 103~122.

13. Kasser, T., & Ryan, R. M. (1993). A dark side of the American dream: Correlates of financial success as a central life aspiration. *Journal of Personality and Social Psychology, 65*(2), 410~422. doi: 10.1037// 0022-3514.65.2.410

14. Kasser. T. (2002). *The high price of materialism*. Cambridge: MIT Press.

15. Cohen, P., & Cohen, J. (1996). *Life values and adolescent mental health. Mahwah*, NJ: L. Erlbaum Associates.

Kasser. T., Ryan, R. M., Zax, M., & Sameroff, A. J. (1995). The relations of maternal and social environments to late adolescents matenalistic and prosocial values. *Developmental Psychology, 31*(6), 907-914. doi: 10.1037/0012-1649.31.6.907

16. Drewnowski, A., & Specter, S. E .(2004). Poverty and obesity: The role of energy density and energy costs. *American Journal of Clinical Nutrition, 79*(1), 6~16.

17. Briers, B., & Laporte, S. (2013). A wallet full of calories: The effect of financial dissatisfaction on the desire for food energy. *Journal of Marketing Research, 50*(6), 767~781.

18. Kaza, S. (2005). *Hooked!: Buddhist writings on greed, desire, and the urge to consume*. Boston, MA: Shambhala.

19. Bloom, H. K. (2010). *The genius of the beast: A radical revision of capitalism*. Amherst, NY: Prometheus Books.

Watson, J. L. (2006). *Golden arches East: McDonald's in East Asia* (2nd ed.). Stanford, CA: Stanford University Press.

20. Sahlins, M. (1974). The original affluent society. *Ecologist, 4*(5), 5~41.

21. Bauman, Z. (1998). *Work, consumerism and the new poor.* Buckingham: Open University Press.

22. Wilkinson, R., & Pickett, K. (2014, February 2). How inequality hollows out the soul. *New York Times.* Retrieved from http:// opinionator.blogs.nytimes.com/2014/02/02/how-inequality-hollows-out-the-soul

23. Institute for American Values. (2008). *For a new thrift confronting the debt culture.* Institute for American Values Commission on Thrift. Retrieved from http://books.google.com/books?id=e79EAQAAIAAJ

24. Fitch, C., Hamilton, S., Bassett, P., & Davey, R. (2011). The relationship between personal debt and mental health: A systematic review *Mental Health Review Journals, 16*(4), 153~166. doi: 10.1108/13619321111202313

Münster, E., Rüger, H., Ochsmann, E., Letzel, S., & Toschke, A. M. (2009). Over-indebtedness as a marker of socioeconomic status and its association with obesity: A cross-sectional study. *BMC Public health, 9*(1), 286.

Webley, P., & Nyhus, E. K. (2001). Life-cycle and dispositional routes into problem debt. *British Journal of Psychology, 92*(3), 423~446.

25. Gallup. (2014). Student debt linked to worse health and less wealth. Retrieved from http://www.gallup.com/poll/174317/student-debt-linked-worse-health-less-wealth.aspx

26. Wagmiller, R. L. (2003). *Debt and assets among low-income families.* National Center for Children in Poverty. Retrieved from http://www.nccp.org/publications/pdf/text_534.pdf

27. Nurkse, R. (1957) *Problems of capital formation in underdeveloped countries.* New York: Oxford University Press.

28. Belk, R. W. (1988). Third world consumer culture. *Research in Marketing, 4*, 103.

Keyfitz, N. (1982). Development and the elimination of poverty. *Economic Development and Cultural Change, 30*(3), 649~670. doi: 10.1086/452579

29. Schwartz, B. (2004). *The paradox of choice: Why more is less.* New York: Ecco.

30. Schwartz, B. (Producer). (2014). Is the famous paradox of choice a myth? *PBS Newshour.* Retrieved from http://www.pbs.org/newshour /making-sense/is-the-famous-paradox-of-choic

31. Arnold, J. E. (2012). *Life at home in the twenty-first century: 32 families open their doors.* Los Angeles, CA: Cotsen Institute of Archaeology Press.

32. Bauman, Z. (1998). *Work, consumerism and the new poor.* Buckingham: Open University Press, 26.

33. De Graaf, J., Wann, D., & Naylor, T. H. (2001). *Affluenza: The all consuming epidemic.* San Francisco, CA: Berrett-Koehler Publishers.

34. Center for a New American Dream. (September 2004). *New American dream survey report.* Retrieved from http://newdream.s3.amazonaws. com/19/e3/b/2268/ND2004Finalpollreport.pdf

35. McCarthy, M. (2014, April 9). Cadillac clears up 'misconceptions' about contentious 'poolside' ad. *Ad Age.*

36. Fox News (Producer). (2014, February 14). Inspiring vs. insulting: New Cadillac ad sparks debate. Retrieved from http://video. foxnews.com/v/3204489936001/inspiring-vs-insulting-new-cadillac-ad-sparks-debate

37. Gregoire, C. (2014, February 16). Cadillac made a commercial about the American dream, and it's a nightmare. *Huffington Post.* Retrieved from http://www.huffingtonpost.com/2014/02/26/this-commercial-sums-up-e_n_4859040.html

4장 과식 충동은 왜 일어나는가

1. Smith, A. F. (2009). *Eating history: 30 turning points in the making of American cuisine.* New York: Columbia University Press.

2. Moodie, R., Stuckler, D., Monteiro, C., Sheron, N., Neal, B., Thamarangsi, T., ... (NCD Action Group Lancet). (2013). Profits and

pandemics: Prevention of harmful effects of tobacco, alcohol, and ultra-processed food and drink industries. *Lancet, 381*(9867), 670~679. doi: 10.1016/S0140-6736(12)62089-3

3. Avena, N. (2015). *Hedonic eating: How the pleasurable aspects of food can affect our brains and behavior.* Oxford: Oxford University Press.

4. Friedman, M. I., & Stricker, E. M. (1976). The physiological psychology of hunger: A physiological perspective. *Psychological Review, 83*(6), 409~431.

5. Winson, A. (2013). *The industrial diet: The degradation of food and the struggle for healthy eating.* Vancouver: UBC Press.

6. Winson, A. (2013), op. cit.

7. OED Online. (2015) "junk food". Oxford University Press. Retrieved from http://www.oed.com/viewdictionaryentry/Entry/11125

8. Khatchadourian, R. (2009, November 23). The taste makers: Inside the labs that flavor your food. *The New Yorker.*

9. Winson, A. (2013), op. cit.

10. Drewnowski, A., & Specter, S. E .(2004). Poverty and obesity: The role of energy density and energy costs. *American Journal of Clinical Nutrition, 79*(1), 6~16.

11. Beaulac, J., Kristjansson, E., & Cummins, S. (2009). A systematic review of food deserts, 1966-2007. *Preventing Chronic Disease, 6*(3)

12. Mullainathan, S., & Shafir, E. (2013). *Scarcity: Why having too little means so much.* New York: Henry Holt and Company.

13. DeSilver, D. (2014/05/02/19:44:45 2013). *Obesity and poverty don't always go together.* Pew Research Center. Retrieved from http://www.pewresearch.org/fact-tank/2013/11/13/obesity-and-poverty-dont-always-go-together

14. Maillot, M., Darmon, N., & Drewnowski, A. (2010). Are the lowest-cost healthful food plans culturally and socially acceptable? *Public Health Nutrition, 13*(8), 1178~1185. doi: 10.1017/S1368980009993028

15. Golan, E., Stewart, H., Kuchler, F., & Dong, D. (2008). Can low-income Americans afford a healthy diet. *Amber Waves, 6*(5), 26~33.

16. Maillot, M., Darmon, N., & Drewnowski, A. (2010), op. cit.

17. Chilton, M., & Rose, D. (2009). A rights-based approach to food insecurity in the United States. *American Journal of Public Health, 99*(7), 1203~1211. doi: 10.2105/AJPH.2007.130229

18. Maillot, M., Darmon, N., & Drewnowski, A. (2010), op. cit.

19. Drewnowski, A., & Eichelsdoerfer, P. (2010). Can low-income Americans afford a healthy diet? *Nutrition Today, 44*(6), 2. doi: 10.1097/NT.0b013e3181c29f79

20. Coleman-Jensen, A., Gregory, C., & Singh, A. (2013). Household food security in the United States. *Economic Research Report No. (ERR-173)*. Retrieved from http://www.ers.usda.gov/publications/err-economic-research-report/err173.aspx

21. McMillan. T., Cahana, K., Sinclair, S., & Toensing, A. (2014). The new face of hunger. *National Geographic, 226*, 66~89.

22. Bauman, Z. (1998). *Work, consumerism and the new poor.* Buckingham: Open University Press, 57.

23. Bauman, Z. (1992). *Intimations of postmodernity.* London: Routledge.

24. Rappeport, A. (2012, Sep 10). Kraft warns on proposed cuts to US food stamps. *Financial Times*, 21. Retrieved from http://infoweb.newsbank.com/resources/doc/nb/news/1413AD3D941F4690?p=AWNB

25. Adams, M. (2013, April 10). Soda companies rake in $4 billion a year of taxpayer money via the government food stamp program (SNAP). *Natural News.* Retrieved from http://www.naturalnews.com/039849_food_stamps_soda_subsidies_Junk.html

    Simon, M. (2012). *Food stamps, follow the money: Are corporations profiting from hungry Americans?* Eat Drink Politics. Retrieved from http://www.eatdrinkpolitics.com/wp-content/uploads/Food StampsFollowtheMoneySimon.pdf

26. Harris, J. L. (2011). *Sugary drink FACTS: Evaluating sugary drink nutrition and marketing to youth.* Rudd Center for Food Policy and Obesity. Retrieved from http://www.sugarydrinkfacts.org/resources/sugarydnnkfacts_report.pdf

27. Macartney, S. E. (2011). *Child poverty in the United States 2009 and 2010: Selected race groups and Hispanic origin.* US Department of Commerce, Economics and Statistics Administration, US Census Bureau.

28. Harris, J. L. (2011), op. cit.

29. Wang, D., Leung, C. W., Li, Y., Ding, E., Chiuve, S., Hu, F. B., & Willett, W. C. (2014a). Trends in dietary quality among adults in the United States, 1999 through 2010. *JAMA Internal Medicine.* doi: 10.1001/jamainternmed.2014.3422

30. Garon, S. M. (2012). *Beyond our means: Why America spends while the world saves.* Princeton, NJ: Princeton University Press.

31. Soll, J. (2014). *The reckoning: Financial accountability and the rise and fall of nations.* New York: Basic Books, p. xiv.

32. Guettabi, M., & Munasib, A. (2014). The impact of obesity on consumer bankruptcy. *Economics and Human Biology.* doi: http://dx.doi.org/10.1016/j.ehb.2014.11.003

33. Henry, J. (1963). *Culture against man.* New York: Random House.

34. Bordo, S. (1986). Anorexia nervosa: Psychopathology as the crystallization of culture, *Philosophical Forum, 17,* 229.

35. Wrangham, R. W. (2009). *Catching fire: How cooking made us human.* New York: Basic Books.

36. Lévi-Strauss, C. (1969). *The raw and the cooked.* New York: Harper & Row.

37. Crawford, M. B. (2009). *Shop class as soulcraft: An inquiry into the value of work.* New York: Penguin Press, 2.

38. Freedman, D. H. (2013, July/August). How junk food can end obesity. *The Atlantic.*

Heffernan, V. (2014, October 8). What if you just hate making dinner? *New York Times Magazine.*

39. Bosch, T. (2012, June 5). Bring back home ec! *Slate.* Retrieved from http://www.slate.com/articles/health_and_science/future_tense/2012/06/home_ec_or_family_and_consumer_sciences_should_be_mandato

ry_for_students_.html

Graham, R. (2013, October 13). Bring back home ec! *The Boston Globe*. Retrieved from http://www.bostonglobe.com/ideas/2013/10 /12/bnng-back-home/EJJi9yzjgJfNMqxWUIEDgO/story.html

McKenna, M. (2014, August 15). Bring back home economics: Three food writers on teaching people to cook. *National Geographic*. Retrieved from http://theplate.nationalgeographic.com/2014/08/15/ bring-back-home-ec-three-food-writers-on-teaching-people-to-cook

Phipott, T. (2013, October 16). Why home economics should be mandatory. *Mother Jones*. Retrieved from http://www.motherjones. com/tom-philpott/2013/10/why-home-ec-class-should-be-mandatory

Traister, R. (2014, May 28). Feminists killed home ec. Now they should bring it back-for boys and girls. *The New Republic*.

40. Veblen, T. (1899). *The theory of the leisure class*. New York: The New American Library.

41. Humphery, K. (1998). *Shelf life: Supermarkets and the changing cultures of consumption*. Cambridge: Cambridge University Press.

42. Murray, C. A. (2013). *Coming apart: The state of white America, 1960-2010*. New York: Crown Forum.

43. Hartman Group. (2014). Should Whole Foods move downmarket? Retrieved from http://blog.hartman-group.com/2014/03/05/should-whole-foods-move-downmarket

44. Bourdieu, P. (2010). *Distinction: A social critique of the judgement of taste*. London: Routledge.

    Veblen, T. (1899), op. cit.

45. Johnston, J., & Szabo, M. (2011). Reflexivity and the Whole Foods Market consumer: The lived experience of shopping for change. *Agriculture and Human Values, 28*(3), 303~319. doi. 10.1007/S10460 -010-9283-9

46. Clark, M. J., & Slavin, J. L. (2013). The effect of fiber on satiety and food intake: A systematic review. *Journal of the American College of Nutrition, 32*(3), 200~211. doi: 10.1080/07315724.2013.791194

Flood-Obbagy, J. E., & Rolls, B. J. (2009). The effect of fruit in different forms on energy intake and satiety at a meal. *Appetite, 52*(2), 416~422. doi: 10.1016/j.appet.2008.12.001

Slavin, J. L. (2005). Dietary fiber and body weight. *Nutrition. 21*(3), 411~418. doi: 10.1016/j.nut.2004.08.018

Slavin, J. L., & Lloyd, B. (2012). Health benefits of fruits and vegetables. *Advances in Nutrition: An International Review Journal, 3*(4), 506-516. doi: 10.3945/an.112.002154

5장 식품산업은 우리를 속이기 위해 어떻게 심리학을 이용하는가

1. Nestle, M. (2002). *Food politics: How the food industry influences nutrition and health.* Berkeley: University of California Press.

2. Gabriel, Y., & Lang. T. (2006) *The unmanageable consumer.* New York: Sage Publications, 32.

3. Logue, A. W. (2004). *The psychology of eating and drinking.* New York: Brunner-Routledge/Taylor & Francis Group.

   Wansink, B. (2006). *Mindless eating: Why we eat more than we think.* New York: Bantam Books.

4. Aikman, S. N., Min, K. E., & Graham, D. (2006). Food attitudes, eating behavior, and the information underlying food attitudes. *Appetite, 47*(1), 111-114. doi: 10.1016/j.appet.2006.02.004

   Drichoutis, A., Lazandis, P., & Nayga Jr., R. M. (2006). Consumers' use of nutritional labels: A review of research studies and issues. *Academy of Marketing Science Review. 10*(9), 1~22.

5. Drewnowski, A., & Greenwood, M. R. (1983). Cream and sugar: Human preferences for high-fat foods, *Physiology & Behavior, 30*(4), 629~633. doi: 10.1016/0031-9384(83)90232-9

6. Moss, M. (2013). *Salt sugar fat: How the food giants hooked us.* Toronto: McClelland & Stewart.

7. Kessler, D. A. (2009). *The end of overeating: Taking control of the insatiable American appetite.* New York: Rodale.

8. Moskowitz, H. R. (1981). Relative importance of perceptual factors to consumer acceptance: Linear vs quadratic analysis. *Journal of Food Science, 46*(1), 244~248.

9. Schwartz, B. (2004). *The paradox of choice: Why more is less.* New York: Ecco.

10. Inman, J. J. (2001). The role of sensory-specific satiety in attribute-level variety seeking. *Journal of Consumer Research, 28*(1), 105-120. doi: 10.1086/321950

11. Rolls, B. J., Rowe, E. A., Rolls, E. T., Kingston, B., Megson, A., & Gunary, R. (1981). Variety in a meal enhances food intake in man. *Physiology & Behavior, 26*(2), 215~221.

12. Kahn, B. E., & Wansink, B. (2004). The influence of assortment structure on perceived variety and consumption quantities. *Journal of Consumer Research, 30*(4), 519-533. doi: 10.1086/380286

13. Food Marketing Institute. (2012). *Supermarket facts: Industry overview 2012.* Retrieved from https://www.fmi.org/research-resources/supermarket-facts

14. Mintz, S. W. (1996). *Tasting food, tasting freedom: Excursions into eating, culture, and the past.* Boston, MA: Beacon Press, 121.

15. Mullainathan, S., & Shafir, E. (2013). *Scarcity: Why having too little means so much.* New York: Henry Holt and Company.

16. Arnold, J. E. (2012). *Life at home in the twenty-first century: 32 families open their doors.* Los Angeles, CA: Cotsen Institute of Archaeology Press.

17. Rydell, S. A., Harnack, L. J., Oakes, J. M., Story, M., Jeffery, R. W., & French, S. A. (2008). Why eat at fast food restaurants: Reported reasons among frequent consumers. *Journal of the American Dietetic Association, 108*(12).

18. Pollan, M. (2009, July 29). Out of the kitchen, Onto the couch. *New York Times Magazine,* 3.

19. Pollan, M. (2009, July 29), op. cit.

20. Cutler, D., Glaeser, E., & Shapiro, J. (2003). Why have Americans

become more obese? *Journal of Economic Perspectives, 17*(3), 93~118. doi: 10.1257/089533003769204371

21. Chandon, P., & Wansink, B. (2007). The biasing health halos of fast-food restaurant health claims: Lower calorie estimates and higher side-dish consumption intentions. *Journal of Consumer Research 34*(3), 301~314.

22. Werle, C., Wansink, B., & Payne, C. (2014). Is it fun or exercise? The framing of physical activity biases subsequent snacking. *Marketing letters*, 1~12. doi: 10.1007/s11002-014-9301-6.

23. Nickerson, L. A. (2013, November 24). Best beware of sugarless gummy bears and sweets!. *Examiner*. Retrieved from http://www.examiner.com/article/best-beware-of-sugarless-gummy-bears-and-sweets

24. Nestle, M. (2002), op. cit.

25. Garrison v. Whole Foods Market Inc. (2013). No. 13~05333 (N.D. Cal. Nov. 8, 2013).

26. Hartman Group. (2014). Should Whole Foods move downmarket? Retrieved from http://blog.hartman-group.com/2014/03/05/should-whole-foods-move-downmarket

27. Robinson, N. (2014, October 3). Soft drink sales given boost from the elderly. *Food Manufacture*. Retrieved from http://www.foodmanufacture.co.uk/Ingredients/Target-the-elderly-soft-drinks-manufacturers-told-.VC7GPZmhOyg.twitter

28. Canadean. (2014, October 2). Beverage industry is wising up to an aging population. Retrieved from http://www.canadean.com/news/beverage-industry-is-wising-up-to-an-aging-population

29. Gilmore, J., & Pine, B. (1997). The four faces of mass customization. *Harvard Business Review, 75*(1), 91~101.

30. Martin, S. (Writer). (1991). *L.A. story*. Van Nuys: Carolco Home Video.

31. Starbucks UK. (2014). Espresso Beverages. Retrieved from http://www.starbucks.co.uk/menu/beverage-list/espresso-beverages

32. Nestle, M. (2001). Food company sponsorship of nutrition research and professional activities: A conflict of interest? *Public Health Nutrition, 4*(05), 1015~1022.

33. National Consumers League (2012). Naturally misleading: Consumers' understanding of "natural" and "plant-derived" labeling claims. Retrieved from http://www.nclnet.org

34. Lukovitz, K. (2009, January 19). 'Natural' claims most common on new F&B products. *Marketing Daily.* Retrieved from http://www.mediapost.com/publications/article/98562/-axzz2YsPn6CWO

35. Negowetti, N. E. (2014). *Food labeling litigation: Exposing gaps in the FDA's resources and regulatory authority.* Brookings Institution. Retrieved from http://www.brookings.edu/research/papers/2014/06/26-food-labeling-litigation-fda-negowetti

36. Food and Drug Law Institute. (2014). *A natural solution: Why should FDA define "natural" foods?* Retrieved from http://www.fdli.org/resources/resources-order-box-detail-view/a-natural-solution-why-should-fda-define-natural-foods

37. Olsen, D. P. (2014, June 16). Say no to natural on food labels. *Consumer Reports News.* Retrieved from http://www.consumerreports.org/cro/news/2014/06/say-no-to-natural-on-food-labels/index.htm

38. Rippe, J. M., & Angelopoulos, T. J. (2013). Sucrose, high-fructose corn syrup, and fructose, their metabolism and potential health effects: What do we really know? *Advances in Nutrition, 4*(2), 236~245. doi: 10.3945/an.112.002824

39. Duffy, V. B., & Anderson, G. (1998). Position of the American Dietetic Association: Use of nutritive and nonnutritive sweeteners. *Journal of the American Dietetic Association, 98*(5), 580.

White, J. S. (2008). Straight talk about high-fructose corn syrup: What it is and what it ain't. *The American Journal of Clinical Nutrition, 88*(6), 1716S~1721S. doi: 10 3945/ajcn.2008.25825B

White, J. S. (2009). Misconceptions about high-fructose corn syrup: Is it uniquely responsible for obesity, reactive dicarbonyl compounds, and advanced glycation endproducts? *The Journal of Nutrition, 139*(6), 1219S~1227S. doi: 10.3945/jn,108.097998

40. American Beverage Association. (2014). Hydration. Retrieved from http://www.ameribev.org/nutrition-science/hydration

41. Noakes, T D. (2012b). Commentary: Role of hydration in health and exercise. *BMJ, 345*(7866), e4171. doi: 10.1136/bmj.e4171

42. Noakes, T D. (2012b), op. cit.

43. Noakes. T. (2012a). *Waterlogged: The serious problem of overhydration in endurance sports.* Champaign, IL: Human Kinetics.

44. Cohen, D. (2012). The truth about sports drinks. *BMJ, 345*(e4737) 1~10. doi: 10.1136/bmj.e4737

45. Moss, M. (2014, July 26). Coconut water changes its claims. The *New York Times*. Retrieved from http://www.nytimes.com /2014/07/30/dining/coconut-water-changes-its-claims.html

46. Strom, S. (2014, August 8). Cashew juice, the apple of Pepsi's eye. *The New York Times*. Retrieved from http://www.nytimes.com/2014/08/09/business/international/cashew-Juice-the-apple-of-pepsis-eye.html

47. IEG. (2012, September). *Dollar sates of energy drink beverages and shots in the United States from 2011 to 2015 (in billion U.S. dollars).* Retrieved from http://www.statista.com/statistics/275525/us-dollar-sales-of-energy-dnnk-beverages-and-shots

48. Khatchadourian, R. (2009, November 23). The taste makers: Inside the labs that flavor your food. *The New Yorker.*

49. Starling, S. (2014, August 26). Energy category brushes up against toothpaste. *Nutralngredients.* Retrieved from http://www.nutrain gredients.com/Manufacturers/Energy-category-brushes-up-against-toothpaste

50. Nestle, M. (2002), op. cit.

51. Lappé, A. (2014, August 1). Big Food uses mommy bloggers to shape public opinion. *Al Jazeera America.* Retrieved from http://america.aljazeera.com/opinions/2014/8/food-agriculture

monsantogmoadvertising.html

52. Mustain, P. (2014). It is not true that kids won't eat healthy food: Why the new USDA school food guidelines are very necessary. Retrieved from http://blogs.scientificamehcan.com/food-matters/2013/09/05/it-is-not-true-that-kids-wont-eat-healthy-food-why-the-new-usda-guidelines-are-very-necessary

53. Carter, O. B., Patterson, L. J., Donovan, R. J., Ewing, M. T., & Roberts, C. M. (2011). Children's understanding of the selling versus persuasive intent of junk food advertising: Implications for regulation. *Social Science & Medicine, 72*(6), 962~968. doi: 10.1016/ j.socscimed.2011.01.018

54. Linn, S. (2004). *Consuming kids: The hostile takeover of childhood.* New York: New Press.

55. American Academy of Pediatrics. (2006). Children, adolescents, and advertising. *Pediatrics, 118*(6), 2563~2569. doi: 10.1542/peds.2006-2698

56. ABC News. (2003). *How to get fat without really trying.* New York: ABC News Productions.

57. Moss, M. (2013), op. cit.

58. Csikszentmihalyi, M., & Halton, E. (1981). *The meaning of things: Domestic symbols and the self.* Cambridge, Cambridge University Press, 38.

59. Belk, R. W. (1988). Third world consumer culture. *Research in Marketing, 4*, 103.

60. Baudrillard, J. (1970). Consumer society. In M. Poster (Ed.), *Jean Baudrillard: Selected writings.* Cambridge: Stanford University Press, 45.

61. Tian, K. T., & McKenzie, K. (2001). The long-term predictive validity of the consumers' need for uniqueness scale. *Journal of Consumer Psychology, 10*(3), 171~193.

62. Gulli, C. (2013, September 10). The dangers of going gluten-free. *Macleans.* Retrieved from http://www.macleans.ca/society/life/gone-gluten-free

63. Marcason, W. (2011). Is there evidence to support the claim that a gluten-free diet should be used for weight loss? *Journal of the American Dietetic Association, 111*(11), 1786.

64. Gaesser, G. A., & Angadi, S. S. (2012). Gluten-free diet: Imprudent dietary advice for the general population? *Journal of the Academy of Nutrition and Dietetics, 112*(9), 1330~1333.

65. Sicherer, S. H. (2011). Epidemiology of food allergy. *Journal of Allergy and Clinical Immunology, 127*(3), 594~602. doi: 10.1016/j.jaci.2010.11.044

66. Chang, H. J., Burke, A. E., & Glass, R. M. (2010). Food allergies. *JAMA, 303*(18), 1876~1876. doi: 10.1001/jama.303.18.1876

67. Sisson, M. (2013, September 5). This gluten-free thing is a really overblown fad! *Huffington Post*. Retrieved from http://www.huffingtonpost.com/mark-sisson/gluten-free-fad_b_3873157.html

68. Williams, R. (2009). Advertising: The magic system. In J. Turow & M. McAllister (Eds.), *The advertising and consumer culture reader*. Oxford: Routledge, 23.

69. Rotter, J. B. (1966). Generalized expectancies for internal versus external control of reinforcement. *Psychological Monographs, 80*(1), 1~28.

70. Avena, N. M., Rada, P., & Hoebel, B. G. (2008). Evidence for sugar addiction: Behavioral and neurochemical effects of intermittent, excessive sugar intake. *Neuroscience & Biobehavioral Reviews, 32*(1), 20-39. doi: 10.1016/j.neubiorev.2007.04.019

Gearhardt, A., Roberts, M., & Ashe, M. (2013). If sugar is addictive what does it mean for the law? *The Journal of Law, Medicine & Ethics, 41*, 46~49.

6장 달콤한 설탕의 대가

1. Mintz, S. W. (1985). *Sweetness and power: The place of sugar in modern history*. New York: Penguin Books, p. xxi.

2. Robinson, J. (2013, May 25). Breeding the Nutrition out of our food. *The New York Times*. Retrieved from http://www.nytimes.com/2013/05/26/opinion/sunday/breeding-the-nutrition-out-of-our-food.html

3. Abbott, E. (2008). *Sugar: A bittersweet history*. Toronto: Penguin Canada.

    Macinnis, P. (2002). *Bittersweet: The story of sugar*. Sydney: Allen & Unwin.

    Mintz, S. W. (1985), op. cit.

4. Mintz, S. W. (1985), op. cit.

5. Mintz, S. W. (1985), op. cit., p. xxv.

6. Gabriel, Y., & Lang. T. (2006) *The unmanageable consumer*. New York: Sage Publications, 9.

7. Camejo, M. J., & Wilentz, A. (1990). *Harvesting oppression: Forced Haitian labor in the Dominican sugar industry*. New York: Human Rights Watch.

    Simmons, D. (2010). Structural violence as social practice: Haitian agricultural workers, anti-Haitianism, and health in the Dominican Republic. *Human Organ, 69*(1), 10~18.

    Stokes, C. (2012). Artificial sweetness: A survey of the harmful effects caused by the US sugar program and possibilities for reform. *Geo Journal of Law & Public Policy, 10*, 589.

8. Martinez, S. (1995). *Peripheral migrants: Haitians and Dominican Republic sugar plantations*. Knoxville: University of Tennessee Press.

9. WikiLeaks. (2007). Evaluating the enforcement of Dominican labor law in the agricultural sector. Retrieved from http://www.wikileaks.org/plusd/cables/07SANTODOMINGO1119_a.html

10. Starr, K. (1998). *The Starr report: The findings of independent counsel Kenneth W. Starr on President Clinton and the Lewinsky affair*. New York: PublicAffairs.

11. Daly, K. (2011, March 31). The Fanjuls: Koch brothers of South Florida? *American Independent*. Retrieved from http://www.americanindependent.com

12. LaForgia, M., & Playford, A. (2012, January 1). Wikileaks: Fanjuls among 'sugar barons' who 'muscled' lawmakers to kill free trade deal. *Palm Beach Post*. Retrieved from http://www.palmbeachpost.com/news/news/wikileaks-fanjuls-among-sugar-barons-who-muscled-I/nL2wg

13. Wallsten, P., & Hamburger. T. (2013, December 7). Sugar protections prove easy to swallow for lawmakers on both sides of aisle. *The Washington Post*. Retrieved from http://www.washington post.com/politics/2013/12/07/f5959c06-5ac4-11e3-bf7e-f567ee61ae21_story.html

14. Pfaffmann, C. (1977). Biological and behavioral substrates of the sweet tooth. In J. M. Weiffenbach (Ed.), *Taste and Development* (pp. 3~24). Bethesda, MD: US Department of Health, Education and Welfare.

15. Gibson, E. (2006). Emotional influences on food choice: Sensory, Physiological and psychological pathways. *Physiology & Behavior, 89*(1), 53~61. doi: 10.1016/j.physbeh.2006/01.024

    Oliver, G., Wardle, J., & Gibson, E. L. (2000). Stress and food choice: A laboratory study. *Psychosomatic Medicine, 62*(6), 853~865.

16. Liem, D. G., & Mennella, J. A. (2002). Sweet and sour preferences during childhood: Role of early experiences. *Developmental Psychobiology, 41*(4), 388-395. doi: 10.1002/dev.10067

17. Bartoshuk, L. M. (1991). Sweetness-history, preference, and genetic variability. *Food Technology, 45*(11), 108~113.

    Bartoshuk, L. M., Duffy, V B., & Miller, I. J. (1994). PTC/PROP tasting: Anatomy, psychophysics, and sex effects. *Physiology & Behavior, 56*(6), 1165~1171.

18. Jerome, N. (1977). Taste experience and the development of a dietary preference for sweet in humans: Ethnic and cultural variations in early taste experience. In Taste and Development: The Genesis of Sweet Preference, Washington DC: US Dep. HEW Pub. No. (NIH) *Taste and Development*, 235~248.

Ramirez, I. (1990). Why do sugars taste good? *Neuroscience & Biobehavioral Reviews, 14*(2), 125~134. doi: 10.1016/s0149-7634(05)8 0213-1

Steiner, J. E. (1977). Facial expressions of the neonate infant indicating the hedonics of food-related chemical stimuli. In H. van Goudoever, S. Guandalini, & R. E. Kleinman (Eds.), *Taste and development: The genesis of sweet preference* (pp. 173~188). Basel: Karger Medical and Scientific Publishers.

19. Maone. T. R., Mattes, R D., Bernbaum, J. C., & Beauchamp, G. K. (1990). A new method for delivering a taste without fluids to preterm and term infants. *Developmental Psychobiology, 23*(2), 179~191. doi: 10.1002/dev.420230208

Mennella, J. A., & Beauchamp, G. K. (1998). Early flavor experiences: Research update. *Nutrition Reviews, 56*(7), 205~211.

20. Margolskee, R. F, Dyer, J., Kokrashvili, Z., Salmon, K. S., Ilegems, E., Daly, K., ... Shirazi-Beechey, S. P. (2007). T1R3 and gustducin in gut sense sugars to regulate expression of Na+-glucose cotransporter 1. *Proceedings of the National Academy of Sciences of the United States of America, 104*(38), 15075~15080. doi: 10.1073/pnas.0706678104

Sclafani, A. (2007). Sweet taste signaling in the gut. *Proceedings of the National Academy of Sciences of the United States of Arnenca, 104*(38), 14887~14888. doi: 10.1073/pnas.0707410104

21. Pepino, M. Y, & Mennella, J. A. (2005). Sucrose-induced analgesia is related to sweet preferences in children but not adults. *Pain, 119*(1), 210~218.

Stevens, B., Yamada, J., & Ohlsson, A. (2004). Sucrose for analgesia in newborn infants undergoing painful procedures. *Cochrane Database of Systematic Reviews, 3*(3). doi.10.1002/14651858. CD001069.pub2

22. Segato, F. N., Castro-Souza, C., Segato, E. N., Morato, S., & Coimbra, N. C. (1997). Sucrose ingestion causes opioid analgesia. *Brazilian Journal of Medical and Biological Research, 30*(8), 981~984.

23. Popkin, B. M., & Nielsen, S. J. (2003). The sweetening of the world's

diet. *Obes Res, 11*(11), 1325~1332. doi: 10.1038/oby.2003.179

24. Coontz, S. (1992). *The way we never were: American families and the nostalgia trap*. New York: BasicBooks.

25. Dahl, R. (1967). *Charlie and the chocolate factory*. London: Allen & Unwin.

    Dahl, R. (1971). *Willy Wonka & the chocolate factory*. Burbank, CA: Warner Home Video.

26. Popkin, B. M., & Nielsen, S. J. (2003), op. cit.

27. Credit Suisse Research Institute. (2013). *Sugar consumption at a crossroads*. Retrieved from https://publications.credit-suisse.com/tasks/render/file/index.cfm?fileid=780BF4A8-B3D1-13A0-D2514E21EFFB0479

28. Cavadini, C., Siega-Riz, A. M., & Popkin, B. M. (2000). US adolescent food intake trends from 1965 to 1996. *Archives of Disease m Childhood, 83*(1), 18~24.

    Harnack, L., Stang, J., & Story, M. (1999). Soft drink consumption among US children and adolescents: Nutritional consequences. *Journal of the American Dietetic Association, 99*(4), 436~441. doi: 10.1016/S0002-8223(99)00106-6

    Nielsen, S. J., Siega-Riz, A. M., & Popkin, B. M. (2002). Trends in energy intake in US between 1977 and 1996: Similar shifts seen across age groups. *Obesity Research, 10*(5), 370~378.

29. Lustig, R. H. (2013). *Sugar has 56 names: A shopper's guide*. New York: Penguin Group.

30. Johnson, R. K., Appel, L. J., Brands, M., Howard, B.V., Lefevre, M., Lustig, R. H., ,.. Wylie-Rosett, J. (2009). Dietary sugars intake and cardiovascular health: A scientific statement from the American Heart Association. *Circulation, 120*(11), 1011~1020. doi: 10.1161/CIRCULA TIONAHA.109.192627

31. USDA. (2000). *Nutrition and your health: Dietary guidelines for Americans*. Retrieved from http://www.health.gov/dietaryguidelines/dga2000/dietgd.pdf

32. Yudkin, J. (1972). *Pure, white and deadly: The problem of sugar.* London: Davis-Poynter Ltd.

33. DiNicolantonio, J. J., & Lucan, S. C. (2014). The wrong white crystals: Not salt but sugar as aetiological in hypertension and cardiometabolic disease. *Open Heart, 1*(1). doi: 10.1136/openhrt-2014-000167

34. Lichtenstein, A. H., Appel, L. J., Brands, M., Carnethon, M., Daniels, S., Franch, H. A., ... Wylie-Rosett, J. (2006). Diet and lifestyle recommendations revision 2006: A scientific statement from the American Heart Association Nutrition Committee, *Circulation, 114*(1), 82~96. doi. 10.1161/circulationaha.106.176158

35. Institute of Medicine. (2005). *Dietary reference intakes for energy, carbohydrate, fiber, fat, fatty acids, cholesterol, protein, and amino acids (macronutrients).* Washington, DC: National Academies Press.

36. de la Monte, S. M., & Wands, J. R. (2005). Review of insulin and insulin-like growth factor expression, signaling, and malfunction in the central nervous system: Relevance to Alzheimer's disease. *Journal of Alzheimers Disease, 7*(1), 45~61.

Lustig, R. H. (2010). Fructose: Metabolic, hedonic, and societal parallels with ethanol. *Journal of the American Dietetic Association, 110*(9), 1307~1321. doi: 10.1016/k.jada.2010.06.008

Park, K. H., Kim, J. Y., Ahn, C. W., Song, Y. D., Lim, S. K., & Lee, H. C. (2001). Polycystic ovarian syndrome (PCOS) and insulin resistance. *International Journal of Gynecology & Obstetrics, 74*(3), 261~267.

Stanhope, K. L., & Havel, P. J. (2008). Endocrine and metabolic effects of consuming beverages sweetened with fructose, glucose, sucrose, or high-fructose corn syrup. *American Journal of Clinical Nutrition, 88*(6), 1733S~1737S. doi: 10.3945/ajcn.2008.25825D

Stanhope, K. L., & Havel, P. J. (2009). Fructose consumption: Considerations for future research on its effects on adipose distribution, lipid metabolism, and insulin sensitivity in humans. *Journal of Nutrition, 139*(6), 1236S~1241S. doi: 10.3945/jn.109.106641

Stanhope, K. L., & Havel, P. J. (2010). Fructose consumption: Recent results and their potential implications. *Annals of the New York Academy of Sciences, 1190*(1) 15~24. doi: 10.1111/J.1749-6632.2009.05266.X

Steen, E., Terry, B. M., Rivera, E. J., Cannon, J. L., Neely. T. R., Tavares, R., ... de la Monte, S. M. (2005). Impaired insulin and insulin-like growth factor expression and signaling mechanisms in Alzheimer's disease-is this type 3 diabetes? *Journal of Alzheimers Disease, 7*(1), 63~80.

37. Donohoe, C. L., Doyle, S. L., & Reynolds, J. V. (2011). Visceral adiposity, insulin resistance and cancer risk. *Diabetology & Metabolic Syndrome, 3,* 12. doi: 10.1186/1758-5996-3-12

Renehan, A. G., Tyson, M., Egger, M., Heller, R. F., & Zwahlen, M. (2008). Body-mass index and incidence of cancer: A systematic review and meta-analysis of prospective observational studies. *Lancet, 371*(9612), 569~578. doi: 10.1016/S0140-6736(08)60269-X

World Cancer Research Fund/American Institute for Cancer Research. (2007). *Food, nutrition, Physical activity, and the prevention of cancer: A global perspective.* American Institute for Cancer Research. Retrieved from http://www.aicr.org/assets/docs/pdf/reports/Second_Expert_Report.pdf

38. Belfiore, A., & Malaguarnera, R. (2011). Insulin receptor and cancer. *Endocrine Related Cancer, 18*(4), R125~147. doi: 10.1530/ERC-11-0074

Boyd, D. B. (2003). Insulin and cancer. *Integrative Cancer Therapies, 2*(4), 315~329. doi: 10.1177/1534735403259152

Frasca, F., Pandini, G., Sciacca, L., Pezzino. V., Squatrito, S., Belfiore, A., & Vigneri, R. (2008). The role of insulin receptors and IGF-I receptors in cancer and other diseases. *Archives of Physiology and Biochemistry, 114*(1), 23~37. doi: 10.1080/13813450801969715

39. Hu, F. B., & Malik, V. S. (2010). Sugar-sweetened beverages and risk of obesity and type 2 diabetes: Epidemiologic evidence. *Physiology & Behavior, 100*(1), 47~54. doi: 10.1016/j.physbeh.2010.01.036

Malik, V. S., & Hu, F. B. (2012). Sweeteners and risk of obesity and type 2 diabetes. The role of sugar-sweetened beverages. *Current Diabetes Reports, 12*(2), 195~203. doi: 10.1007/s11892-012-0259-6

Malik, V. S., Popkin, B. M., Bray, G A., Després, J.-P., & Hu, F. B. (2010a). Sugar-sweetened beverages, obesity, type 2 diabetes mellitus, and cardiovascular disease risk. *Circulation, 121*7(11), 1356~1364. doi: 10.1161/CIRCULATIONAHA.109.876185

40. de la Monte, S. M., Re, E., Longato, L., & Tong, M. (2012) Dysfunctional proceramide, ER stress, and insulin/IGF signaling networks with progression of Alzheimer's disease. *Journal of Alzheimers Disease, 30 Suppl 2*(0), S217~S229. doi: 10.3233/JAD-2012-111728

41. Credit Suisse Research Institute. (2013), op. cit.

42. Ahmed, S. (2012). Is sugar as addictive as cocaine? In K. D. Brownell & M. S. Gold (Eds.), *Food and addiction: A comprehensive handbook* (pp. 231~237). Oxford: Oxford University Press.

Lenoir, M., Serre, R, Cantin, L., & Ahmed, S. H. (2007). Intense sweetness surpasses cocaine reward. *PLoS One, 2*(8), e698. doi: 10.1371/journal.pone.0000698

43. Grimm, J. W. (2012). Incubation of sucrose craving in animal models. In K. D. Brownell & M. S. Gold (Eds.), *Food and addiction: A comprehensive handbook.* Oxford: Oxford University Press.

44. Benton, D. (2010). The plausibility of sugar addiction and its role in obesity and eating disorders. *Clinical Nutrition, 29*(3), 288~303.

45. Duffey, K. J., Huybrechts, I., Mouratidou, T., Libuda, L., Kersting, M., De Vriendt, T., ... Hallström, L. (2011). Beverage consumption among European adolescents in the HELENA study. *European Journal of Clinical Nutrition, 66*(2), 244~252.

Duffey, K. J., & Popkin, B. M. (2008). High-fructose corn syrup: Is this what's for dinner? *American Journal of Clinical Nutrition, 88*(6), 1722S~1732S. doi: 10.3945/ajcn.2008.25825C

Malik, V. S., Popkin, B. M., Bray, G. A., Despres, J. R., Willett, W. C.,

& Hu, F. B. (2010b). Sugar-sweetened beverages and risk of metabolic syndrome and type 2 diabetes: A meta-analysis. *Diabetes Care, 33*(11), 2477~2483. doi: 10.2337/dc10-1079

Ng, S. W., Ni Mhurchu, C., Jebb, S. A., & Popkin, B. M. (2012). Patterns and trends of beverage consumption among children and adults in Great Britain, 1986~2009. *British Journal of Nutrition, 108*(03), 536~551.

46. Beverage Digest. (2014). *Dollar sales of liquid refreshment beverages (LRB) worldwide in 2012 and 2013 (in billion U.S. dollars).* Retrieved from http://www.statista.com/statistics/307879/global-dollar-sales-of-lrb

47. Bray, G. A., Nielsen, S. J., & Popkin, B. M. (2004) Consumption of high-fructose corn syrup in beverages may play a role in the epidemic of obesity. *The American Journal of Clinical Nutrition, 79*(4), 537~543.

Nielsen, S. J., & Popkin, B. M. (2004) Changes in beverage intake between 1977 and 2001. *American Journal of Preventive Medicine, 27*(3), 205~210. doi: 10.1016/j.amepre.2004.05.005

Popkin, B. M. (2010). Patterns of beverage use across the lifecycle. *Physiology & Behavior. 100*(1), 4~9. doi: 10.1016/j.physbeh. 2009.12. 022

Popkin, B. M., & Nielsen, S. J. (2003), op. cit.

48. Drewnowski, A., Mennella, J. A., Johnson, S. L., & Bellisle, F. (2012). Sweetness and food preference. *Journal of Nutrition, 142*(6), 1142S~1148S. doi: 10.3945/jn.111.149575

Popkin, B. M., & Nielsen, S. J. (2003), op. cit.

49. Ebbeling, C. B., Willett, W. C., & Ludwig, D. S. (2012). The special case of sugar-sweetened beverages. In K. D. Brownell & M. S. Gold (Eds.), *Food and addiction: A comprehensive handbook.* Oxford: Oxford University Press.

50. DiMeglio, D. P., & Mattes, R. D. (2000). Liquid versus solid carbohydrate: Effects on food intake and body weight. *International Journal of Obesity and Related Metabolic Disorders, 24*(6), 794~800.

Harnack, L., Stang, J., & Story, M. (1999), op. cit.

Mattes, R. D. (1996). Dietary compensation by humans for supplemental energy provided as ethanol or carbohydrate in fluids. *Physiology & Behavior, 59*(1), 179~187.

Mourao, D. M., Bressan, J., Campbell, W. W., & Mattes, R. D. (2007). Effects of food form on appetite and energy intake in lean and obese young adults. *International Journal of Obesity (Lond), 31*(11), 1688~1695. doi: 10.1038/sj.ijo.0803667

Wang, Y. C., Ludwig, D. S., Sonneville, K., & Gortmaker, S. L. (2009). Impact of change in sweetened caloric beverage consumption on energy intake among children and adolescents. *Archives of Pediatrics & Adolescent Medicine, 163*(4), 336~343.

51. Pan, A., & Hu, F. B. (2011). Effects of carbohydrates on satiety: Differences between liquid and solid food. *Current Opinion in Clinical Nutrition and Metabolic Care, 14*(4), 385~390. doi: 10.1097/ MC0.0b013e328346df36

52. Malik, V. S., Schulze, M. B., & Hu, F. B. (2006). Intake of sugar-sweetened beverages and weight gain: A systematic review. American Journal of Clinical Nutrition, 84(2), 274~288.

53. Allison, M. (2007, February 5). Seattle soda maker ends the sweet talk, opts for sugar. *Seattle Times*. Retrieved from http://seattletimes.com/ html/businesstechnology/2003557096_sugar05.html

Center for Science in the Public Interest. (2007). Nutrition review questions sodaobesity link… [Press release]. Retrieved from http://www.cspinet.org/integrity/press/200703121.html

Harris, D., & Patrick, M. (2011). Is 'big food's' big money influencing the science of nutrition? *ABC News*. Retrieved from http://abcnews. go.com/US/big-food-money-accused-influencing-science/story?id =13845186

54. Malik. V. S., & Hu, F. B. (2011). Sugar-sweetened beverages and health: Where does the evidence stand? *American Journal of Clinical Nutrition, 94*(5), 1161~1162. doi: 10.3945/ajcn.111.025676

55. Bermudez, O. I., & Gao, X. (2010). Greater consumption of sweetened beverages and added sugars is associated with obesity among US young adults. *Annals of Nutrition and Metabolism, 57*(3-4), 211~218. doi: 10.1159/000321542

Malik, V. S., Schulze, M. B., & Hu, F. B. (2006), op. cit.

56. IRI. (2010). *Times & trends: CPG 2010 year m review: Out of turmoil rises opportunity.* Retrieved from http://www.iriworldwide.com/Insights/ItemID/1231/View/Details.aspx

57. Koehn, N. F. (2001). *Brand new: How entrepreneurs earned consumers' trust from Wedgwood to Dell.* Cambridge: Harvard Business Press.

58. de la Pena, C. (2010). *Empty pleasures: The story of artificial sweeteners from saccharin to Splenda.* Chapel Hill: University of North Carolina Press.

59. de la Pena, C. (2010), op. cit.

60. de la Pena, C. (2010), op. cit.

61. Robinson-Jacobs, K. (2014, August 10). Soft drink makers have a powerful thirst for a new sweetener. *Dallas News.* Retrieved from http://www.dallasnews.com/business/headlines/20140809-soft-drink-makers-have-a-powerful-thirst-for-a-new-sweetener.ece

62. Sylvetsky, A. C., Welsh, J. A., Brown, R. J., & Vos, M. B. (2012). Low-calorie sweetener consumption is increasing in the United States. *American Journal of Clinical Nutrition, 96*(3), 640~646. doi: 10.3945/ajcn.112.034751

63. Credit Suisse Research Institute. (2013), op. cit.

64. Swithers, S. E., Baker, C. R., & Davidson. T. L. (2009). General and persistent effects of high-intensity sweeteners on body weight gain and caloric compensation in rats. *Behavioral Neuroscience, 123*(4), 772~780. doi: 10.1037/a0016139

Swithers, S. E., & Davidson, T. L. (2008). A role for sweet taste: Calorie predictive relations in energy regulation by rats. *Behavioral Neuroscience, 122*(1), 161~173. doi: 10.1037/0735-7044.122.1.161

65. Swithers, S. E. (2013). Artificial sweeteners produce the counterintuitive effect of inducing metabolic derangements. *Trends in Endocrinology & Metabolism, 24*(9), 431~441. doi: 10.1016/j.tem.2013.05.005

Swithers, S. E. (2014). A paucity of data, not robust scientific evidence: A response to Johnston and Foreyt. *Trends in Endocrinology & Metabolism, 25*(1), 2~4. doi: 10.1016/j.tem.2013. 09.003

Tellez, L. A., Ren, X., Han, W., Medina, S., Ferreira, J. G., Yeckel, C. W., & de Araujo, I. E. (2013). Glucose utilization rates regulate intake levels of artificial sweeteners. *Journal of Physiology, 591*(Pt 22), 5727~5744. doi: 10.1113/jphysiol.2013.263103

66. Suez, J., Korem. T., Zeevi, D., Zilberman-Schapira, G., Thaiss, C. A., Maza, O., ... Elinav, E. (2014). Artificial sweeteners induce glucose intolerance by altering the gut microbiota. *Nature, 514*(7521), 181~186. doi: 10.1038/nature13793

67. Chen, L., Appel, L. J., Loria, C., Lin, P. H., Champagne, C. M., Elmer, P. J., ... Caballero, B. (2009). Reduction in consumption of sugar-sweetened beverages is associated with weight loss: The PREMIER trial. *American Journal of Clinical Nutrition, 89*(5), 1299~1306. doi: 10.3945/ajcn.2008.27240

68. Baeyens, F., Eelen, P., Van den Bergh, O., & Crombez, G. (1990). Flavor-flavor and color-flavor conditioning in humans. *Learning and Motivation, 21*(4), 434~455.

Fanselow, M. S., & Birk, J. (1982). Flavor-flavor associations induce hedonic shifts in taste preference. *Animal Learning & Behavior, 10*(2), 223~228.

69. Zellner, D. A., Rozin, R, Aron, M., & Kulish, C. (1983). Conditioned enhancement of human's liking for flavor by pairing with sweetness. *Learning and Motivation, 14*(3), 338~350.

70. Bartoshuk, L. M. (1991), op. cit.

71. Bartoshuk, L. M., Duffy, V B., & Miller, I. J. (1994), op. cit.

72. Turner-McGnevy, G., Tate, D. F., Moore, D., & Popkin, B. (2013). Taking the bitter with the sweet: Relationship of supertasting and

sweet preference with metabolic syndrome and dietary intake. *Journal of Food Science, 78*(2), S336~S342. doi: 10.1111/1750-3841.12008

7장 음식도 '중독'이 되는가

1. American Psychiatric Association. (2013). *Diagnostic and statistical manual of mental disorders* (5th ed.). Arlington, VA: American Psychiatric Publications Incorporated.

2. Jenkins, D. J., Wolever. T. M., Taylor, R. H., Barker, H., Fielden, H., Baldwin, J. M., ... Goff, D. V. (1981). Glycemic index of foods: A physiological basis for carbohydrate exchange. *American Journal of Clinical Nutrition, 34*(3), 362~366.

3. Lennerz, B. S., Alsop, D. C., Holsen, L. M., Stern, E., Rojas, R., Ebbeling, C. B., ... Ludwig, D. S. (2013). Effects of dietary glycemic index on brain regions related to reward and craving in men. *American Journal of Clinical Nutrition, 98*(3), 641~647. doi: 10.3945/ajcn.113.064113

4. Chiu, C. J., Liu, S., Willett, W. C., Wolever, T. M., Brand-Miller, J. C., Barclay, A.W., & Taylor, A. (2011). Informing food choices and health outcomes by use of the dietary glycemic index. *Nutrition Reviews, 69*(4), 231~242. doi: 10.1111/J.1753-4887.2011.00382.x

5. Dickson, S. L., Egecioglu, E., Landgren, S., Skibicka, K. P., Engel, J. A., & Jerlhag, E. (2011). The role of the central ghrelin system in reward from food and chemical drugs. *Molecular and Cellular Endocrinology, 340*(1), 80~87. doi: 10.1016/j.mce,2011.02.017

6. Zhang, Y., Proenca, R., Maffei, M., Barone, M., Leopold, L., & Friedman, J. M. (1994). Positional cloning of the mouse obese gene and its human homologue. *Nature, 372*(6505), 425~432. doi: 10.1038/372425a0

7. Caro, J. F., Sinha, M. K., Kolaczynski, J. W., Zhang, P. L., & Considine, R. V. (1996). Leptin: The tale of an obesity gene. *Diabetes, 45*(11),

1455~1462.

8. Considine, R. V., Considine, E. L., Williams, C. J., Hyde, T. M., & Caro, J. F. (1996). The hypothalamic leptin receptor in humans: Identification of incidental sequence polymorphisms and absence of the db/db mouse and fa/fa rat mutations. *Diabetes, 45*(7), 992~994.

Farooqi, I. S., & O'Rahilly, S. (2005). Monogenic obesity in humans. *Annual Review of Medicine, 56*, 443~458. doi: 10.1146/annurev. med.56.062904.144924

9. Considine, R. V., & Caro, J. F. (1997). Leptin and the regulation of body weight. *International Journal of Biochemistry & Cell Biology, 29*(11), 1255~1272.

Considine, R. V., Considine, E. L., Williams, C. J., Hyde, T. M., & Caro, J. F. (1996), op. cit.

10. Myers, M., Cowley, M. A., & Münzberg, H. (2008). Mechanisms of leptin action and leptin resistance. *Annual Review of Physiology, 70*, 537~556. doi: 10.1146/annurev.physiol.70.113006.100707

11. Havel, P. J., Townsend, R., Chaump, L., & Teff, K. (1999). High-fat meals reduce 24-h circulating leptin concentrations in women. *Diabetes, 48*(2), 334~341.

Kolaczynski, J., Ohannesian, J., Considine, R., Marco, C., & Caro, J. (1996). Response of leptin to short-term and prolonged overfeeding in humans. *Journal of Clinical Endocrinology and Metabolism, 81*(11), 4162~4165. doi: 10.1210/jcem.81.11.8923877

Wang, J., Obici, S., Morgan, K., Barzilai, N., Feng, Z., & Rossetti, L. (2001). Overfeeding rapidly induces leptin and insulin resistance. *Diabetes, 50*(12), 2786~2791.

12. Myers, M., Leibel, R., Seeley, R., & Schwartz, M. (2010). Obesity and leptin resistance: Distinguishing cause from effect. *Trends in Endocrinology & Metabolism, 21*(11), 643~651.

13. Taubes, G. (2007). Good calories, *bad calories*. New York: Random House.

14. Hall, K. D. (2012). Modeling metabolic adaptations and energy

regulation in humans. *Annu Rev Nutr, 32*(1), 35~54. doi: 10.1146/annurev-nutr-071811-150705.

Hellerstein, M. K. (1999). De novo lipogenesis in humans: Metabolic and regulatory aspects. European *Journal of Clinical Nutrition, 53*(Suppl 1), S53~S65.

Hellerstein, M. K. (2001). No common energy currency: De novo lipogenesis as the road less traveled, *The American Journal of Clinical Nutrition, 74*(6), 707~708.

15. Berridge, K. (1995). Brain substances of liking and wanting. *Neuroscience & Biobehavioral Reviews, 20*, 1~25.

16. Bauman, Z. (1998). Work, consumerism and the new poor. Buckingham: Open University Press, 25.

17. Taylor, M. C., & Saarinen, E. (1994). *Imagologies: Media philosophy.* New York: Routledge, 11.

18. Avena, N. M., Rada, P., & Hoebel, B. G. (2008). Evidence for sugar addiction: Behavioral and neurochemical effects of intermittent, excessive sugar intake. *Neuroscience & Biobehavioral Reviews, 32*(1), 20~39. doi: 10.1016/j.neubiorev.2007.04.019

Blumenthal, D. M., & Gold, M S. (2010). Neurobiology of food addiction, *Current Opinion in Clinical Nutrition and Metabolic Care, 13*(4), 359~365. doi: 10.1097/MCO.0b013e32833ad4d4

Corwin, R. L., & Grigson, P. S. (2009). Symposium overview-food addiction: Fact or fiction? *The Journal of Nutrition, 139*(3), 617~619.

Volkow, N. D., Wang, G.-J., Fowler, J. S., & Telang, F. (2008). Overlapping neuronal circuits in addiction and obesity: Evidence of systems pathology. *Philosophical transactions of the Royal Society of london Series B: Biological Science, 363*(1507), 3191~3200. doi: 10.1098/rstb.2008.0107

19. Gearhardt, A., Davis, C., Kuschner, R., & Brownell, K. (2011a). The addiction potential of hyperpalatable foods. *Current Drug Abuse Reviews, 4*(3), 140~145.

20. Moss, M. (2013). *Salt sugar fat: How the food giants hooked us.*

Toronto: McClelland & Stewart.

21. Hanna, J. M., & Hornick, C. A. (1977). Use of coca leaf in southern Peru: Adaptation or addiction. *Bulletin on Narcotics, 29*(1), 63~74.

22. Verebey, K., & Gold, M. S. (1988). From coca leaves to crack: The effects of dose and routes of administration in abuse liability. *Psychiatric Annals, 18*(9), 513~520.

23. ElSohly, M A., Ross, S. A., Mehmedic, Z., Arafat, R., Yi, B., & Banahan, B. F. (2000). Potency trends of delta9-THC and other cannabinoids in confiscated marijuana from 1980-1997. *Journal of Forensic Science, 45*(1), 24~30.

    Wang, G., Simone, K., & Palmer, R. (2014b). *Description of edible marijuana products, potency ranges, and similarities to mainstream foods.* Paper presented at the Clinical Toxicology Conference, New York.

24. Ahmed, S. (2012). Is sugar as addictive as cocaine? In K. D. Brownell & M. S. Gold (Eds.), *Food and addiction: A comprehensive handbook* (pp. 231~237). Oxford: Oxford University Press.

25. Lenoir, M., Cantin, L., Serre, F., & Ahmed, S. (2008). *The value of heroin increases with extended use but not above the value of a non-essential alternative reward.* Paper presented at the 38th Annual Meeting of the Society for Neuroscience, Washington, DC.

26. Hajnal, A., Smith, G., & Norgren, R. (2004). Oral sucrose stimulation increases accumbens dopamine in the rat. *American Journal of Physiology. Regulatory, Integrative and Comparative, 286*(1), R31~R37. doi: 10.1152/ajpregu.00282.2003

    Kleiner, K. D., Gold, M. S., Frostpineda, K., Lenzbrunsman, B., Perri, M. G., & Jacobs. W. S. (2004). Body mass index and alcohol use. *Journal of Addictive Diseases, 23*(3), 105~118.

    Mason, B., & Higley, A. (2012). Human laboratory models of addiction. In K. D. Brownell & M. S. Gold (Eds.), *Food and addiction: A Comprehensive handbook.* Oxford: Oxford University Press.

27. Dickson, S. L., Egecioglu, E., Landgren, S., Skibicka, K. P., Engel, J. A.,

& Jerlhag, E. (2011), op. cit.

Le Moal, M., & Simon, H. (1991). Mesocorticolimbic dopaminergic network: Functional and regulatory roles. *Physiological Review, 71*(1), 155~234.

28. Drewnowski, A., Krahn, D. D., Demitrack, M. A., Nairn, K., & Gosnell, B. A. (1995). Naloxone, an opiate blocker, reduces the consumption of sweet high-fat foods in obese and lean female binge eaters. *American Journal of Clinical Nutrition, 61*(6), 1206~1212.

29. Murphy, C. M., Stojek, M. K., & MacKillop, J. (2014). Interrelationships among impulsive personality traits, food addiction, and body mass index. *Appetite, 73*, 45~50.

30. Ifland, J., Preuss, H., Marcus, M., Rourke, K., Taylor, W., Burau, K., ... Manso, G. (2009). Refined food addiction: A classic substance use disorder. *Medical Hypotheses, 72*(5), 518~526.

31. Canetti, L., Bachar, E., & Berry, E. M. (2002). Food and emotion. *Behavioural Processes. 60*(2), 157~164.

    Cooper, M. L,, Frone, M. R., Russell, M., & Mudar, P. (1995). Drinking to regulate positive and negative emotions: A motivational model of alcohol use. *Journal of Personality and Social Psychology, 69*(5), 990~1005. doi: 10.1037/0022-3514.69.5.990

32. Corsica, J. A., & Spring, B. J. (2008). Carbohydrate craving: A double-blind, placebo-controlled test of the self-medication hypothesis. *Eating Behaviors, 9*(4), 447~454. doi: 10.1016/j.eatbeh.2008.07.004

33. Vanderschuren, L., & Everitt, B. J. (2004). Drug seeking becomes compulsive after prolonged cocaine self-administration. *Science, 305*(5686), 1017~1019. doi: 10.1126/science.1098975

34. Gearhardt, A., Corbin, W., & Brownell, K. (2009). Preliminary validation of the Yale Food Addiction Scale. *Appetite, 52*(2), 430~436. doi: 10.1016/j.appet.2008.12.003

    Gearhardt, A., Yokum, S., Orr, P., Stice, E., Corbin, W., & Brownell, K. (2011d). Neural correlates of food addiction. *Archives of General Psychiatry, 68*(8), 808~816. doi: 10.1001/archgenpsychiatry.2011.32

35. Blüml, V, Kapusta, N., Vyssoki, B., Kogoj, D., Walter, H., & Lesch, O. M. (2012). Relationship between substance use and body mass index in young males. *The American Journal on Addictions, 21*(1), 72~77.

36. Simon, G. E., Von Korff, M., Saunders, K., Miglioretti, D. L., Crane, P. K., van Belle, G., & Kessler, R. C. (2006). Association between obesity and psychiatric disorders in the US adult population. *Archives of General Psychiatry, 63*(7), 824~830.

37. Blendy, J. A., Strasser, A., Walters, C. L., Perkins, K. A., Patterson, F., Berkowitz, R., & Lerman, C. (2005). Reduced nicotine reward in obesity: Cross-comparison in human and mouse. *Psychopharmacology* (Berl), 180(2), 306~315. doi: 10.1007/s00213-005-2167-9

38. Warren, M., Frost-Pineda, K., & Gold, M. (2005). Body mass index and marijuana use. *Journal of Addictive Diseases, 24*(3), 95~100.

39. Blum, K., Bailey, J., Gonzalez, A. M., Oscar-Berman, M., Liu. Y, Giordano, J., ... Gold, M. (2011). Neuro-genetics of reward deficiency syndrome (RDS) as the root cause of "addiction transfer": A new phenomenon common after bariatric surgery. *Journal of Genetic Syndromes & Gene Therapy, 2012*(1), S2~001.

40. Gold, M. S., Frost-Pineda, K., & Jacobs, W. S. (2003). Overeating, binge eating, and eating disorders as addictions. *Psychiatric Annals, 33*(2), 117~122.

41. Conason, A., Teixeira, J., Hsu, C.-H., Puma, L., Knafo, D., & Geliebter, A. (2013). Substance use following bariatric weight loss surgery. *JAMA Surgery, 148*(2), 145~150.

42. American Psychiatric Association. (2013). *Diagnostic and statistical manual of mental disorders* (5th ed.). Arlington, VA: American Psychiatric Publications Incorporated, 329.

43. Volkow, N. D., Wang, G J., Tomasi, D., & Baler, R. D. (2013). The addictive dimensionality of obesity. *Biological Psychiatry, 73*(9), 811~818. doi: 10.1016/j.biopsych.2012.12.020

44. Gearhardt, A., Davis, C., Kuschner, R., & Brownell, K. (2011a), op. cit.

45. Hebebrand, J., Albayrak, Ö., Adan, R., Antel, J., Dieguez, C., de Jong,

J., ... Murphy, M. (2014). "Eating addiction", rather than "food addiction", better captures addictive-like eating behavior. *Neurosci Biobehav Rev, 47*, 295~306.

46. (@@위) American Psychiatric Association. (2013). *Diagnostic and statistical manual of mental disorders* (5th ed.). Arlington, VA: American Psychiatric Publications Incorporated.

8장 폭식장애와 소비자 문화의 관계

1. American Psychiatric Association. (2013). *Diagnostic and statistical manual of mental disorders* (5th ed.). Arlington, VA: American Psychiatric Publications Incorporated.

2. (@@위) American Psychiatric Association. (2013). *Diagnostic and statistical manual of mental disorders* (5th ed.). Arlington, VA: American Psychiatric Publications Incorporated.

3. Gearhardt, A., White, M., & Potenza, M. (2011c). Binge eating disorder and food addiction. *Current Drug Abuse Reviews, 4*(3), 201.

4. Frances, A. (2013). Saving normal: An insider's revolt against out-of-control psychiatric diagnosis, DSM-5, *Big Pharma, and the medicalization of ordinary life*. New York: HarperCollins.

5. Mayes, S., Calhoun, S., & Crites, D. (2001). Does DSM-IV Asperger's disorder exist? *Journal of Abnormal Child Psychology, 29*(3), 263~271.

    Rosenberg, R E., Daniels, A. M., Law, J. K., Law, R A., & Kaufmann, W. E. (2009). Trends in autism spectrum disorder diagnoses: 1994-2007. *Journal of Autism and Developmental Disorders, 39*(8), 1099~1111. doi: 10.1007/s10803-009-0723-6

6. Frances, A. (2013). *Saving normal: An insider's revolt against out-of-control psychiatric diagnosis, DSM-5, Big Pharma, and the medicalization of ordinary life*. New York: HarperCollins.

    Moynihan, R., & Cassels, A. (2005). *Selling sickness: How the world's biggest pharmaceutical companies are turning us all into patients.*

New York: Nation Books.

Welch, H. G., Schwartz, L., & Woloshin, S. (2011). *Overdiagnosed: Making people sick in the pursuit of health*. Boston, MA: Beacon Press.

7. Brownlee, S. (2007). *Overtreated: Why too much medicine is making us sicker and poorer*. New York: Bloomsbury.

Welch, H. G., Schwartz, L., & Woloshin, S. (2011), op. cit.

8. Ventola, C. L. (2011). Direct-to-consumer pharmaceutical advertising: Therapeutic or toxic? *Pharmacy and Therapeutics, 36*(10), 669.

9. Repantis, D., Schlattmann, P., Laisney, O., & Heuser, I. (2010). Modafinil and methylphenidate for neuroenhancement in healthy individuals: A systematic review. *Pharmacological Research, 62*(3), 187~206. doi: 10.1016/j.phrs.2010.04.002

10. Moynihan, R., & Cassels, A. (2005), op. cit.

11. Kirsch, I. (2010). *The emperor's new drugs: Exploding the antidepressant myth*. New York: Basic Books.

12. Hudson, J. I., Hinpi, E., Pope, H. G., Jr., & Kessler, R. C. (2007). The prevalence and correlates of eating disorders in the National Comorbidity Survey Replication. *Biological Psychiatry, 61*(3), 348~ 358. doi: 10.1016/j.biopsych.2006.03.040

13. Stafford, R. S. (2008). Regulating off-label drug use-rethinking the role of the FDA. *New England Journal of Medicine, 358*(14), 1427~ 1429. doi: 10.1056/NEJMp0802107

14. Visser, S. N., Danielson, M. L., Bitsko, R. H., Holbrook, J. R., Kogan, M. D., Ghandour, R. M., ... Blumberg, S. J. (2014). Trends in the parent report of health care provider diagnosed and medicated Attention-Deficit/Hyperactivity Disorder: United States, 2003-2011. *Journal of the American Academy of Child & Adolescent Psychiatry*. doi: 10.1016/j.jaac.2013.09.001

15. Wang, S. S. (2011, August 16). Psychiatric drug use spreads. *Wall Street Journal*. Retrieved from http://online.wsj.com/articles/SB1000142 4052970203503204577040431792673066

16. Medco. (2011). America's state of mind. Retrieved from http://apps.

who.int/medicinedocs/documents/s19032en/s19032en.pdf

17. Rock, C. (2005). *Chris Rock: Never scared*. New York: Home Box Office.

18. Bordo, S. (1986). Anorexia nervosa: Psychopathology as the crystallization of culture, *Philosophical Forum, 17*, 226.

19. LaFerla, R. (2013, May 31). Such a doll. *New York Times*. Retrieved from http://runway.blogs.nytimes.com/2013/05/31/such-a-doll/?module=Search&mabReward=relbias%3Aw%2C%7B%221%22%3A%22RI%3A5%22%7D&_r=0

20. Frances, A. (2013), op. cit.

21. American Psychiatric Association. (2013). Diagnostic and statistical manual of mental disorders. (5th ed.). Arlington: American Psychiatric Publications Incorporated.

22. Arnold, J. E. (2012). *Life at home in the twenty-first century: 32 families open their doors*. Los Angeles, CA: Cotsen Institute of Archaeology Press.

23. Pearce, J. D. W. (1936). A Symposium on property and possessiveness. *The British Journal of Psychiatry, 82*(337), 187~188.

24. Kottler, J. (1999). *Exploring and treating acquisitive desire: Living m the material world*. Thousand Oaks, CA: Sage Publications.

9장 식품산업과 제약산업이라는 짝패

1. Kefauver-Harris Drug Amendment of 1962, Pub. L. No. 87~781 (1962).

2. Angell, M. (2005). *The truth about the drug companies: How they deceive us and what to do about it*. New York: Random House Trade Paperbacks.

3. Khan, A., Leventhal, R M., Khan, S. R., & Brown, W. A. (2002) Severity of depression and response to antidepressants and placebo: An analysis of the Food and Drug Administration database. *Journal of Clinical Psychopharmacology, 22*(1), 40~45.

Kirsch, I., Moore. T. J., Scobona, A., & Nicholls, S. S. (2002). The emperor's new drugs: An analysis of antidepressant medication data submitted to the US Food and Drug Administration. *Prevention & Treatment.* 5(1), 23a.

Kirsch, I., & Sapirstein, G. (1998). Listening to Prozac but hearing placebo: A meta-analysis of antidepressant medication. *Prevention & Treatment, 1*(2), 2a.

4. Kirsch, I. (2010). *The emperor's new drugs: Exploding the antidepressant myth.* New York: Basic Books.

5. Hollis, A. (2004). *Me-too drugs: Is there a problem?* World Health Organization Retrieved from http://www.who.int/intellectual property/topics/iP/Me-tooDruqs_Hollis1.pdf

6. Angell, M. (2005), op. cit.

7. Glasgow, L. (2001). Stretching the limits of intellectual property rights: Has the pharmaceutical industry gone too far? *Idea, 41,* 227.

8. Koerner, B. I. (2002). Disorders made to order. *Mother Jones, 27*(4), 58~81.

9. International Food Information Council Information. (2014). Retrieved from http://www.foodinsight.org/about

10. Beverage Institute for Health & Wellness. (2014). Retrieved from http://beverageinstitute.org/about-us

11. Warner-Cohen, K. (2014, April 16). Coca-Cola sees growth in non-soda and emerging markets. *WallStreetCheatSheet.* Retrieved from http://wallstcheatsheet.com/business/coca-cola-sees-growth-in-non-soda-and-emerging-markets.html/?a=viewall-ixzz3GuDsViNZ

12. Forbes (2013, February 13). PepsiCo pre-earnings: Snacking on emerging markets growth. Retrieved from http://www.forbes.com/sites/greatspeculations/2013/02/12/pepsico-pre-earnings-snacking-on-emerging-markets-growth

13. Campbell, D., & Chui, M. (2010) *Pharmerging shake-up: New imperatives in a redefined world.* Retrieved from http://www.imshealth.com/imshealth/Global/Content/IMSInstitute/Documents/P

harmerging_Shakeup.pdf

14. Campbell, D., & Chui, M. (2010), op. cit.

15. Hill, R., & Chui, M. (2009). The pharmerging future. *Pharmaceutical Executive, 29*(7), 1~5.

16. Allison, M. (2007, February 5). Seattle soda maker ends the sweet talk, opts for sugar. *Seattle Times*. Retrieved from http://seattletimes. com/html/businesstechnology/2003557096_sugar05.html

17. Nestle, M. (2001). Food company sponsorship of nutrition research and professional activities: A conflict of interest? *Public Health Nutrition, 4*(05), 1015~1022.

18. Rodwin, M. A. (2012) Conflicts of interest, institutional corruption, and Pharma: An agenda for reform. *Journal of Law, Medicine & Ethics, 40*(3), 511~522. doi: 10.1111/j.1748-720X.2012.00683.x

19. Cooper, M. A., & Shlaes, D. (2011). Fix the antibiotics pipeline. *Nature, 472*(7341). doi: 10.1038/472032a

20. Pollack, A. (2010, November 5). Antibiotics research subsidies weighed by US. *The New York Times*.

21. Dobell, A. R. (1995). Environmental degradation and the religion of the market, In H. Coward (Ed.), *Population, consumption, and the environment: Religious and secular responses* (pp. 229~250). Albany: State University of New York Press.

22. Dorfman, L., & Wallack, L. (2007). Moving nutrition upstream: The case for reframing obesity. *Journal of Nutrition Education and Behavior, 39*(2), S45~S50. doi: 10.1016/j.jneb.2006.08.018

10장 웰빙을 규제하라

1. Wysocki, C. J., & Preti, G. (2004). Facts, fallacies, fears, and frustrations with human pheromones. *The Anatomical Record. Part A: Discoveries in Molecular, Cellular, and Evolutionary, 281*(1), 1201~1211. doi: 10.1002/ar.a.20125

2. Brower, V. (1998). Nutraceuticals: Poised for a healthy slice of the

healthcare market? *Nature Biotechnology, 16,* 728~732. dor 10.1038/nbt0898-728

3. Carpenter, D. (2014). *Reputation and power: Organizational image and pharmaceutical regulation at the FDA.* Princeton, NJ: Princeton University Press, 12.

4. Nestle, M. (2002). Food politics: How the food industry influences nutrition and health. Berkeley: University of California Press.

5. Gabriel, Y., & Lang. T. (2006) *The unmanageable consumer.* New York: Sage Publications.

6. Burros, M. (2007, July 7). FDA inspections lax, Congress is told. *New York Times.* Retrieved from http://www.nytimes.com

   Evans, D., Smith, M., & Willen, L. (2005, November 6). Human guinea pigs pay for lax FDA rules. *Bloomberg News.* Retrieved from http://seattletimes.com/html/businesstechnology/2002606640_drugtesting06.html

   Klein, D. F. (2005) The flawed basis for FDA post-marketing safety decisions: The example of anti-depressants and children. *Neuropsychopharmacology, 31*(4), 689~699.

7. Hilts, P. J. (2004). *Protecting America's health: The FDA, business, and one hundred years of regulation.* Chapel Hill: University of North Carolina Press.

8. Hilts, P. J. (2004), op. cit.

9. Schlosser, E. (2004, January 2). The cow jumped over the USDA. *New York Times.* Retrieved from http://www.nytimes.com/2004/01/02/opinion/the-cow-jumped-over-the-usda.html

10. FTC. (1994). Enforcement policy statement on food advertising. Retrieved from http://www.ftc.gov/public-statements/1994/05/enforcement-policy-statement-food-advertising-5

11. Shank, F. R. (1992). The Nutrition Labeling and Education Act of 1990. *Food & Drug Law Journal, 47,* 247.

12. Dietary Supplement Health and Education Act. (1994). Public Law 103~417, 103rd Congress, 21 USC 301. October 25, 1994.

13. Barrett, S. (2007). How the Dietary Supplement Health and Education Act of 1994 weakened the FDA. Retrieved from http://www.quackwatch.org/02ConsumerProtection/dshea.html

Cohen, M. H. (2000). US dietary supplement regulation: Belief systems and legal rules. *Hastings Women's Law Journal, 11*, 3.

Kaczka, K. A. (1999). From herbal Prozac to Mark McGwire's tonic: How the Dietary Supplement Health and Education Act changed the regulatory landscape for health products. *Journal of Contemporary Health Law and Policy, 16*, 463.

14. Barrett, S. (2007), op. cit.

15. FDA. (2005). Prescription Drug User Fee Act (PDUFA): Adding resources and improving performance in FDA review of new drug applications. Retrieved from http://www.fda.gov/ForIndustry/UserFees/PrescriptionDrugUserFee/ucm119253.htm

16. Senak, M. (2005). *Bringing a drug or device to market: Public relations implications*. Drugs and Biologics. Retrieved from http://www.eyeonfda.com

17. Avorn, J. (2007). Paying for drug approvals-who's using whom? *New England Journal of Medicine, 356*(17), 1697~1700.

18. FDA. (2014). Foods must contain what label says. Retrieved from http://www.fda.gov/ForConsumers/ConsumerUpdates/ucm337628.htm

19. Negowetti, N. E. (2014). *Food labeling litigation: Exposing gaps in the FDA's resources and regulatory authority*. Brookings Institution. Retrieved from http://www.brookings.edu/research/papers/2014/06/26-food-Iabeling-litigation-fda-negowetti

20. Silverglade, B., & Heller, I. R. (2010). *Food labeling chaos: The case for reform*. Center for Science in the Public Interest. Retrieved from http://www.cspinet.org/new/pdf/food_labeling_chaos_report.pdf

21. Urala, N., & Lähteenmäki, L. (2007). Consumers' changing attitudes towards functional foods. *Food Quality and Preference, 18*(1), 1~12.

22. Food and Drug Law Institute. (2014). *A natural solution: Why should FDA define "natural" foods?* Retrieved from http://www.fdli.org/

resources/resources-order-box-detail-view/a-natural-solution-why-should-fda-define-natural-foods

23. Batte, M.T., Hooker, N. H., Haab. T. C., & Beaverson, J. (2007). Putting their money where their mouths are: Consumer willingness to pay for multi-ingredient, processed organic food products. *Food Policy, 32*(2), 145~159.

Thompson, G. D. (1998). Consumer demand for organic foods: What we know and what we need to know. *American Journal of Agricultural Economics, 80*(5), 1113~1118.

24. Government Accountability Office. (2011) *Food labeling: FDA needs to reassess its approach to protecting consumers from false or misleading claims.* Report to congressional committees. Retrieved from http://purl.fdlp.gov/GPO/gpo11929

25. FDA. (1993). Food labeling: Nutrient content claims, general principles, petitions, definition of terms; definitions of nutrient content claims for the fat, fatty acid, and cholesterol content of food. *Federal Register, 58*(3), 2302~2426.

26. FDA. (2012). What is the meaning of 'natural' on the label of food? Retrieved from http://www.fda.gov/aboutfda/transparency/basics/ucm214868.htm

27. USDA. (2014). *What's in food?* Retrieved from http://www.nutrition.gov/whats-food/commonly-asked-questions-faqs

28. Union of Concerned Scientists. (2014). Comments to proposed rulemaking; Docket no. FDA-2012-N-1210; Food labeling: Revision of the nutrition and supplement facts labels, 79 Federal Register 11880. Retrieved from http://www.ucsusa.org/assets/documents/center-for-science-and-democracy/ucs-sugar-label-comment-signers.pdf

29. American Society for Nutrition. (2014a). Mission and bylaws. Retrieved from http://www.nutrition.org/about-asn/mission-and-bylaws

30. American Society for Nutrition. (2014b) Re: Docket No. FDA-2012-N-1210; Food labeling: Revision of the nutrition and supplement facts labels. Retrieved from http://www.regulations.gov/-!docketDetail;D

=FDA-2012-N-1210

31. Bertino, M., Liska, D., Spence, K., Sanders, L., & Egan. V. (2014). Added-sugar labeling: Implications for consumers. *The FASEB Journal, 28*(1 Supplement).

32. Block, J. P., & Roberto, C. A. (2014). Potential benefits of calorie labeling in restaurants. *JAMA, 312*(9), 887~888. doi: 10.1001/jama.2014. 9239

Gregory, C., Rahkovsky, I., & Anekwe, T. (2014). Consumers' use of nutrition information when eating out. *USDA-ERS Economic Information Bulletin* (127).

Wei, W., & Miao, L. (2013). Effects of calorie information disclosure on consumers' food choices at restaurants, *International Journal of Hospitality Management, 33*(0), 106~117. doi: 10.1016/j.ijhm.2012. 06.008

33. Kessler, D. A. (2014). Toward more comprehensive food labeling. *New England Journal of Medicine, 371*(3), 193~195. doi: 10.1056 /NEJMp1402971

34. Adams, J. M., Hart, W., Gilmer, L, Lloyd-Richardson, E. E., & Burton, K. A. (2014). Concrete images of the sugar content in sugar-sweetened beverages reduces attraction to and selection of these beverages. *Appetite, 83C,* 10~18. doi: 10.1016/j.appet.2014.07.027

35. Schwartz, L. M., & Woloshin, S. (2011). Communicating uncertainties about prescription drugs to the public: A national randomized trial. *Archives of Internal Medicine, 171*(16), 1463~1468.

Schwartz, L. M., Woloshin, S., & Welch, H. G. (2009). Using a drug facts box to communicate drug benefits and harms: Two randomized trials. *Annals of Internal Medicine, 150*(8), 516~527.

Woloshin, S., & Schwartz, L. M. (2011). Communicating data about the benefits and harms of treatment: A randomized trial. *Annals of Internal Medicine, 155*(2), 87~96.

36. FDA. (2013). Front-of-package labeling initiative. Retrieved from http://www.fda.gov/Food/IngredientsPackagingLabeling/LabelingNut

rition/ucm202726.htm

37. Belli et al. v. Nestlé USA Inc. (2014). Case No. 14-cv-00283, N D. CA.

38. Center for Science in the Public Interest. (2014b). Litigation project. Retrieved from http://www.cspinet.org/litigation

39. Watson, E. (2014, January 8). FDA 'respectfully declines' judges' plea for it to determine if GMO's belong in all natural products. *Food Navigator*. Retrieved from http://www.foodnavigator-usa.com/ Regulation/FDA-respectfully-declines-Judges-plea-for-it-to-determine-if-GMOs-belong-in-all-natural-products

40. PLoS. (2012). Series on big food: The food industry is ripe for scrutiny. *PLoS Med, 9*(6), e1001246.

41. Ethisphere. (2015). The world's most ethical companies. Retrieved from http://ethisphere.com/worlds-most-ethical

42. Freud, A. (1967). *The ego and the mechanisms of defense*. New York: International Universities Press.

43. Frankel, J. (2002). Exploring Ferenczi's concept of identification with the aggressor: Its role in trauma, everyday life, and the therapeutic relationship. *Psychoanalytic Dialogues, 12*(1), 101~139.

44. Moss, M. (2013). *Salt sugar fat: How the food giants hooked us*. Toronto: McClelland & Stewart.

45. Wakefield, M., Terry-McElrath, Y., Emery, S., Saffer, H., Chaloupka, F. J., Szczypka, G., ... Johnston, L. D. (2006). Effect of televised, tobacco company-funded smoking prevention advertising on youth smoking-related beliefs, intentions, and behavior. *American Journal of Public Health, 96*(12), 2154. doi: 10.2105/AJPH.2005.083352

46. Landman, A., Ling, P. M., & Glantz, S. A. (2002) Tobacco industry youth smoking prevention programs: Protecting the industry and hurting tobacco control. *American Journal of Public Health, 92*(6), 917~930.

    Wakefield, M., Terry-McElrath, Y., Emery, S., Saffer, H., Chaloupka, F. J., Szczypka, G., ... Johnston, L. D. (2006), op. cit.

47. Offit, P., & Erush, S. (2013, December 14). Skip the supplements. *New*

York Times. Retrieved from http://www.nytimes.com/2013/12/15/opinion/sunday/skip-the-supplements.html?_r=0

48. Navarro. V. J., Barnhart, H., Bonkovsky, H. L., Davern. T., Fontana, R. J., Grant, L., ... Sherker, A. H. (2014). Liver injury from herbals and dietary supplements in the US Drug-Induced Liver Injury Network. *Hepatology, 60*(4), 1399~1408.

49. Sharma, L. L., Teret, S. P., & Brownell, K. D. (2010). The food industry and self-regulation: Standards to promote success and to avoid public health failures. *American Journal of Public Health, 100*(2), 240. doi: 10.2105/AJPH.2009.160960

50. Moodie, R., Stuckler, D., Monteiro, C., Sheron, N., Neal, B., Thamarangsi, T., ... (NCD Action Group Lancet). (2013). Profits and pandemics: Prevention of harmful effects of tobacco, alcohol, and ultra-processed food and drink industries. *Lancet, 381*(9867), 670~679. doi: 10.1016/S0140-6736(12)62089-3

51. Center for Science in the Public Interest. (2014a). CSPI supports proposed nutrition facts revisions. Retrieved from http://www.cspinet.org/new/201402271.html

52. The Onion. (2014, August 15). FDA recommends at least 3 servings of foods with word 'fruit' on box. Retrieved from http://www.theonion.com/articles/fda-recommends-at-least-3-servings-of-foods-with-w,36699

53. Stigler, G. J. (1971). The theory of economic regulation. *Bell Journal of Economics and Management Science, 2*(1), 3~21.

54. Carpenter, D. (2014), op. cit.

55. Kessler, D. A. (2001). *A question of intent: A great American battle with a deadly industry.* New York: Public Affairs.

56. USDA. (2014), op. cit.

57. Horovitz, B. 2011. Marketers have a summer romance with packaging *USA Today*, June 17~19, A1.

58. Bottemiller Evich, H., & Parti, T. (2014, March 1). Food industry to make its own labeling splash. *Politico.* Retrieved from http://www.

politico.com/story/2014/03/food-industry-labeling-104122.html

59. Scott-Thomas, C. (2012). FDA offers support in industry roll-out of Facts Up Front labeling. *Food Navigator.* Retrieved from http://www.food navigator-usa.com/content/view/print/616127

60. Taylor, M. (2010, July 19). How the FDA is picking its food label battles. *The Atlantic.*

61. Piña, K. R., & Pines, W. L. (2008). *A practical guide to food and drug law and regulation.* Food and Drug Law Institute. Retrieved from http://www.fdli.org/resources/resources-order-box-detail-view/a-practical-guide-to-fda-s-food-and-drug-law-and-regulation-5th-edition

62. FDA v. Brown & Williamson Tobacco Corp. (2000). (98-1152) 529 U.S. 120 (2000) 153 F.3d 155, affirmed.

63. FDA. (1996). Compliance policy guides manual. Retrieved from http://www.fda.gov/ICECI/ComplianceManuals/CompliancePolicyGu idanceManual/ucm124048.htm

64. Negowetti, N. E. (2014), op. cit.

65. Bauman, Z. (1998). *Work, consumerism and the new poor.* Buckingham: Open University Press, 29.

11장 '과잉'으로부터 자신을 보호한다는 것

1. Cushman, P. (1990). Why the self is empty: Toward a historically situated psychology. *American Psychologist, 45*(5), 600.

2. Krugman, P. (2014, April 21). The economy is not like a household. *The New York Times.* Retrieved from http://krugman.blogs.nytimes.com/2014/04/21/the-economy-is-not-like-a-household/?_r=0

3. Lorenz, K. (1974). *Civilized man's eight deadly sins.* New York: Harcourt Brace Jovanovich.

   Tinbergen, N, (1951). *The study of instinct.* New York: Clarendon Press/Oxford University Press.

   Wilson, E. (1975). *Sociobiology: The new synthesis.* Cambridge, MA:

Harvard University Press.

4. Haidt, J. (2006). *The happiness hypothesis: Finding modern truth in ancient wisdom*. New York: Basic Books.

5. Marks, N. (2011). *The happiness manifesto how nations and people can nurture well-being*. Retrieved from http://www.contentreserve.com/TitleInfo.asp?ID={2F735A31-79E3-46C8-99FC-2D681BF24530}&Format=50

6. Lennerz, B. S., Alsop, D. C., Holsen, L. M., Stern, E., Rojas, R., Ebbeling, C. B., ... Ludwig, D. S. (2013). Effects of dietary glycemic index on brain regions related to reward and craving in men. *American Journal of Clinical Nutrition, 98*(3), 641~647. doi: 10.3945/ajcn.113.064113

7. Carver, C., & Scheier, M. (2011). Self-regulation of action and affect, In K. D. Vohs & R. F. Baumeister (Eds.), *Handbook of self-regulation, second edition: Research, theory, and applications* (pp. 3~21). New York: Guilford Publications.

8. Soll, J. (2014). *The reckoning: Financial accountability and the rise and fall of nations*. New York: Basic Books. 4.

9. Bellafante, G. (2013, March 16). In obesity epidemic, poverty is an ignored contagion. *New York Times*. Retrieved from http://www.nytimes.com/2013/03/17/nyregion/in-obesity-fight-poverty-is-patient-zero.html

과식의 심리학

2판 1쇄 펴냄 2020년 02월 25일
2판 3쇄 펴냄 2023년 03월 25일

지은이 키마 카길
옮긴이 강경이
펴낸이 천경호
종이 월드페이퍼
제작 (주)아트인
펴낸곳 루아크
출판등록 2015년 11월 10일 제2021-000135호
주소 10881 경기도 파주시 회동길 480, 아트팩토리 NJF B동 233호
전화 031.998.6872
팩스 031.5171.3557
이메일 ruachbook@hanmail.net

ISBN 979-11-88296-37-8 03300